CÓDIGO DE PROCESSO CIVIL

ANTÔNIO PEREIRA GAIO JÚNIOR
ALEXANDRE FREITAS CÂMARA
(Coordenadores)

CÓDIGO DE PROCESSO CIVIL

NOVAS REFLEXÕES E PERSPECTIVAS – ATUALIZADO COM A LEI N. 13.256, DE 04 DE FEVEREIRO DE 2016

2ª Tiragem

Del Rey
EDITORA

Belo Horizonte
2016

EDITORA DEL REY LTDA.
www.livrariadelrey.com.br

Editor: Arnaldo Oliveira

Editor Adjunto: Ricardo A. Malheiros Fiuza

Editora Assistente: Waneska Diniz

Coordenação Editorial: Wendell Campos Borges

Diagramação: Lucila Pangracio Azevedo

Revisão: RESPONSABILIDADE DOS AUTORES

Capa: CYB Comunicação

Editora / MG
Rua dos Goitacazes, 71 – Sala 709-C – Centro
Belo Horizonte – MG – CEP 30190-050
Tel: (31) 3284-5845
editora@delreyonline.com.br

C882 Código de Processo Civil: novas reflexões e perspectivas – atualizado com a Lei n. 13.256, de 04 de fevereiro de 2016. / Antônio Pereira Gaio Júnior e Alexandre Freitas Câmara (Coord.). Belo Horizonte: Del Rey, 2016.

248 p.

ISBN: 978-85-384-0445-3

1. Brasil. [Código de processo civil (2015)]. 2. Processo civil, legislação, Brasil. I. Gaio Júnior, Antônio Pereira (Coord.). II. Câmara, Alexandre Freitas (Coord.)

CDU: 347.91/95(81)

A Deus, pela força e luz de todo dia.

Aos estimados processualistas que aqui contribuíram com suas reflexões críticas e muito fôlego, sempre na crença por dias melhores na prestação jurisdicional brasileira.

À Editora Del Rey, por sempre acreditar na máxima de que o saber transforma realidades.

ESCREVERAM NESSA OBRA

ALEXANDRE FREITAS CÂMARA

Doutorando em Direito Processual pela PUC/MG. Professor Emérito de Direito Processual Civil da Escola da Magistratura do Estado do Rio de Janeiro – EMERJ. Membro do Instituto Ibero americano de Direito Processual – IIDP. Membro do Instituto Brasileiro de Direito Processual-IBDP. Membro da Associação Internacional de Direito Processual. Presidente do Instituto Carioca de Processo Civil (ICPC). Desembargador no Tribunal de Justiça do Estado do Rio de Janeiro – TJRJ.

ANDRE VASCONCELOS ROQUE

Doutor e Mestre em Direito Processual pela Universidade do Estado do Rio de Janeiro-UERJ. Professor Adjunto de Direito Processual Civil na FND -UFRJ. Membro do Instituto Ibero americano de Direito Processual – IIDP. Membro do Instituto Brasileiro de Direito Processual-IBDP. Membro do Comitê Brasileiro de Arbitragem – CBAr. Membro do entro de Estudos Avançados de Processo CEAPRO. Membro do Instituto dos Advogados Brasileiros-IAB. Advogado. andreroque@andreroque.adv.br

ANTONIO AURELIO ABI-RAMIA DUARTE

Mestre em Direito Processual pela Universidade do Estado do Rio de Janeiro-UERJ. Expositor da EMERJ, ESAJ, UCAM, UNESA E FEMPERJ. Professor da Pós Graduação da EMERJ, Estácio e IBMEC. Membro do Instituto Brasileiro de Direito Processual-IBDP. Membro do Instituto Carioca de Processo Civil (ICPC). Juiz de Direito Auxiliar do Tribunal de Justiça do Estado do Rio de Janeiro – TJRJ.

ANTÔNIO PEREIRA GAIO JÚNIOR

Pós-Doutor em Direito (Universidade de Coimbra/PT). Pós-Doutor em Democracia e Direitos Humanos (*Ius Gentium Conimbrigae* – Faculdade de Direito da Universidade de Coimbra/PT). Doutor em Direito (UGF). Mestre em Direito (UGF). Pós-Graduado em Direito Processual (UGF). Professor Adjunto da Universidade Federal Rural do Rio de Janeiro – UFRRJ. Membro Efetivo do Instituto Ibero americano de Direito Processual – (IIDP). Membro da *International Bar Association* – (IBA). Membro Efetivo do Instituto Brasileiro de Direito Processual – IBDP. Membro Efetivo da

Comissão Permanente de Direito Processual Civil do IAB-Nacional. Membro do Comitê Brasileiro de Arbitragem – (CBAr). Membro da Comissão de Educação Jurídica da OAB/MG. Advogado. www.gaiojr.adv.br.

BRUNO GARCIA REDONDO

Doutorando e Mestre em Direito Processual Civil pela PUC-SP. Pós-Graduado em Direito Processual Civil pela PUC-Rio. Pós-Graduado em Advocacia Pública pela UERJ (ESAP/PGERJ). Pós-Graduado em Direito Público e Direito Privado pela EMERJ (TJRJ/UNESA). Professor de Direito Processual Civil e Direito Processual Tributário nas na PUC-RJ e na UFRJ. Membro efetivo do Instituto Brasileiro de Direito Processual (IBDP). Membro da Academia Brasileira de Direito Processual Civil (ABDPC). Membro do Instituto Carioca de Processo Civil (ICPC). Membro do Instituto Iberoamericano de Derecho Procesal (IIDP). Presidente da Comissão de Estudos em Processo Civil da OAB-RJ. Advogado. bruno@garcia-redondo.com.

BRUNO VINÍCIUS DA RÓS BODART

Mestre em Direito Processual pela Universidade do Estado do Rio de Janeiro (UERJ). Membro do Instituto Brasileiro de Direito Processual (IBDP). Juiz de Direito do Tribunal de Justiça do Estado do Rio de Janeiro – TJRJ.

FERNANDO DA FONSECA GAJARDONI

Doutor e Mestre em Direito Processual pela Faculdade de Direito da USP (FD-USP). Professor Doutor de Direito Processual Civil da Faculdade de Direito da USP – Ribeirão Preto (FDRP-USP) e do Programa de Mestrado em Direitos Coletivos e da Cidadania da UNAERP. Juiz de Direito Tribunal de Justiça do Estado do Rio de Janeiro – TJSP.

FREDIE DIDIER JR.

Livre-docente (USP), Pós-doutorado (Universidade de Lisboa), Doutor (PUC/SP) e Mestre (UFBA). Professor-adjunto de Direito Processual Civil da Universidade Federal da Bahia. Professor-coordenador da Faculdade Baiana de Direito. Membro dos Institutos Brasileiro e Ibero-americano de Direito Processual, da Associação Internacional de Direito Processual e da Associação Norte e Nordeste de Professores de Processo. Advogado e Consultor Jurídico. www.frediedidier.com.br

HUMBERTO THEODORO JÚNIOR

Doutor em Direito. Professor Titular Aposentado da Faculdade de Direito da UFMG. Desembargador Aposentado do TJMG. Membro da Academia Mineira de Letras Jurídicas, do Instituto dos Advogados de Minas Gerais, do Instituto de Direito Comparado Luso-Brasileiro, do Instituto Brasileiro de Direito Processual, do Instituto Ibero-Americano de Direito Processual e da *International Association of Procedural Law.* Advogado.

JOSÉ AUGUSTO GARCIA DE SOUSA

Mestre em direito da cidade pela Universidade do Estado do Rio de Janeiro (UERJ). Doutorando em Direito Processual pela Universidade do Estado do Rio de Janeiro (UERJ). Defensor público no Estado do Rio de Janeiro. Professor de Direito Processual Civil da UERJ e da FGV/RJ

LUCAS BURIL DE MACÊDO

Mestre em Direito pela Faculdade de Direito do Recife (UFPE). Bacharel em Direito pela UNICAP. Membro da Associação Norte Nordeste de Professores de Processo. Advogado.

LÚCIO DELFINO

Pós-Doutor em Direito pela Universidade do Vale do Rio dos Sinos (UNISINOS). Doutor em Direito Processual Civil pela Pontifícia Universidade Católica de São Paulo (PUC-SP). Mestre em Direito Empresarial pela Universidade de Franca (UNIFRAN). Membro do Instituto Ibero-Americano de Direito Processual (IIDP). Membro do Instituto Pan-Americano de Direito Processual. Membro do Instituto Brasileiro de Direito Processual (IBDP). Membro da Academia Brasileira de Direito Processual Civil (ABDPC). Membro do Instituto dos Advogados Brasileiros (IAB). Membro do Instituto dos Advogados de Minas Gerais (IAB/MG). Advogado.

LUIZA SILVA RODRIGUES

Mestranda em Direito pela UFSC. Pós graduanda em Processo Civil pelo CESUSC. Membro da Comissão de Estudos do Novo Código de Processo Civil da OAB/SC. Advogada. luizarodriguesadv@gmail.com

SUMÁRIO

APRESENTAÇÃO

Tendo em vista a enorme aceitação da primeira obra de nossas reflexões e perspectivas acerca do Novo Código de Processo Civil, foi nos incumbida pela estimada Editora Del Rey, a tarefa por demais prazerosa de edificar novas reflexões, estasque agora trazemos ao público sob o título de "Código de Processo Civil. Novas Reflexões e Perspectivas."

Notadamente, tendo em vista o momento histórico com edição da Lei n.13.105, de 16 de março de 2015 – Novo Código de Processo Civil brasileiro- impõe-se à doutrina do direito processual civil examinar as mais diversas temáticas de elevado relevo no campo da nova liturgia do *codex* pátrio.

Pois foi com o dito propósito que alguns processualistas se reuniram, sob a coordenação dos professores Alexandre Freitas Câmara e Antônio Pereira Gaio Júnior, para a elaboração do volume II da presente obra coletiva, dando seguimento às reflexões e perspectivas ora, festejadamente, iniciada no primeiro livro.

O presente trabalho, seguindo as características já notadas no primeiro volume, conta com contribuições de juristas de alguns estados do Brasil.

Da Bahia, Fredie Didier Júnior, conhecido processualista que muito se destacou nos trabalhos da Comissão de Juristas que assessorou a Câmara dos Deputados na análise do projeto, apresenta um trabalho sobre o princípio do respeito ao autorregramento da vontade no processo civil.

De Pernambuco, Lucas Buril de Macêdo, da nova geração pernambucana de processualistas, enfrenta a questão da Reclamação constitucional fundada em precedentes obrigatórios no novel Código.

Fernando da Fonseca Gajardoni traz para esta obra coletiva o Estado de São Paulo, escrevendo com a sua competência a importante temática dos Procedimentos simplificados e flexibilizados no Novo CPC.

Do Rio de Janeiro, vários são as ilustres presenças: André Vasconcelos Roque, AntonioAurelio Abi-Ramia Duarte, Bruno Garcia Redondo, Bruno Vinícius da RósBodart, José Augusto Garcia de Sousa. O primeiro, em coautoria com Luiza Silva Rodrigues (representando o estado de Santa Catarina) se debruça sobre a temática do processo eletrônico no âmbito do CPC/2015.

Já, os demais autores são responsáveis pelas relevantes temáticas na seguinte sequencia: "Impenhorabilidade de Bens No CPC/2015 e as hipóteses da remuneração do executado e do imóvel residencial"; "O Processo como 'Comunidade de Trabalho' e o Princípio da Cooperação"; "Ensaio sobre a prova pericial no Código de Processo Civil de 2015" e "A Defensoria Pública no CPC de 2015: Reafirmação da essencialidade constitucional da Instituição ".

De Minas Gerais, Humberto Theodoro Júnior, festejado processualista pátrio, traz importante reflexão ao estudo com a temática da constitucionalização do processo no estado democrático de direito e Lúcio Delfino, em coautoriacom Bruno Redondo, escreve sobre a impenhorabilidade de bens as hipóteses da remuneração do executado e do imóvel residencial à luz do novato CPC.

Por fim, também os processualistas e coordenadores da obra, um mineiro e outro carioca, apresentam seus trabalhos (A Tutela Específica no novo CPC e o Processo como comunidade de trabalho e o princípio da cooperação).

Esperam os coordenadores que esta obra seja importante (principalmente nesse primeiro momento, em que tudo é novo, e mesmo para os especialistas há mais questões do que respostas) para a construção da compreensão do sistema processual civil que já é nossa realidade. Ratifica-se nesta obra, a mais sincera manifestação de que a Justiça Civil brasileira passe a viver novos tempos, capazes de permitir o acesso, pelos jurisdicionados, a uma ordem jurídica democrática e a um processo, efetivamente, satisfativo.

Alexandre Freitas Câmara
Antônio Pereira Gaio Júnior
Coordenadores

1

O PROCESSO COMO "COMUNIDADE DE TRABALHO" E O PRINCÍPIO DA COOPERAÇÃO

Alexandre Freitas Câmara
Antonio Aurelio Abi-Ramia Duarte

1. INTRODUÇÃO

O presente estudo tem por fim examinar os conceitos que compõem e marcam o relevante princípio da cooperação no direito processual civil, tendo por base analítica a lealdade, a boa-fé, o contraditório e o devido processo legal.

Busca se traçar breve exame relativo ao papel das partes e do julgador e aos contornos concernentes ao tema no novo CPC.

2. CONCEITO E DELIMITAÇÃO DO TEMA

Deve-se lembrar que o Brasil é um País com uma democracia jovem, com poucas décadas de prática dos seus valores mais elementares. Foram longos anos de submissão à colônia e, posteriormente, a regimes opressores. Portanto, a democracia brasileira dá seus primeiros passos[1].

1 DIDIER JÚNIOR nos faz lembrar que não existe um modelo de organização do processo exclusivamente adversarial ou inquisitivo, mas que qualquer

Após a Constituição de 1988, o Brasil passou a valorizar o relevante princípio da dignidade da pessoa humana, ou seja, a Carta Maior coloca a dignidade humana como centro normativo de todo o sistema político e jurídico[2].

Da mesma forma, o cenário processual mais recente mergulhou e passou a buscar sustentação em valores[3] ligados à preservação das

---

sistema tende a compartilhar valores de ambos os modelos. Ademais, tratando do tema garantismo processual, revela a visão doutrinária tradicional na qual *"[a] doutrina costuma relacionar o modelo adversarial-dispositivo a regimes não autoritários, politicamente mais liberais, e o modelo inquisitivo a regime autoritários, intervencionistas. Trata-se de afirmação bem frequente na doutrina"*. DIDIER JÚNIOR conclui que se trata de uma ilação simplista, não havendo relação direta entre o aumento de poder do juiz e os regimes autocráticos, ou seja, processo dispositivo não indica democracia e processo inquisitivo não sugere autoritarismo necessariamente. (DIDIER JR., Fredie. Três modelos de direito processual: inquisitivo, dispositivo e cooperativo. Revista de Processo. Vol 198, Agosto de 2011, ano 36. São Paulo: RT, p. 210).

2 "A dignidade da pessoa humana identifica um espaço de integridade moral a ser assegurado a todas as pessoas por sua só existência no mundo. É um respeito à criação, independente da crença que se professe quanto à sua origem. A dignidade relaciona-se tanto com a liberdade e valores do espírito como com as condições materiais de subsistência.(...) A dignidade da pessoa humana é o valor e o princípio subjacente ao grande mandamento, de origem religiosa, do *respeito ao próximo*. Todas as pessoas são iguais e têm direito a tratamento igualmente digno. A dignidade da pessoa humana é a ideia que informa, na filosofia, o *imperativo categórico* Kantiano, dando origem a proposições éticas superadoras do utilitarismo: a) uma pessoa deve agir como se a máxima da sua conduta pudesse transformar-se em uma lei universal; b) cada indivíduo deve ser tratado como um fim em si mesmo, e não como um meio para realização de metas coletivas ou de outras metas individuais. Coisas têm preço; as pessoas têm dignidade. Do ponto de vista moral, *ser* é muito mais do que *ter.*" (BARROSO, Luís Roberto. *Temas de direito constitucional* - tomo II- 2ªed.revista.Rio de Janeiro: Renovar. 2009. p.584-585 e 250)

3 Tratando do importante conceito de pós-positivismo, vale recordar as lições dos Professores Luís Roberto Barroso e Ana Paula de Barcellos: *"A superação histórica do jusnaturalismo e o fracasso político do positivismo abriram caminho para um conjunto amplo e ainda inacabado de reflexões acerca do Direito, sua função social e sua interpretação. O pós-positivismo é a designação provisória e genérica de um ideário difuso, no qual se incluem a definição das relações entre valores, princípios e regras, aspectos da chamada nova hermenêutica constitucional, e a teoria dos direitos fundamentais, edificada sobre o fundamento da dignidade humana. A valorização dos princípios, sua incorporação, explícita*

garantias fundamentais do processo, apoiando-se, consequentemente, na dignidade da pessoa humana, alçada à condição de "superprincípio" como centro de todo o ordenamento e interpretação.

Assim, a leitura do princípio da cooperação deve nortear-se pelos valores garantísticos do processo e pela necessidade de manutenção da mencionada dignidade humana, todos vertidos para o resguardo do devido processo legal. Lembra Mitidiero que o Estado Constitucional de modo nenhum pode ser confundido com o Estado-Inimigo, tendo papel ativo no cumprimento dos anseios constitucionais.[4]

A cooperação desponta no processo como a ideia central de que o Estado atua em prol de uma sociedade justa, livre, solidária e delimitada pela já mencionada dignidade. Em prol destes valores deve o Estado se posicionar.

Tendo seu sustentáculo principiológico no devido processo legal, no contraditório participativo e na ampla defesa, o princípio da cooperação traça nova dinâmica comportamental para os personagens do processo. Um novo cenário subjetivo desponta então no procedimento.

Bruno Garcia Redondo conceitua a cooperação como o dever de todos os sujeitos processuais de adotarem condutas, sempre de acordo com a boa-fé e a lealdade, que colaborem com as maiores eficiência e transparência da ação.[5]

De igual forma, Humberto Dalla Bernardina de Pinho, ao tratar das garantias fundamentais do processo, e citando Nicolò Trocker, reafirma que processo justo é o que se desenvolve em respeito aos

---

ou implícita, pelos textos constitucionais e o reconhecimento pela ordem jurídica de sua normatividade fazem parte desse ambiente de reaproximação entre Direito e Ética." (BARROSO, Luís Roberto; BARCELLOS, Ana Paula de. O Começo da história. A nova interpretação constitucional e o papel dos princípios no direito brasileiro. Revista de Direito Administrativo, Rio de Janeiro, v.232, abr/jun 2003, p 141).

4 MITIDIERO. Daniel. Processo justo, colaboração e ônus da prova. *Revista do Tribunal Superior do Trabalho* : Vol. 78, n. 1 (jan./mar. 2012)

5 REDONDO, Bruno Garcia. Princípio da cooperação e flexibilização do procedimento pelo juiz e pelas partes. *Revista Dialética de Direito Processual*, São Paulo: Dialética, nº 133, abril de 2014, p.. 09-14. As partes devem nortear seu comportamento pela lealdade (ver: GRECO, Leonardo. Publicismo e privatismo no processo civil. *Revista de Processo*. n. 164. São Paulo: RT, p. 52)

parâmetros fixados na Constituição e aos valores sociais. Assim, parece necessária a plena observância dos direitos tão duramente conquistados para a busca de um processo em absoluta sintonia com o Estado Democrático de Direito[6]

Joan Picó i Junoy, tratando da conduta processual das partes, ensina:

> De forma progresiva, nuestro T.C. ha ido exigiendo una mayor diligencia respecto del actuar de la parte para entender conculcado el derecho a un proceso sin dilaciones indebidas. (...) De igual modo el T.C. exige que, frente a una detención del procedimiento, la parte perjudicada reaccione, denunciando la dilación del tempo, pues ello es um deber de diligencia y colaboración com la Administración de Justicia.[7]

Assim, o princípio da cooperação revela-se como norte comportamental para os personagens do processo.

Parece natural concluir que a deslealdade, a alteração consciente da verdade, a má-fé, entre outros, são comportamentos incompatíveis com o devido processo. Não se deve confundir a defesa dos interesses das partes com o falso, com o desleal, enfim, com a mentira. A cultura do "jeitinho" deve ser abolida.

Mitidiero reforça os valores que devem ser preservados:

> Ao longo da história do direito processual civil, a preocupação com a ética fora uma constante, manifestando-se de maneira mais aguda precisamente em duas frentes: no problema da articulação da boa-fé nas relações entre aqueles que participam do juízo e no problema da obtenção da verdade no processo. Também a boa-fé e a verdade, portanto, oferecem-se como terrenos ótimos para a delimitação dos modelos processuais que ora ocupam. (...)
>
> No modelo do processo cooperativo, que é necessariamente um *"debido proceso legal"*, além de objetivar-se a boa-fé, somando-se

---

6 DE PINHO, Humberto Dalla Bernardina. Os Princípios e as Garantias Fundamentais no Projeto de Novo Código de Processo Civil: Breves Considerações acerca dos Artigos 1 a 12 do PLS 166/10. Revista Eletrônica de Direito Processual. www.redp.com.br. Vol. VI. Pag 61

7 PICÓ, Joan i Junoy. *Las garantías constitucionales del processo*. Barcelona: Librería Bosch Editor. 2012, p. 149-150.

à perspectiva subjetiva e objetiva, reconhece-se que todos os participantes do processo, inclusive o juiz, devem agir lealmente em juízo.[8]

De igual forma, exige-se padrão comportamental novo ao julgador, estabelecendo o mais amplo diálogo paritário com as partes,[9] preservando-se a isonomia. Tal conduta reforça o contraditório participativo e permite que as partes influenciem no resultado final de forma prévia. Consequentemente, deve o magistrado provocar o diálogo com e entre as partes, incitando sua prática de forma equilibrada e isonômica.

Vale recordar as lições de Dierle Nunes, que afirma existir uma ligação vital entre a "democratização do processo" e a "corresponsabilidade" entre seus personagens:

> A degeneração de um processo governado e dirigido solitariamente pelo juiz, como já criticada em trabalho anterior (NUNES, 2006, p. 23), gerará claros déficits de legitimidade, que impedirão uma real democratização do processo, quer pressupõe uma interdependência entre os sujeitos processuais, uma co-responsabilidade entre eles e, especialmente, um policentrismo processual.[10]

A visão distante do julgador, que figura como mero observador do litígio, é incompatível com a dialética processual moderna e com a necessidade do máximo diálogo com as partes em prol do contraditório pleno. Deve-se buscar o que DIDIER JÚNIOR chama de condução cooperativa do processo, como o modelo ideal para implementar os anseios e as garantias constitucionais.[11]

---

8 MITIDIERO, Daniel. *Colaboração no processo civil: pressupostos sociais, lógicos e éticos*. 2 ed. São Paulo: RT, 2011, p 105-106

9 "Disso surgem deveres de conduta tanto para as partes como para o órgão jurisdicional, que assume uma 'dupla posição': 'mostra-se paritário na condução do processo, no diálogo processual', e 'assimétrico' no momento da decisão; não conduz o processo ignorando ou minimizando o papel das partes na 'divisão dos trabalhos', mas, sim, em uma posição paritária, com diálogo e equilíbrio". (DIDIER JR., Fredie. Três modelos de direito processual: inquisitivo, dispositivo e cooperativo. Revista de Processo. Vol 198, Agosto de 2011, ano 36. São Paulo: RT, p. 212)

10 NUNES, Dierle José Coelho. *Processo jurisdicional democrático*. Curitiba: Juruá. 2012, p. 195

11 Ver o §139, 1 a 5, da ZPO da Alemanha. O princípio da cooperação encontra-se estabelecido no art 266, nº I do CPC Português, estabelecendo que o julgador e

O procedimento, portanto, deve basear-se no permanente diálogo do julgador com as partes, conduzindo o processo de forma cooperativa[12] e oportunizando o constante debate como fruto mais precioso do contraditório participativo, visando à construção de uma sentença prolatada e legitimada pela dialética e proximidade com as partes, cravada pela lealdade e pela boa-fé.

O magistrado é detentor do dever de prevenção na condução do procedimento, prestando esclarecimentos aos litigantes no curso do processo e consulta às partes com relação a questões de fato e de direito que permeiam os pontos a serem examinados.

Como bem lembra Garcia Redondo, a cooperação exige que o juiz exerça posição de *"agente-colaborador"* no processo, participando ativamente do contraditório e do procedimento, afastando-se do quadro apático de mero espectador.[13]

O diálogo durável e o fornecimento de orientações são características inafastáveis do princípio tratado, fruto do Estado Democrático de Direito e de todo um sistema processual cooperativo.

O processo deve, necessariamente, ser visto e praticado como uma viva "comunidade de trabalho" (*Arbeitsgemeinsshaft, comunione del lavoro*).[14]

A participação ativa dos personagens do processo é o que o legitima como mecanismo e instrumento de resolução de conflitos. Assim,

---

as partes devem cooperar entre si, visando à obtenção, com efetividade e brevidade, da justa composição do conflito. O preceito busca estimular a repartição da direção do processo entre partes e julgador, mediante a ferramenta consistente no princípio da cooperação intersubjetiva, estimulando a auto responsabilização dos personagens do processo. Dierle Nunes, com base nos ensinamentos de Picardi, lembra da passagem de um "Estado de Leis" (*Gesetzstaad*) para um "Estado dos Juízes" (*Richterstaat*), com franca diminuição da importância do legislador e potencialização do papel da magistratura. (NUNES, Dierle. *Processo jurisdicional democrático*. Curitiba. Juruá, 2012, p.107)

12 GRASSO, Eduardo. La collaborazione nel processo civile. *Rivista di Diritto Processuale*, 1966, p. 602

13 REDONDO, Bruno Garcia. Princípio da cooperação e flexibilização do Procedimento pelo juiz e pelas partes. *Revista Dialética de Direito Processual*, São Paulo: Dialética, nº 133, abril de 2014, pag. 09/14

14 Expressão empregada pelo brilhante processualista baiano DIDIER

é certo afirmar que o processo desviado de uma participação permanente e democrática das partes, marcado pelo amplo diálogo dos seus personagens, não se afigura como legitimador de resolução alguma, não sendo, portanto, adequado à realização do contraditório participativo, afastando-se dos preceitos elementares do devido processo legal.

Fazzalari ensina que o processo é, necessariamente, um procedimento em contraditório,[15] o qual deve se revelar adequado aos fins do Estado Constitucional. Assim sendo, o processo reclama para sua estruturação e caracterização um formalismo constitucionalmente legítimo, disposto ao debate leal daqueles que tomam parte no processo.

A cooperação permite uma participação mais viva do julgador na dinâmica processual,[16] afastando aquela visão inicial de que o magistrado deve manter-se inativo, tornando-o guardião da permanente necessidade de diálogo com as partes, fruto do devido processo legal e do contraditório participativo. Assim, o papel de mero espectador passa a fazer parte de um passado distante – tanto quanto a do juiz que conduz o processo sem levar em conta os interesses e necessidades das partes, pondo-se acima delas –, assumindo o julgador a condição de mediador do diálogo processual, sendo certo afirmar que a cooperação é um dever mútuo e simbiótico entre os personagens do processo.

Dierle Nunes, tratando da "quebra do protagonismo judicial", aduz acerca da necessidade de nova readequação comportamental e técnica do julgador:

> Propõe-se, assim, um afastamento completo da ideia de privilégio cognitivo do julgador (decisionismo) e a implantação de um espaço discursivo comparticipativo de formação de decisões. (...)

---

15 FAZZALARI, Elio. *Istituzione di diritto processuale.* 8. ed. Pádua: Cedam, 1996, p. 8.

16 "O juiz democrático não pode ser omisso em relação à realidade social e deve assumir sua função institucional decisória, num sistema de regras e princípios, com o substrato extraído do debate endoprocessual, no qual todos os sujeitos processuais e seus argumentos são considerados e influenciam o dimensionamento decisório. A comparticipação e o policentrismo processual buscam o abandono dessa postura vocacionada a cidadãos infantilizados, carentes de um salvador, tão cara a sistemas de dominação das mais variadas linhas de totalitarismo" (NUNES, Dierle. *Processo jurisdicional democrático*, Ob. cit., p. 200).

> A implementação dinâmica dos princípios fundamentais do processo mediante a estruturação técnica adequada permitirá uma democratização do processo sem preocupações com o esvaziamento do papel diretor do juiz e do papel contributivo das partes na formação das decisões. (...)
>
> Uma verdadeira democracia processual será obtida mediante a assunção da co-responsabilidade social e política de todos os órgãos envolvidos (juízes, partes, advogados, órgãos de execução do Ministério Público e serventuários da Justiça) segundo balizamento técnico e constitucionais adequados, de modo a estruturar um procedimento que atenda às exigências tanto de legitimidade quanto de eficiência técnica. [17]

3. PREVISÃO NO NOVO CÓDIGO DE PROCESSO CIVIL (CPC)

A cooperação é tratada no nosso novo CPC entre os princípios e as garantias fundamentais do processo, estabelecendo norte a ser rigidamente observado no processo: [18]

> Art. 5º Aquele que de qualquer forma participa do processo deve comportar-se de acordo com a boa-fé.
>
> Art. 6º Todos os sujeitos do processo devem cooperar entre si para que se obtenha, em tempo razoável, decisão de mérito justa e efetiva.
>
> Art. 9º Não se proferirá decisão contra uma das partes sem que esta seja previamente ouvida.

---

17 NUNES, Dierle. *Processo jurisdicional democrático*, cit., p. 196-198.

18 A redação inicial ofertada para o tema da cooperação foi a seguinte, sendo, após, substituída pela definitiva transcrita no corpo do texto acima: Art. 8º. As partes e seus procuradores têm o dever de contribuir para a rápida solução da lide, colaborando com o juiz para a identificação das questões de fato e de direito e abstendo-se de provocar incidentes desnecessários e procrastinatórios. Art. 9º. Não se proferirá sentença ou decisão contra uma das partes sem que esta seja previamente ouvida, salvo se se tratar de medida de urgência ou concedida a fim de evitar o perecimento de direito. Art. 10. O juiz não pode decidir, em grau algum de jurisdição, com base em fundamento a respeito do qual não se tenha dado às partes oportunidade de se manifestar, ainda que se trate de matéria sobre a qual tenha que decidir de ofício. Parágrafo único. O disposto no *caput* não se aplica aos casos de tutela de urgência e nas hipóteses do art. 307.

> Parágrafo único. O disposto no *caput* não se aplica:
>
> I – à tutela antecipada de urgência;
>
> II – às hipóteses de tutela antecipada da evidência previstas no art. 306, incisos II e III;
>
> III – à decisão prevista no art. 716.
>
> Art. 10. Em qualquer grau de jurisdição, o órgão jurisdicional não pode decidir com base em fundamento a respeito do qual não se tenha oportunizado manifestação das partes, ainda que se trate de matéria apreciável de ofício.

O novo CPC se preocupa com uma solução do processo em tempo razoável e com o dever de colaboração das partes, ou seja, reprime incidentes desnecessários que apenas distanciam uma solução adequada e célere, preservando a cooperação e zelando pela lealdade e boa-fé. Vale destacar que foi incluída a expressão "[t]odos os sujeitos do processo...", ampliando-se, portanto, o rol subjetivo daqueles que têm estrito dever de observância à cooperação.

Assim, o processo deve ser o campo de plena e ativa participação de todos os sujeitos do processo (como autêntica comunidade de trabalho), reforçando valores decorrentes do Estado Democrático de Direito, ofertando iguais oportunidades de manifestação das partes. Nesse contexto, devem ser garantidas às partes idênticas oportunidades de ciência e manifestação, simetricamente iguais (isonomia e contraditório decorrentes das premissas democráticas).

O contraditório participativo deriva do princípio da participação democrática. Tem os pressupostos devidamente elencados pelo Prof. Leonardo Greco, quais sejam: a) audiência bilateral; b) direito de apresentar alegações, propor e produzir provas, participando da produção das provas requeridas pelo adversário ou determinadas de ofício pelo juiz; c) congruência dos prazos; d) contraditório eficaz e sempre prévio, devendo sua postergação ser excepcional; e) contraditório participativo, a pressupor que todos os interessados tenham o direito de intervir no processo e exercer amplamente as prerrogativas inerentes ao direito de defesa. Além disso, não se pode deixar de recordar que o princípio do contraditório garante às partes o direito de ter seus argumentos levados em consideração pelo juiz no momento de proferir decisão (o que acarreta, como inexorável consequência, a invalidade da sentença que deixa de examinar todos os fundamentos suscitados pela parte e que sejam, ao menos em tese, capazes de infirmar a conclusão que na decisão tenha sido apresentada). Resulta daí a intrínseca ligação entre o direito ao contraditório e a exigência de fundamentação substancial das decisões judiciais.

Tal premissa é robustecida pelo fato de que decisões não podem gerar surpresa às partes, devendo estas ter oportunidade para manifestar-se plena e previamente. Os sujeitos processuais devem ter o direito de apresentar todas as suas alegações, propondo e ofertando provas, exercendo tanto a autodefesa quanto a defesa técnica, em consonância com a máxima dialética processual. O contraditório não é, pois, somente o direito de participar com influência. É, também, o direito à não-surpresa.[19]

Existindo a hipótese de medida de urgência ou para se evitar o perecimento do direito, estabelece-se uma exceção à exigência de contraditório prévio, permitindo-se que este se desenvolva de forma diferida ou postergada.

O artigo 10 norteia a impossibilidade de o Juiz decidir sem conceder oportunidade de manifestação às partes.[20] Tal dispositivo representa uma inovação em termos de texto normativo, mas a rigor a norma que daí resulta já existia no ordenamento jurídico brasileiro, resultando do art. 5º, LV, da Constituição da República.

Vários doutrinadores já tratavam da necessidade de oitiva bilateral, como condição legitimadora de decisão do juiz, até mesmo para matéria de ofício.[21] Tal regramento encontra amparo em outras

---

19 Por todos, NUNES, Dierle. *Processo jurisdicional democrático*, cit., p. 224-231.

20 "Se os Juízes passassem a assegurar o contraditório pleno, ouvindo previamente as partes antes de proferir qualquer decisão, ainda que sobre matéria cognoscível de ofício, seguramente, muitos recursos seriam evitados". (BEDAQUE, José Roberto dos Santos. *Efetividade do processo e técnica processual*. 3 ed. São Paulo: Malheiros. 2010, p. 105). De igual forma, o Prof Cândido Dinamarco sustenta o dever do juiz de fundamentar suas decisões, evitando surpreender as partes com decisões de ofício inesperadas, logo, corrobora a previsão legal DINAMARCO, Cândido Rangel. A instrumentalidade do processo. 5 ed. São Paulo: Malheiros Editores, 1996, p. 350)

21 Entre outros, GRECO, Leonardo. G Garantias fundamentais do processo: o processo justo. *Estudos de Direito processual*. Vol I. Campus: Faculdade de Campos. 2005. p. 242.

legislações, como o art. 183 do Código de Processo Civil Italiano e o art. 3º, nº 3, do Código de Processo Civil Português.

Pela leitura do dispositivo, para que possa se manifestar acerca de fato que não tenha sido previamente debatido pelas partes, tem o juiz o dever de o submeter à manifestação prévia destas (ainda que se trate de matéria de ofício), consagrando o contraditório como dever de consulta ou de diálogo judicial.[22]

A principal diferença para o formato anterior é que a exigência do contraditório tem também como destinatário o órgão jurisdicional. O art. 10 do CPC de 2015, então, coloca em evidência princípios como o contraditório e a fundamentação substancial das decisões.

Dessa forma, é preciso reconhecer a existência de ligação direta e inafastável entre contraditório e fundamentação das decisões,[23] devendo esta ser feita de forma a permitir que se verifique que o contraditório foi efetivo, respeitando o Estado Democrático de Direito, processo justo e efetividade do processo. O novo CPC, assim, deixa claro o propósito de enaltecer os preceitos constitucionais.

4. CONCLUSÃO

O trabalho em questão busca uma visão breve dos princípios e artigos em questão, repassando que a efetividade do princípio carecerá de uma postura vanguardista dos personagens processuais.

De nada vale norma processual de elevado grau de qualidade e aplicação prática se for mantida a mesma postura tradicionalista e beneficiadora da morosidade. Deve-se trabalhar o novo CPC com um olhar para o futuro, com um novo espírito.

Busca-se, então, um conselho final na visão de Michele Taruffo, que ao tratar da lealdade processual diante do panorama mundial, leciona:

> A ideia tradicional de que não há moralidade processual e que qualquer conduta processual é boa, desde que apenas se respeite

22 MARINONI, Luiz Guilherme. MITIDIERO, Daniel. O Projeto do CPC: crítica e propostas. São Paulo: RT, 2010, p. 75.

23 DIAS, Ronaldo Brêtas de Carvalho. Processo constitucional e Estado Democrático de Direito. 2. ed. Belo Horizonte: Del Rey, 2012, p. 137.

sua forma legal, não é mais confiável. Padrões de moralidade processual, justiça, lealdade, boa-fé, devido processo, correção etc. tornam-se mais e mais penetrantes e relevantes mesmo em países onde eles não tinham real significância até recentemente. Este fenômeno extremamente importante está em desenvolvimento. Ele emerge em diversas formas e com diferentes (e algumas vezes apenas parciais) resultados, e evolui em diferentes ritmos. Todavia, sua existência na maioria dos sistemas legais modernos parece inegável. (...)

Diversos países de civil law estão inclinados a confiar quase exclusivamente nas cortes: é afeto ao juiz assegurar a lealdade e a legalidade dos procedimentos e, portanto, um papel importante que as cortes poderiam desempenhar é o de prevenir e punir abusos. Sistemas de common law parecem inclinados algumas vezes na mesma direção (como acontece em certa medida com o Reino Unido), mas outras vezes eles seguem diferentes linhas. Hazard claramente sublinha que nos Estados Unidos não há conceito de "Estado" no qual oficiais superiores tenham responsabilidade por supervisionar a lealdade nas cortes e órgãos governamentais, ou responsabilidade de intervir "ativamente" para corrigir abusos. A consequência é que princípios de lealdade têm de ser reforçados principalmente pelas partes do começo ao fim dos processos contenciosos, com base na «auto-ajuda" que sublinha a concepção adversarial de justiça. (...)

Então, a principal sugestão é desenvolver uma ativa cooperação das cortes e partes e advogados honestos, repartindo uma aspiração comum de uma justa e correta administração da justiça[24].

5. REFERÊNCIAS BIBLIOGRÁFICAS

BARROSO, Luís Roberto; BARCELLOS, Ana Paula de. O começo da história: a nova interpretação constitucional e o papel dos princípios no direito brasileiro. *Revista de Direito Administrativo*, Rio de Janeiro, v.232, abr/jun 2003.

__________. *Temas de direito constitucional* – tomo II – 2 ed. revista: São Paulo: Renovar. 2009.

[24] TARUFFO, Michele. Abuso de Direitos Processuais: padrões comparativos de lealdade processual (relatório geral). *Revista de Processo*, vol. 177, p. 153, Nov./2009, DTR\2009\642.

BEDAQUE, José Roberto dos Santos. *Efetividade do processo e técnica processual*. 3 ed. São Paulo: Malheiros. 2010.

DIAS, Ronaldo Brêtas de Carvalho. *Processo constitucional e Estado Democrático de Direito*. 2 ed. Belo Horizonte: Del Rey, 2012.

CINTRA, Antonio Carlos de Araújo, GRINOVER, Ada Pellegrini e DINAMARCO, Cândido Rangel. *Teoria geral do processo*. 25 ed. Malheiros Editores. 2009.

CUNHA, Leonardo carneiro da. O princípio contraditório e a cooperação no processo. Escrito em 05/agosto 2013. <www.leonardocarneirodacunha.com.br>, em 25/junho/2014.

DE PINHO, Humberto Dalla Bernardina. Os princípios e as garantias fundamentais no projeto de novo código de processo civil: breves considerações acerca dos Artigos 1 a 12 do PLS 166/10. Revista Eletrônica de Direito Processual. www.redp.com.br. Vol. VI.

DIDIER JR., Fredie. Três modelos de direito processual: inquisitivo, dispositivo e cooperativo. *Revista de Processo*. Vol 198, São Paulo: RT, agosto de 2011, ano 36.

DINAMARCO, Cândido Rangel. *A instrumentalidade do processo*. 5 ed. São Paulo: Malheiros Editores, 1996.

__________. *Instituições de direito processual civil*. Vol. I. 4 ed. São Paulo: Malheiros Editores. 2004.

FAZZALARI, Elio. *Istituzione di diritto processuale*. 8 ed.Pádua: Cedam, 1996.

FUX, Luiz. *Curso de direito processual civil*. Volume *I*. 4 ed. Rio de Janeiro: Forense, 2008.

GRASSO, Eduardo. La collaborazione nel processo civile. *Rivista di Diritto Processuale,* 1966, p.. 602.

GRECO, Leonardo. Publicismo e privatismo no processo civil. *Revista de Processo*. São Paulo. RT.n 164.

__________. *Estudos de direito processual*. Vol. I. Campos: Faculdade de Direito de Campos. 2005.

__________. Garantias fundamentais do processo: o processo justo. *Estudos de Direito processual*. Vol I. Campus: Faculdade de Campos. 2005.

MARINONI, Luiz Guilherme. MITIDIERO, Daniel. O *Projeto do CPC*: crítica e propostas. São Paulo: RT, 2010.

MITIDIERO, Daniel. *Colaboração no processo civil: pressupostos sociais, lógicos e éticos*. 2 ed. São Paulo: RT, 2011.

__________. Processo justo, colaboração e ônus da prova. *Revista do Tribunal Superior do Trabalho*: Vol. 78, n. 1, jan./mar. 2012.

NUNES, Dierle José Coelho. *Processo jurisdicional democrático*. Curitiba: Juruá. 2012.

PICÓ, Joan i Junoy. *Las garantías constitucionales del processo*. Barcelona: Librería Bosch Editor.: 2012.

REDONDO, Bruno Garcia. Princípio da cooperação e flexibilização do Procedimento pelo juiz e pelas partes. *Revista Dialética de Direito Processual*, São Paulo: Dialética, nº 133, abril de 2014.

TARUFFO, Michele. Abuso de direitos processuais: padrões comparativos de lealdade processual (relatório geral). *Revista de Processo*, vol. 177, p. 153, Nov./2009, DTR\2009\642.

2

NOVO CPC E PROCESSO ELETRÔNICO: O QUE HÁ DE NOVO, O QUE PREOCUPA E O QUE FALTOU?

Andre Vasconcelos Roque / Luiza Silva Rodrigues

1. INTRODUÇÃO

O processo eletrônico há muito provocou verdadeira mudança de paradigma no poder judiciário brasileiro, inaugurando novos desafios e trazendo consigo agruras próprias de uma fase de transição. As mudanças de comportamento reverberaram na forma de organização do judiciário e, pouco a pouco, papéis e carimbos foram cedendo espaço a arquivos digitais, ou digitalizados. Passa-se a exigir domínio de sistemas, conhecimentos de informática, além de outros recursos, a exemplo da certificação digital – alterações que, dramaticamente, têm afastado alguns profissionais não habituados a lidar com computadores e navegadores de *internet*[1]..

Longe de querer ingressar nos matizes de cunho técnico[2] ou nas aptidões para o manejo dos sistemas, pretende-se, com o presente artigo, destacar passagens do Novo Código de Processo Civil que se referem a esse novo suporte material – o que traz consigo relevantes questões para a prática jurídica.

Deve-se esclarecer, ainda, como advertência preliminar, que a referência a "processo eletrônico" não significa a aderência, dos autores, à corrente doutrinária que defende a concepção de uma nova teoria geral do processo, em virtude da transposição do suporte físico ao meio digital.[3] Emprega-se a expressão sem qualquer

---

1 Para se ter uma ideia, um dos autores do presente estudo chegou a ouvir um comentário jocoso sobre o processo eletrônico, segundo o qual o art. 133 da Constituição, atualmente, não significaria mais nada na prática, porque indispensável à administração da justiça não seria mais o advogado isoladamente considerado, mas o profissional do direito com certificado digital e um computador na mão...

2 Não se pode, porém, deixar de fazer uma crítica contundente em termos de sistemas de processo eletrônico. Por que os tribunais, em vez de desenvolver programas que rodam a partir do navegador – e que sempre dependem de atualização do próprio navegador e de outras extensões, como o Java – não passam a desenvolver programas que rodam no próprio computador dos usuários, assim como ocorre, por exemplo, com o programa de declaração de imposto de renda da Receita Federal? Quando fosse necessária a atualização, bastaria baixar novamente o programa, o que poderia até ser realizado de forma automática, como fazem alguns programas antivírus. Medidas simples como esta poderiam tornar o processo eletrônico muito mais amigável aos profissionais do Direito.

3 O que parece ser a compreensão sobre o tema, por exemplo, de ALMEIDA FILHO, José Carlos de Araújo. *Processo eletrônico e Teoria Geral do Processo Eletrônico.* Rio de Janeiro: Forense, 2015, p. 112, chegando a defender a "ideia de especializar a jurisdição, para a criação de uma quarta, na modalidade eletrônica".

preciosismo teórico, inclusive porque, não fosse o costume de se referir a "processo eletrônico", seria mais adequado falar-se em "procedimento eletrônico".

Em verdade, as alterações inseridas com a Lei nº 11.419/2006 concernem ao procedimento, e não propriamente ao processo, visto que conceitos fundamentais como ação, jurisdição, bem como a própria noção de processo, não se alteram pela simples mudança de suporte. Limitam-se, sim, ao procedimento, isto é, um aspecto extrínseco do processo, o que, evidentemente, não retira a relevância das dificuldades e desafios a serem enfrentados.

Há uma série de questões que circundam essa nova sistemática; muitas, inclusive, podem se tornar verdadeiros obstáculos e ameaças à atuação forense – implicando, por exemplo, perdas de prazos e nulidades processuais. Portanto, não se pode negar que a realização de atos por via eletrônica tem importantes repercussões. O processo digital impacta na dinâmica do procedimento, pensado há séculos sob a premissa do papel e da realização dos atos processuais, conduzindo a uma renovada reflexão sobre algumas normas.

Nesse contexto, no que tange à disciplina do processo eletrônico, discute-se o NCPC, recentemente sancionado (Lei nº 13.105/2015). O que há de novo? O que já existe no regime do CPC/1973? O que preocupa? E, por fim, o que faltou no novo código processual?

2. O QUE HÁ DE NOVO?

O Livro IV, do NCPC, dispõe sobre os Atos processuais, iniciando, no Título I, com a forma, o tempo e o lugar dos atos processuais. Analisando-se o NCPC sob o viés do processo eletrônico, a seção II merece destaque, porquanto se destina, justamente, a regulamentar a prática eletrônica de atos processuais. À compreensão dos termos utilizados nos artigos da seção, afigura-se indispensável ter em mente os conceitos trazidos na Lei nº 11.419/2006.

O artigo 193[4] introduz no NCPC previsão expressa de ampla aceitação do meio eletrônico[5] para a prática de atos processuais, em consonância com os rumos do processo eletrônico e da maior automatização do judiciário. No entanto, para tal, pressupõe-se o uso de assinatura eletrônica (art. 1º, § 2º, III[6], da Lei nº 11.419/2006).

Com o fito de garantir a autenticidade, a integridade e a validade jurídica de documentos em forma eletrônica, foi instituída a Infraestrutura de Chaves Públicas Brasileira (ICP-Brasil), pela Medida Provisória nº 2.200-2, de 24 de agosto de 2001 (consoante exposto em seu artigo 1º[7]). O ICP-Brasil é uma cadeia hierárquica e de confiança que viabiliza a emissão de certificados digitais. Na mesma oportunidade, criou-se o Instituto Nacional de Tecnologia da Informação, autarquia federal vinculada à Casa Civil da Presidência da República que é a Autoridade Certificadora Raiz da Infraestrutura de Chaves Públicas Brasileira (art. 13, da MP nº 2.200-2/2001).

Superadas as questões relativas à autenticidade, integridade e validade jurídica dos documentos – questões essenciais para a absorção do processo pelo meio eletrônico – editou-se a Lei nº 11.419/2006, dispondo sobre a informatização do processo judicial, a qual restou preservada pelo NCPC. Incumbe investigar, desse modo, o que há de novidade no NCPC em termos de processo eletrônico.

---

4 Art. 193. Os atos processuais podem ser total ou parcialmente digitais, de forma a permitir que sejam produzidos, comunicados, armazenados e validados por meio eletrônico, na forma da lei. Parágrafo único. O disposto nesta Seção aplica-se, no que for cabível, à prática de atos notariais e de registro.

5 De acordo com o artigo 1º, § 2º, da Lei 11.419/2006, considera-se meio eletrônico "qualquer forma de armazenamento ou tráfego de documentos e arquivos digitais".

6 Art. 1º. [...] § 2º. Para o disposto nesta Lei, considera-se: [...] III- assinatura eletrônica as seguintes formas de identificação inequívoca do signatário: a) assinatura digital baseada em certificado digital emitido por Autoridade Certificadora credenciada, na forma da lei especificada; b) mediante cadastro de usuário no Poder Judiciário, conforme disciplinado pelos órgãos respectivos.

7 Art. 1º. Fica instituída a Infra-Estrutura de Chaves Públicas Brasileira – ICP -Brasil, para garantir a autenticidade, a integridade e a validade jurídica de documentos em forma eletrônica, das aplicações de suporte e das aplicações habilitadas que utilizem certificados digitais, bem como a realização de transações eletrônicas seguras.

2.1 Prazos para a prática eletrônica de atos processuais

É consabido que o processo eletrônico implicou elastecimento dos prazos para a prática eletrônica de atos processuais até às 24 (vinte e quatro) horas do seu termo final (artigo 10, §1º, da Lei nº 11.419/2006). Em verdade, essa consequente prorrogação de prazo foi um dos avanços auferidos com o processo eletrônico: os atos processuais não se encontram mais adstritos ao período de funcionamento dos órgãos judiciais, de modo que são considerados tempestivos aqueles efetivados até às 24 (vinte e quatro) horas do termo final.

Como realidade irrefutável, já incorporada no dia-a-dia forense, essa previsão foi contemplada no NCPC, em seu artigo 213[8], com um espectro mais amplo – referindo-se não só ao peticionamento, mas sim à prática eletrônica de ato processual. Embora não constitua uma inovação no ordenamento jurídico brasileiro, o dispositivo é novidade no âmbito das codificações processuais, porquanto o CPC/1973 nada dispunha a esse respeito. Reforça-se, portanto, a possibilidade de praticar atos processuais por meio eletrônico até o último momento do dia do vencimento do prazo, mesmo após o encerramento do expediente forense – o que, de fato, já se verifica na prática.

Na mesma linha, merece ponderação o artigo 212[9], do NCPC, que faz menção aos "atos processuais" em geral, sem se referir especificamente aos atos das partes, do juiz, do escrivão ou do chefe de secretaria (objeto do Livro IV, Título I, Capítulo I, seções III a V, do NCPC).

À primeira vista, pode parecer mera reprodução do artigo 172, do CPC/1973. No entanto, em uma análise detida, infere-se que o parágrafo terceiro atentou-se ao fato de que o protocolo de petições pode se dar fora do expediente forense e mesmo além das seis às vinte

---

8 Art. 213. A prática eletrônica de ato processual pode ocorrer em qualquer horário até as 24 (vinte e quatro) horas do último dia do prazo. Parágrafo único. O horário vigente no juízo perante o qual o ato deve ser praticado será considerado para fim de atendimento do prazo.

9 Art. 212. Os atos processuais serão realizados em dias úteis, das 6 (seis) às 20 (vinte) horas. [...] § 3º Quando o ato tiver de ser praticado por meio de petição em autos não eletrônicos, esta deverá ser protocolada no horário de funcionamento do fórum ou tribunal, conforme o disposto na lei de organização judiciária local.

horas dos dias úteis, em se tratando de processo eletrônico. Assim, é bastante feliz a inserção dessa ressalva na redação do parágrafo terceiro, que se aplica, inequivocamente, apenas aos atos praticados por meio de petições "em autos não eletrônicos" – ocasiões em que se deverá observar o horário de expediente do fórum ou tribunal.

Incumbe salientar que o art. 212, § 3º do NCPC precisa ser interpretado em conjunto com o art. 213, segundo o qual a prática eletrônica de ato processual pode ocorrer em qualquer horário, até as vinte e quatro horas do último dia do prazo. Na verdade, como esclarece esse último dispositivo, pouco importa se o processo tramita de forma física ou eletrônica, desde que o ato processual da parte seja realizado eletronicamente. Em outros termos: o critério para a incidência da regra não é o fato de os autos serem físicos ou eletrônicos, ao contrário do que se poderia supor, pela interpretação literal do art. 212, § 3º; mas, sim, a forma de que se reveste o ato, sujeito ao prazo em análise (isto é, se praticado de forma eletrônica ou não).

O que ocorre, de fato, é que os sistemas de processo eletrônico dos tribunais costumam permitir a prática eletrônica de atos processuais apenas em autos que tramitam também de forma eletrônica. Entretanto, há exceções, contemplando a prática de atos por via eletrônica mesmo em relação a processos em autos físicos.[10] Nestes casos, como disposto pelo art. 213, o prazo se encerrará também às 24 (vinte e quatro) horas do dia do vencimento, visto que o ato será praticado por meio eletrônico.

2.1.1 Prazo em dobro quando há litisconsortes com procuradores diferentes: o fim da controvérsia

Segundo regra tradicional, prevista no art. 191, do CPC/1973, quando os litisconsortes (seja no polo ativo ou passivo) tiverem diferentes procuradores, ser-lhes-á concedido prazo em dobro para se

[10] Confira-se, nesse sentido, o caso do Tribunal de Justiça do Estado de Santa Catarina, cuja Resolução Conjunta nº 3/2013-GP/CGJ, em seu art. 16, § 1º, permite o peticionamento eletrônico mesmo em autos físicos, de forma facultativa: "§ 1º Para os processos que tramitam em meio físico o peticionamento eletrônico é facultativo, e para os processos que tramitam em meio eletrônico o peticionamento será efetuado por meio do Portal e-SAJ ou pelos meios previstos no § 3º do art. 10 da Lei n. 11.419, de 19 de dezembro de 2006".

manifestarem. A justificativa, em resumo, é que, tratando-se de prazo comum, o acesso aos autos físicos se torna mais difícil, sendo inviabilizada a sua retirada, em carga, a não ser mediante solicitação conjunta ou prévio ajuste – o que é pouco frequente.

No processo eletrônico, essa regra não parece fazer muito sentido, porque os autos permanecem à disposição de todos os advogados do processo ininterruptamente. Ora, se o acesso de um dos litisconsortes aos autos não obsta o acesso do outro – isto é, se ambos podem acessar os autos simultaneamente; se não há mais que se falar em retirada dos autos em carga; então nada justificaria a manutenção dessa benesse (do prazo em dobro), tão somente pelo fato de haver litisconsortes representados por diferentes procuradores.

Com fulcro nesses argumentos e ante a lacuna legislativa, houve precedentes contemplando o entendimento de que não se aplicaria tal disposição ao processo eletrônico – ou seja: tratando-se de autos eletrônicos, os litisconsortes, mesmo com distintos procuradores, não teriam direito ao prazo em dobro[11].

O grande problema é que o art. 191 do CPC/1973 não previu tal exceção, mesmo após ter sido aprovada a Lei nº 11.419/2006. Então, retirar dos litisconsortes o prazo em dobro, com base em exceção não prevista em lei, por mais ponderáveis que sejam os argumentos, representaria intolerável insegurança jurídica.

O projeto do novo CPC passava ao largo dessa discussão; mas, a partir da versão aprovada na Câmara dos Deputados, inseriu-se a previsão de que o benefício do prazo em dobro não se aplica em caso de autos eletrônicos – disposição esta que foi mantida na última versão aprovada pelo Senado Federal, no artigo 229, § 2º[12]. Eis uma inovação relevante e coerente, com importantes reflexos práticos, que põe fim à controvérsia instaurada a partir do advento do processo eletrônico.

---

11 Vide, entre outros, TRF 4ª Região, Agravo de Instrumento nº 5003563-11.2013.4.04.0000, 3ª Turma, Rel. Des. Fed. Fernando Quadros da Silva, j. em 15.5.2013; TJSP, Agravo de Instrumento nº 0084668-50.2013.8.26.0000, 30ª CDPri., Rel. Des. Marcos Ramos, j. 31.7.2013.

12 Art. 229. Os litisconsortes que tiverem diferentes procuradores, de escritórios de advocacia distintos, terão prazos contados em dobro para todas as suas manifestações, em qualquer juízo ou tribunal, independentemente de requerimento. [...] § 2º Não se aplica o disposto no *caput* aos processos em autos eletrônicos.

2.1.2 Prorrogação de prazo por falhas técnicas no sistema

O NCPC prevê a possibilidade de prorrogação de prazo por justa causa, referindo-se à hipótese de indisponibilidade no sistema de processo eletrônico. Essa disposição, do artigo 197, parágrafo único,[13] já havia sido tratada na Lei nº 11.419/2006, de forma mais específica (art. 10, § 2º[14]).

A sistematização da questão como uma hipótese de justa causa, entretanto, é inconsistente e pode causar alguns problemas de interpretação no âmbito do NCPC. Isso porque a indisponibilidade do sistema eletrônico, por definição, acarreta consequências distintas da justa causa disciplinada no art. 223 no NCPC.[15] No primeiro caso, há apenas a prorrogação automática do dia do vencimento do prazo processual, na forma do art. 224, § 1º[16]. Já na justa causa propriamente

---

13 Art. 197. Os tribunais divulgarão as informações constantes de seu sistema de automação em página própria na rede mundial de computadores, gozando a divulgação de presunção de veracidade e confiabilidade. Parágrafo único. Nos casos de problema técnico do sistema e de erro ou omissão do auxiliar da justiça responsável pelo registro dos andamentos, poderá ser configurada a justa causa prevista no art. 223, *caput* e § 1º.

14 Art. 10. A distribuição da petição inicial e a juntada da contestação, dos recursos e das petições em geral, todos em formato digital, nos autos de processo eletrônico, podem ser feitas diretamente pelos advogados públicos e privados, sem necessidade da intervenção do cartório ou secretaria judicial, situação em que a autuação deverá se dar de forma automática, fornecendo-se recibo eletrônico de protocolo. [...] § 2º No caso do § 1o deste artigo, se o Sistema do Poder Judiciário se tornar indisponível por motivo técnico, o prazo fica automaticamente prorrogado para o primeiro dia útil seguinte à resolução do problema.

15 Art. 223. Decorrido o prazo, extingue-se o direito de praticar ou emendar o ato processual, independentemente de declaração judicial, ficando assegurado, porém, à parte provar que o não realizou por justa causa. § 1º Considera-se justa causa o evento alheio à vontade da parte e que a impediu de praticar o ato por si ou por mandatário. § 2º Verificada a justa causa, o juiz permitirá à parte a prática do ato no prazo que lhe assinar.

16 Art. 224. Salvo disposição em contrário, os prazos serão contados excluindo o dia do começo e incluindo o dia do vencimento. § 1º Os dias do começo e do vencimento do prazo serão protraídos para o primeiro dia útil seguinte, se coincidirem com dia em que o expediente forense for encerrado antes ou iniciado depois da hora normal ou houver indisponibilidade da comunicação eletrônica.

dita, uma vez cessado o impedimento à prática do ato processual, incumbirá à parte demonstrar sua ocorrência e requerer a concessão de novo prazo ao juiz (art. 223, § 2º).

Note-se: os regimes jurídicos em tela não se confundem. Não pode a parte, por exemplo, no último dia do prazo, ao verificar que o sistema eletrônico está fora do ar, simplesmente requerer a concessão de novo prazo ao juiz para apresentar sua petição, como se fosse um caso de justa causa propriamente dita. Na verdade, deverá a parte acompanhar o sistema eletrônico e, assim que ele voltar a ficar disponível, protocolar sua manifestação até o dia útil seguinte, nos estritos termos do art. 224, § 1º.

Pior: para além do processo eletrônico, é possível que se sustente, mediante interpretação conjunta dos arts. 197, parágrafo único, e 224, § 1º, que o prazo para a parte alegar a ocorrência de justa causa, em qualquer hipótese do art. 223, seria apenas até o dia útil seguinte. Tal orientação conduziria a situações insólitas. No caso, por exemplo, de uma inundação em cidade distante que impeça o acesso ao fórum, no qual tramite processo para o qual se exija o protocolo físico presencial, o advogado será obrigado a acompanhar, todo dia, se houve liberação do caminho para a sede do juízo – e, quando isso acontecer, largar todos os seus afazeres para praticar o ato.

O que se quer consignar é o seguinte: não se pode exigir dos sujeitos do processo comportamento anormal, excessivamente oneroso. Deve-se, assim, considerar que a parte tem o ônus de alegar a justa causa no prazo de 5 (cinco) dias após cessado o evento que a caracterizou, sob pena de preclusão, por aplicação subsidiária do art. 218, § 3º[17] do NCPC.

2.2 *Produção de provas*

O capítulo XI do Título I (que disciplina o procedimento comum) versa sobre a produção de provas. Inaugura-se o capítulo com o artigo 369 do NCPC, segundo o qual é permitido às partes "empregar todos

[17] Art. 218. Os atos processuais serão realizados nos prazos prescritos em lei. [...] § 3º Inexistindo preceito legal ou prazo determinado pelo juiz, será de 5 (cinco) dias o prazo para a prática de ato processual a cargo da parte.

os meios legais, bem como os moralmente legítimos, para provar a verdade dos fatos em que se funda o pedido ou a defesa".

No âmbito da produção de provas, merece destaque a força probatória dos documentos digitais e digitalizados. Consoante a previsão do artigo 1º, parágrafo único, da Lei nº 12.682/2012, *entende-se por digitalização a conversão da fiel imagem de um documento para código digital.* Trata-se de um processo que deve ser realizado de forma a "manter a integridade, a autenticidade e, se necessário, a confidencialidade do documento digital, com o emprego de certificado digital emitido no âmbito da Infraestrutura de Chaves Públicas Brasileira – ICP – Brasil", de acordo com o artigo 3º, da mesma Lei.

A Lei 11.419/2006 já dispunha, em seu artigo 11, §1º, que os documentos digitais e digitalizados possuem a mesma força probante que os documentos originais. No entanto, ante a infinidade de recursos com os quais se pode editar, alterar, construir imagens, vídeos, documentos, maiores serão os desafios para aferir se determinado elemento utilizado como prova é hígido, ou se foi manipulado com o fito específico de contribuir ao interesse da parte.

A partir dessa premissa, o NCPC traz a possibilidade de a parte alegar, de forma motivada e fundamentada, a adulteração do documento, antes ou durante o processo de digitalização. A arguição de falsidade está prevista no artigo 430[18] e será resolvida como questão incidental, salvo se a parte requerer que seja tratada como questão principal, nos termos do artigo 19, II[19], do NCPC.

Curiosamente, em dispositivo que tem tudo para se tornar anedótico (art. 413),[20] o NCPC mantém a referência à força probatória do telegrama "assinado pelo remetente" – quem vai aos Correios assinar

---

18 Art. 430. A falsidade deve ser suscitada na contestação, na réplica ou no prazo de quinze dias, contado a partir da intimação da juntada aos autos do documento. Parágrafo único. Uma vez arguida, a falsidade será resolvida como questão incidental, salvo se a parte requerer que o juiz a decida como questão principal, nos termos do inciso II do art. 19.

19 Art. 19. O interesse do autor pode se limitar à declaração: [...] II – da autenticidade ou da falsidade de documento.

20 Art. 413. O telegrama, o radiograma ou qualquer outro meio de transmissão tem a mesma força probatória do documento particular se o original constante da estação expedidora tiver sido assinado pelo remetente.

telegrama hoje em dia? – e do radiograma, que nem existe mais no Brasil, a não ser no âmbito das forças armadas.[21] E não disciplina tal questão no que tange ao fax e, pior, nem no que concerne ao correio eletrônico. Nesse aspecto, o NCPC se revela tão ultrapassado quanto um processador 286...

2.3 Videoconferência: maior atuação dos sujeitos do processo

A prática de atos processuais por meio de videoconferência ou outro recurso tecnológico de transmissão de sons e imagens em tempo real[22] também é uma inovação, que engendra possibilidade bastante interessante, capaz de encurtar distâncias e facilitar a atuação de advogados – especialmente em outros estados e nos órgãos de superposição.

Embora nada substitua o contato humano – não por acaso, a imediação é um dos aspectos mais importantes da oralidade, como ressaltado de longa data por Chiovenda –, não se pode ignorar que o Brasil é um país de dimensões continentais e que nem sempre é viável – ou conveniente – a atuação presencial dos sujeitos do processo. Além dos tribunais superiores, que recebem processos de todo o Brasil, há tribunais inferiores que exercem jurisdição sobre vastas áreas do território brasileiro, sendo um dos exemplos mais evidentes o Tribunal Regional Federal da 1ª Região, sediado em Brasília, que recebe processos originados, entre outros estados, de Roraima, a mais de dois mil quilômetros de distância.

A sustentação oral é uma das utilidades mais conhecidas para a videoconferência. Essa experiência já é realidade em alguns tribunais, como no TRF da 4ª Região e nos TRTs da 3ª e da 8ª Região. Trata-se de ferramenta importante para que advogados (principalmente os que atuam fora das capitais) possam sustentar na defesa do interesse de seus clientes, sem exigir um deslocamento de centenas ou mesmo

---

21 DELLORE, Luiz. **Novo CPC:** 10 aspectos quanto às provas. Disponível em: <http://jota.info/novo-cpc-10-aspectos-quanto-provas>. Acesso em 23 fev. 2015.

22 Art. 236. Os atos processuais serão cumpridos por ordem judicial. [...] § 3º Admite-se a prática de atos processuais por meio de videoconferência ou outro recurso tecnológico de transmissão de sons e imagens em tempo real.

milhares de quilômetros até o local do julgamento, perante os tribunais (art. 937, § 4º[23], do NCPC).

Isso sem falar da possibilidade – que poderia ter sido disciplinada no NCPC de forma expressa – de os advogados despacharem com magistrados à distância, iniciativa alvissareira adotada, entre outros, pelo juiz Fernando Gajardoni, na 1ª instância do Poder Judiciário do Estado de São Paulo, e pela Ministra Nancy Andrighi, no âmbito do Superior Tribunal de Justiça.

Outra utilidade conhecida para a videoconferência está no depoimento de testemunhas e partes, quando não puderem comparecer à sede do juízo, ou não estejam obrigadas a tanto. O NCPC prevê tal possibilidade para o depoimento pessoal (art. 385, § 3º[24]), o depoimento de testemunha (art. 453, § 1º[25]) e a acareação (art. 461, § 2º[26]). Regras interessantes e que devem ser mantidas, mas que são incompletas, porque deixam de disciplinar alguns aspectos importantes.

A primeira questão que se coloca é a seguinte: o depoimento por videoconferência deverá ser, preferencialmente, realizado durante a audiência de instrução e julgamento, no juízo de origem, permitindo que o juiz da causa aprecie de imediato qualquer ocorrência relevante durante a inquirição, ou não? Deverá o depoimento ocorrer também perante um juiz no local ou teria sido adotada solução semelhante ao

---

23 Art. 937. [...] § 4º É permitido ao advogado com domicílio profissional se situe em cidade diversa daquela onde está sediado o tribunal realizar sustentação oral por meio de videoconferência ou outro recurso tecnológico de transmissão de sons e imagens em tempo real, desde que o requeira até o dia anterior ao da sessão.

24 Art. 385. [...] § 3º O depoimento pessoal da parte que residir em comarca, seção ou subseção judiciária diversa daquela onde tramita o processo poderá ser colhido por meio de videoconferência ou outro recurso tecnológico de transmissão de sons e imagens em tempo real, o que poderá ocorrer, inclusive, durante a realização da audiência de instrução e julgamento.

25 Art. 453. [...] § 1º A oitiva de testemunha que residir em comarca, seção ou subseção judiciárias diversa daquela onde tramita o processo poderá ser realizada por meio de videoconferência ou outro recurso tecnológico de transmissão de sons e imagens em tempo real, o que poderá ocorrer, inclusive, durante a realização da audiência de instrução e julgamento.

26 Art. 461. [...] §2º A acareação pode ser realizada por videoconferência ou outro recurso tecnológico de transmissão de sons e imagens em tempo real.

art. 502º, item 3[27], do novo CPC português, que expressamente afastou a necessidade de intervenção do juiz do local do cumprimento? São perguntas sem respostas, provenientes da ausência de regulamentação específica sobre o assunto.

2.4 Gravação das audiências: a viva-voz no processo

Além dos depoimentos por videoconferência, prevê-se, também, a possibilidade de gravação integral das audiências, em imagem e em áudio, em meio digital ou analógico, "desde que assegure o rápido acesso das partes e dos órgãos julgadores, observada a legislação específica." (art. 367, § 5º[28], do NCPC). Isso já havia sido tratado no CPC/1973, a partir do advento da Lei nº 11.419/2006, que inseriu modificações no artigo 457, § 4º, fazendo referência ao artigo 169, § 2º.

A novidade do NCPC reside no fato de qualquer das partes poder realizar a gravação, independentemente de autorização judicial (art. 367, § 6º[29], do NCPC). O CPC/1973 até menciona a faculdade de as partes realizarem a gravação durante a produção de prova testemunhal (art. 417); no entanto, a previsão do NCPC é mais ampla, referindo-se à gravação integral da audiência em imagem e áudio, em meio digital ou analógico.

Não obstante a gravação de audiências já ocorrer ocasionalmente sob o regime do CPC/1973, nota-se a preocupação do legislador em assegurar o acesso das gravações às partes: "desde que assegure o rápido acesso das partes e dos órgãos julgadores". Em alguns sistemas, como o SAJ (Sistema de Automação do Judiciário), utilizado pelo Tribunal de Justiça de Santa Catarina, já é possível

---

[27] Inquirição por teleconferência. [...] 3 — No dia da inquirição, a testemunha identifica-se perante o funcionário judicial do juízo onde o depoimento é prestado, mas a partir desse momento a inquirição é efetuada perante o juízo da causa e os mandatários das partes, via teleconferência, sem necessidade de intervenção do juiz do juízo onde o depoimento é prestado.

[28] Art. 367. [...] § 5º A audiência poderá ser integralmente gravada em imagem e em áudio, em meio digital ou analógico, desde que assegure o rápido acesso das partes e dos órgãos julgadores, observada a legislação específica.

[29] Art. 367. [...] § 6º A gravação a que se refere o § 5º também pode ser realizada diretamente por qualquer das partes, independentemente de autorização judicial.

acessar os arquivos de vídeo na própria consulta processual. De qualquer forma, até que a prática se difunda aos demais sistemas, é possível obter as gravações em cartório, por solicitação da parte.

A gravação das audiências representa um avanço, na medida em que reduz eventuais distorções nos depoimentos das partes, informantes e testemunhas, garantindo sua fidedignidade; pode-se aferir exatamente o que foi falado, na entonação com que foi falado e com a segurança/insegurança com que foi falado. Por outro lado, também facilita o trabalho dos serventuários, que não precisam mais digitar rapidamente a fim de registrar os depoimentos colhidos em audiência.

Ressalve-se que, em que pese a possibilidade, cada vez mais frequente, de gravação ou de qualquer outra forma de registro de sons e imagens, como estabelecido no NCPC, não se deve abolir a tradicional forma de documentação escrita. Na prática, a documentação escrita da audiência é muitas vezes suficiente para dirimir as questões objeto de controvérsia; além disso, sua leitura é mais célere que a reprodução integral de toda a audiência – a qual pode se estender por muito tempo e tornar inviável o exame de todo o material trazido à cognição das instâncias superiores, já abarrotadas com número significativo de processos.

De todo modo, é preciso aprimorar os sistemas de forma a evitar falhas de gravação passíveis de comprometer o arquivo, no todo ou em parte, e, por decorrência, inviabilizar a compreensão daquilo que foi registrado, jogando por terra o propósito do registro das audiências.

2.5 Atos de comunicação processual

A regulamentação da prática e da comunicação oficial de atos processuais por meio eletrônico é incumbência do Conselho Nacional de Justiça e, supletivamente, dos tribunais, consoante a dicção do artigo 196, do NCPC. É que, após a instituição do processo eletrônico no Brasil, a partir da Lei nº 11.419/2006, foram desenvolvidos diferentes sistemas de processo eletrônico, por vezes, até incompatíveis de serem utilizados no mesmo equipamento.

O artigo 246, inciso V, prevê que a citação será feita por meio eletrônico, conforme regulado em lei. De fato, essa remissão traz consigo um dever de regulamentação, visto que a Lei 11.419/2006 tratou, tão somente, da possibilidade de realizar as citações por meio eletrônico, sem maiores detalhes quanto à sua consecução (art. 6º[30]), em omissão que chega a ser desconcertante.

A despeito de não ser novidade – porquanto tal previsão já havia sido inserida pela Lei 11.419/2006 –, a redação do artigo 246, do NCPC, é um tanto mais incisiva, no seu parágrafo 1º, ao mencionar que as citações e intimações "serão efetuadas preferencialmente" por meio eletrônico. Inclusive, por tal razão, impõe às empresas, públicas e privadas, a obrigação de manter cadastro junto aos sistemas de processo em autos eletrônicos, para efeito de recebimento de citações e intimações.

Não há previsão, todavia, de qualquer sanção para o descumprimento dessa exigência, sendo duvidosa a efetividade do dispositivo. A ressalva quanto às microempresas e às empresas de pequeno porte – além das pessoas físicas, sequer mencionadas – se justifica. Pressupõe-se que estas serão apenas litigantes eventuais, não havendo motivo para delas se exigir dispêndio de tempo e dinheiro para o cadastro. A exigência tem por finalidade facilitar a prática dos atos de comunicação aos litigantes habituais, a se repetirem em inúmeros processos.

No que concerne à citação por edital, afastou-se a exigência burocrática de afixação do edital na sede do juízo (consoante previsto no artigo 232, II, do CPC/1973). Tal requisito foi substituído pela "publicação do edital na rede mundial de computadores, no sítio do respectivo tribunal e na plataforma de editais do Conselho Nacional de Justiça" (art. 257, II, do NCPC). Eis uma mudança significativa, muito bem-vinda, e que, sem dúvidas, melhor cumpre o propósito de dar publicidade ao edital, que a sua mera afixação na sede do juízo.

Outrossim, o requisito de publicação do edital em jornal local de ampla circulação (previsto no artigo 232, III, do CPC/1973) foi convertido em prerrogativa do juiz, que poderá determinar que a parte se valha de outros meios para publicá-lo, como se extrai do parágrafo único do artigo 257[31].

---

30 Art. 6º Observadas as formas e as cautelas do art. 5º desta Lei, as citações, inclusive da Fazenda Pública, excetuadas as dos Direitos Processuais Criminal e Infracional, poderão ser feitas por meio eletrônico, desde que a íntegra dos autos seja acessível ao citando.

31 Art. 257. [...] Parágrafo único. O juiz poderá determinar que a publicação do edital seja feita também em jornal local de ampla circulação ou por outros

Nos casos de cartas precatórias, a expedição será, preferencialmente, por meio eletrônico, nos termos do artigo 263[32], do NCPC. Isto é, o meio eletrônico deixa de ser mera possibilidade, conforme previsto no artigo 202, § 3º, do CPC/1973, para se tornar uma preferência, em detrimento ao meio físico.

A comunicação pelo juiz deprecado ao juiz deprecante, por sua vez, também se dará por meio eletrônico, especialmente no que concerne ao cumprimento da diligência, consoante disposto no artigo 232[33], do NCPC e no artigo 7º, da Lei nº 11.419/2006[34], de previsão mais abrangente. Tal comunicação é hábil, inclusive, para dar início ao prazo para a prática do ato processual, dispensando a juntada física da carta precatória, nos termos do art. 231, VI[35] do NCPC.

Quanto às intimações para a prática de atos processuais, serão realizadas, sempre que possível, por meio eletrônico, por força do artigo 270[36], do NCPC, em consonância com o artigo 5º, da Lei nº 11.419/2006. Inclusive a intimação para cumprir a sentença poderá ser por meio eletrônico, consoante disposto no artigo 513, § 2º, III[37],

---

meios, considerando as peculiaridades da comarca, da seção ou da subseção judiciárias.

32 Art. 263. As cartas deverão, preferencialmente, ser expedidas por meio eletrônico, caso em que a assinatura do juiz deverá ser eletrônica, na forma da lei.

33 Art. 232. Nos atos de comunicação por carta precatória, rogatória ou de ordem, a realização da citação ou intimação será imediatamente informada, por meios eletrônicos, pelo juiz deprecado ao juiz deprecante

34 Art. 7º. As cartas precatórias, rogatórias, de ordem e, de um modo geral, todas as comunicações oficiais que transitem entre órgãos do Poder Judiciário, bem como entre os deste e os dos demais Poderes, serão feitas preferentemente por meio eletrônico.

35 Art. 231. Salvo disposição em sentido diverso, considera-se dia do começo do prazo: [...] VI – a data de juntada do comunicado de que trata o art. 232 ou, não havendo esse, a data de juntada da carta aos autos de origem devidamente cumprida, quando a citação ou a intimação se realizar em cumprimento de carta;

36 Art. 270. As intimações realizam-se, sempre que possível, por meio eletrônico, na forma da lei. Parágrafo único. Aplica-se ao Ministério Público, à Defensoria Pública e à Advocacia Pública o disposto no § 1º do art. 246.

37 Art. 513. [...] § 2º O devedor será intimado para cumprir a sentença: I – pelo Diário da Justiça, na pessoa do seu advogado constituído nos autos; II – por

do NCPC, quando o devedor for empresa pública ou privada, sem procurador constituído nos autos. Nesse caso, considerar-se-á igualmente realizada a intimação quando o devedor houver mudado de endereço eletrônico sem prévia comunicação ao juízo (art. 513, § 3º[38], NCPC) – dever este que lhe incumbe, conforme a dicção do artigo 274[39], NCPC.

Com a transposição dos atos de comunicação processual ao meio eletrônico, e, para viabilizar sua realização – tal qual previsto na Lei nº 11.419/2006 e no NCPC –, exsurge a necessidade de os advogados inserirem, nos instrumentos de mandato, além do endereço em que receberão as intimações expedidas por meio físico (art. 39, I, do CPC/1973), também o endereço eletrônico (art. 287[40], do NCPC).

Ainda no que tange à intimação, os arts. 180[41], 183[42] e 186[43], do NCPC, dispõem sobre a possibilidade de se realizar a intimação

---

carta com aviso de recebimento, quando representado pela Defensoria Pública ou não tiver procurador constituído nos autos, ressalvada a hipótese do inciso IV; III – por meio eletrônico, quando, sendo caso do § 1º do art. 246, não tiver procurador constituído nos autos;

38 Art. 513. [...] § 3º Na hipótese do § 2º, incisos II e III, considera-se realizada a intimação quando o devedor houver mudado de endereço sem prévia comunicação ao juízo, observado o disposto no parágrafo único do art. 274.

39 Art. 274. Não dispondo a lei de outro modo, as intimações serão feitas às partes, aos seus representantes legais, aos advogados e aos demais sujeitos do processo pelo correio ou, se presentes em cartório, diretamente pelo escrivão ou chefe de secretaria. Parágrafo único. Presumem-se válidas as intimações dirigidas ao endereço constante dos autos, ainda que não recebidas pessoalmente pelo interessado, se a modificação temporária ou definitiva não tiver sido devidamente comunicada ao juízo, fluindo os prazos a partir da juntada aos autos do comprovante de entrega da correspondência no primitivo endereço.

40 Art. 287. A petição deve vir acompanhada de procuração, que conterá os endereços do advogado, eletrônico e não eletrônico.

41 Art. 180. O Ministério Público gozará de prazo em dobro para manifestar-se nos autos, que terá início a partir da sua intimação pessoal, nos termos do art. 183, § 1º.

42 Art. 183. A União, os Estados, o Distrito Federal, os Municípios e suas respectivas autarquias e fundações de direito público gozarão de prazo em dobro para todas as suas manifestações processuais, cuja contagem terá início a partir da intimação pessoal. § 1º A intimação pessoal far-se-á por carga, remessa ou meio eletrônico.

43 Art. 186. A Defensoria Pública gozará de prazo em dobro para todas as suas manifestações processuais. § 1º O prazo tem início com a intimação pessoal do defensor público, nos termos do art. 183, § 1º.

pessoal do Ministério Público, da União, dos Estados, Municípios, do Distrito Federal e da Defensoria Pública por meio eletrônico. Isso se dá em consonância com os arts. 5º, 6º e 9º, da Lei 11.419/2006.

Por fim, também os arts. 254[44], 340[45], 876[46], do NCPC, encerram previsões nas quais se privilegia a comunicação de atos por meio eletrônico.

2.6 Recurso de agravo de instrumento, sem instrumento

O NCPC manteve a previsão do agravo de instrumento como recurso cabível em face de decisões interlocutórias. O artigo 1.017, do NCPC, reproduz, substancialmente, o artigo 525, do CPC/1973, elencando os mesmos requisitos formais para a formação do instrumento.

No curso do processo legislativo, a partir da versão aprovada pela Câmara, o projeto do NCPC avançou ao estabelecer que, em se tratando de processo eletrônico, estarão dispensadas as cópias dos autos originários. Essa pertinente inovação foi mantida na versão final do NCPC, aprovada pelo Senado em 17/12/2014, consoante dicção do artigo 1.017, § 5º[47]. Da mesma forma, sendo eletrônicos os autos, nos

---

44 Art. 254. Feita a citação com hora certa, o escrivão ou chefe de secretaria enviará ao réu, executado ou interessado, no prazo de dez dias, contado da data da juntada do mandado aos autos, carta, telegrama ou correspondência eletrônica, dando-lhe de tudo ciência.

45 Art. 340. Havendo alegação de incompetência relativa ou absoluta, a contestação poderá ser protocolada no foro de domicílio do réu, fato que será imediatamente comunicado ao juiz da causa, preferencialmente por meio eletrônico.

46 Art. 876. É lícito ao exequente, oferecendo preço não inferior ao da avaliação, requerer que lhe sejam adjudicados os bens penhorados. § 1º Requerida a adjudicação, o executado será intimado do pedido: [...] III – por meio eletrônico, quando, sendo o caso do § 1º do art. 246, não tiver procurador constituído nos autos.

47 Art. 1.017. A petição de agravo de instrumento será instruída: I – obrigatoriamente, com cópias da petição inicial, da contestação, da petição que ensejou a decisão agravada, da própria decisão agravada, da certidão da respectiva intimação ou outro documento oficial que comprove a tempestividade e das procurações outorgadas aos advogados do agravante e do agravado; II – com declaração de inexistência de qualquer dos documentos referidos no inciso I, feita pelo advogado do agravante, sob pena de sua responsabilidade pessoal; III – facultativamente, com outras peças que o agravante reputar úteis.. [...] § 5º Sendo eletrônicos os autos do processo, dispensam-se as peças referidas nos incisos I e

termos do art. 1.018, § 2º,[48] estará dispensada a comunicação da interposição do recurso pela parte agravante ao juízo *a quo*.

Tais previsões são salutares, na medida em que não faz sentido, no âmbito do processo eletrônico, exigir-se a montagem do instrumento. Um sistema eficiente poderia, com facilidade, uma vez interposto o agravo, vincular a peça eletrônica do recurso em processamento no 2º grau às peças eletrônicas do processo em 1º grau. Além disso, a comunicação ao juízo de origem pode ser facilmente dispensada, para que o próprio sistema informe tal circunstância à 1ª instância, valendo observar que, de todo modo, o acesso aos autos eletrônicos do recurso estará disponibilizado mesmo que o advogado da parte agravada atue em comarca distante.

De fato, isso já acontece, sob a vigência do CPC/1973. No Tribunal Regional Federal da 4ª Região, por exemplo, a Resolução nº 17/2010 dispensa que o agravo de instrumento seja instruído pelo agravante com cópias do processo originário, se este for também eletrônico. Também é dispensada a comunicação ao juízo *a quo*, acerca da interposição do recurso – informação esta realizada de forma automática, pelo sistema.

Situação semelhante ocorre nos casos de cumprimento provisório de sentença, que, segundo o artigo 522[49], do NCPC, pode ser requerido por simples petição e, em se tratando de processo eletrônico, prescinde dos documentos relacionados nos incisos I a V do mesmo artigo

---

II do *caput*, facultando-se ao agravante anexar outros documentos que entender úteis para a compreensão da controvérsia.

48 Art. 1.018. O agravante poderá requerer a juntada, aos autos do processo, de cópia da petição do agravo de instrumento, do comprovante de sua interposição e da relação dos documentos que instruíram o recurso. [...] § 2º Não sendo eletrônicos os autos, o agravante tomará a providência prevista no *caput*, no prazo de 3 (três) dias a contar da interposição do agravo de instrumento.

49 Art. 522. O cumprimento provisório da sentença será requerido por petição dirigida ao juízo competente. Não sendo eletrônicos os autos, será acompanhada de cópias das seguintes peças do processo, cuja autenticidade poderá ser certificada pelo próprio advogado, sob sua responsabilidade pessoal: I – decisão exequenda; II – certidão de interposição do recurso não dotado de efeito suspensivo; III – procurações outorgadas pelas partes; IV – decisão de habilitação, se for o caso; V – facultativamente, outras peças processuais consideradas necessárias para demonstrar a existência do crédito.

(correspondente ao art. 475-O, § 3º, do Código de 1973). Assim como ocorre no agravo de instrumento, o próprio sistema eletrônico providenciará a vinculação das peças necessárias à instrução da execução provisória.

2.7 *Juntada de petições de forma automática*

Dispõe o artigo 228, § 2º, do NCPC que "Nos processos em autos eletrônicos, a juntada de petições ou de manifestações em geral ocorrerá de forma automática, independentemente de ato de serventuário da justiça.".

A previsão é de extrema importância. Se a ideia do processo eletrônico é, justamente, conferir maior celeridade ao processo, viabilizando a prática de atos em meio digital, é preciso automatizar os sistemas, reduzindo a ingerência dos serventuários do poder judiciário sobre o andamento processual e, consequentemente, as "etapas mortas" do processo, que são a principal causa de descumprimento da promessa constitucional de duração razoável para a prestação jurisdicional[50].

Em alguns sistemas de processo eletrônico, a juntada automática já é uma realidade – a exemplo do E-proc, da Justiça Federal, e do Projudi, utilizado pelo Tribunal de Justiça do Paraná. No entanto, a partir da entrada em vigor do NCPC, por força do disposto no § 2º, do artigo 228, deverá haver uma adequação de todos os sistemas, de forma a tornar a juntada de petições automática, prescindindo de quaisquer atos de serventuários da justiça.

Na mesma linha, a distribuição poderá ser eletrônica, como prevê o artigo 285[51], do NCPC. A propósito, o artigo 10[52], da Lei nº 11.419/2006,

---

[50] V. THEODORO JR., Humberto, *Celeridade e efetividade da prestação jurisdicional*. Insuficiência da reforma das leis processuais, Disponível em: <http://www.abdpc.org.br/artigos/artigo51.htm >. Acesso em: 28 fev.2015. A expressão é atribuída ao processualista espanhol Niceto Alcalá-Zamora y Castillo. Segundo pesquisa divulgada pelo MINISTÉRIO DA JUSTIÇA, *Análise da Gestão e Funcionamento dos Cartórios Judiciais*. Brasília: Ideal, 2007, p. 23, apurou-se que nada menos que 80% a 95% do tempo total dos processos é gasto em rotinas internas do cartório.

[51] Art. 285. A distribuição, que poderá ser eletrônica, será alternada e aleatória, obedecendo-se rigorosa igualdade. Parágrafo único. A lista de distribuição deverá ser publicada no Diário de Justiça.

[52] Art. 10. A distribuição da petição inicial e a juntada da contestação, dos recursos e das petições em geral, todos em formato digital, nos autos de processo eletrônico,

já dispunha que a distribuição pode ser feita diretamente pelos advogados, sem necessidade da intervenção do cartório ou secretaria judicial.

Eis mais um aspecto que merece atenção, a exemplo da juntada de petições de forma automática, com o fito de reduzir-se, ainda mais, a ingerência dos serventuários sobre o andamento dos processos. O fato de o processo prescindir de um comando do servidor para ser distribuído já representa um avanço na marcha processual, principalmente considerando que em muitas comarcas a distribuição não é realizada no mesmo dia em que a ação é proposta.

É importante rever todos os sistemas de processo eletrônico utilizados no país a fim de aprimorá-los, nesses termos.

2.8 A preocupação do NCPC com a inclusão digital

Além das questões de cunho procedimental, o NCPC consagra uma preocupação com a inclusão digital ao determinar, em seus artigos 198[53] e 199[54], que as unidades do Poder Judiciário viabilizem aos cidadãos acesso ao processo eletrônico, disponibilizando, gratuitamente, os equipamentos necessários para tal. Outrossim, deverá ser garantida a utilização de equipamentos adequados às normas de acessibilidade para as pessoas com deficiência.

Essa ideia, que já havia sido inserida no ordenamento jurídico pela Lei nº 11.419/2006 (art. 10, § 3º[55]), denota a ciência de que nem todos os jurisdicionados possuem acesso à rede mundial de computadores

---

podem ser feitas diretamente pelos advogados públicos e privados, sem necessidade da intervenção do cartório ou secretaria judicial, situação em que a autuação deverá se dar de forma automática, fornecendo-se recibo eletrônico de protocolo.

53 Art. 198. As unidades do Poder Judiciário deverão manter gratuitamente, à disposição dos interessados, equipamentos necessários à prática de atos processuais e à consulta e ao acesso ao sistema e aos documentos dele constantes. Parágrafo único. Será admitida a prática de atos por meio não eletrônico no local onde não estiverem disponibilizados os equipamentos previstos no *caput*.

54 Art. 199. As unidades do Poder Judiciário assegurarão às pessoas com deficiência acessibilidade aos seus sítios na rede mundial de computadores, ao meio eletrônico de prática de atos judiciais, à comunicação eletrônica dos atos processuais e à assinatura eletrônica.

55 Art. 10. [...] § 3º Os órgãos do Poder Judiciário deverão manter equipamentos de digitalização e de acesso à rede mundial de computadores à disposição dos interessados para distribuição de peças processuais.

e aos demais recursos indispensáveis ao funcionamento do processo eletrônico. Se essa nova forma de organização judiciária foi concebida como um meio de ampliar o acesso à justiça, encurtando distâncias, não pode encontrar óbices nas desigualdades sociais que acometem o país.

O propósito é nobre; só resta saber em que medida esses artigos terão eficácia, na prática.

3. O QUE PREOCUPA?

3.1 A publicidade (excessiva?) dos processos eletrônicos

O artigo 194[56], do NCPC, encerra previsão que encontra substrato na própria Constituição Federal, notadamente no artigo 5º, LX: "a lei só poderá restringir a publicidade dos atos processuais quando a defesa da intimidade ou o interesse social o exigirem". É cediço que a mudança do meio físico ao meio digital ampliou sobremaneira o acesso, tanto das partes quanto dos advogados, aos processos. Pode-se falar, inclusive, que essa alteração procedimental ampliou o acesso à justiça.

Esse acesso, no entanto, não é irrestrito à consulta pública, e sofre variações. Em alguns sistemas, é possível consultar a movimentação processual, sem acesso ao inteiro teor do processo (por exemplo, o e-Proc, da justiça federal, e o e-Saj). Em outros, não é possível sequer consultar a movimentação processual, sem o "login" e a senha de um advogado (como é o caso do Projudi).

Especificamente aos advogados, não há tais restrições – aliás, nem poderia haver, sob pena de violação ao disposto no artigo 7º, XIII[57],

---

[56] Art. 194. Os sistemas de automação processual respeitarão a publicidade dos atos, o acesso e a participação das partes e de seus procuradores, inclusive nas audiências e sessões de julgamento, observadas as garantias da disponibilidade, independência da plataforma computacional, acessibilidade e interoperabilidade dos sistemas, serviços, dados e informações que o Poder Judiciário administre no exercício de suas funções.

[57] Art. 7º São direitos do advogado: [...] XIII – examinar, em qualquer órgão dos Poderes Judiciário e legislativo, ou da Administração Pública em geral, autos de processos findos ou em andamento, mesmo sem procuração, quando não estejam sujeitos a sigilo, assegurada a obtenção de cópias, podendo tomar apontamentos;

do Estatuto da Advocacia. A exceção concerne aos processos que tramitam em segredo de justiça, quando o acesso restringe-se aos advogados que possuem procuração nos autos.

De qualquer forma, é fato que o processo eletrônico facilita o acesso, visto ser muito mais fácil e rápido pesquisar o processo no sistema do que se dirigir ao fórum, solicitar carga dos autos, tirar fotocópias (ou digitalizar) e só então poder analisar o seu teor. Nesse contexto, José Carlos de Araújo Almeida Filho e Francis Noblat, expressam preocupação quanto aos limites dessa publicidade no processo eletrônico, que podem vulnerar outros direitos fundamentais das partes, com a divulgação indiscriminada de dados pessoais:

> Os dados pessoais, o mérito da demanda, e quaisquer outras informações que surjam no âmbito do processo, a despeito de serem públicas, devem ser resguardados pelo Estado, sem que se exponham os litigantes.
>
> A seu turno, a informatização do direito processual, ao tempo que permite a amplia acessibilidade às informações e atos praticados no âmbito do processo judicial, e os torna disponíveis ao grande público – não apenas às partes e seus representantes – como tem sido implementada, não garante um efetivo tratamento de dados pessoais.[58]

Por outro aspecto, a disponibilização de informações pelo meio eletrônico permitiria que magistrados pudessem se valer desses recursos para produzirem provas de ofício, mediante simples consultas na internet.[59] Em que medida tal postura não afrontaria o contraditório, representando indevida iniciativa probatória?

São reflexões bastante importantes, as quais, todavia, extrapolariam os limites do presente artigo. O desafio, porém, fica lançado.

---

58 ALMEIDA FILHO, José Carlos de Araújo; NOBLAT, Francis Informatização judicial do processo: a omissão no NCPC e alguns problemas que acarretará. In: FREIRE, Alexandre; DANTAS, Bruno; et. al. (Org.). *Novas tendências do processo civil*: estudos sobre o projeto do novo Código de Processo Civil.. v. 3. Salvador: Juspodivm, 2014. p. 97.

59 ALMEIDA FILHO, José Carlos de Araújo; NOBLAT, Francis. p. 98.

3.2 *A tese da ciência inequívoca*

O artigo 107[60], do NCPC, dispõe sobre o direito de os advogados terem acesso a quaisquer autos, ressalvados os casos em que o processo tramitar sob segredo de justiça – quando tal prerrogativa restringe-se ao procurador devidamente constituído pelas partes.

Por sua vez, o artigo 272, §6º[61], NCPC, versa sobre a retirada dos autos em carga. Muito embora se refira, nitidamente, ao processo físico – por fazer menção à retirada dos autos em carga e à realização de cópias do processo –, interpretando-o sob a ótica do processo eletrônico, alguns problemas podem surgir.

Dispõe o artigo 231[62] que o dia seguinte à retirada dos autos em carga, do cartório ou da secretaria, será o termo inicial da contagem de prazo (inciso VIII). Em se tratando de processo eletrônico, o termo inicial será dia o seguinte à consulta ao teor da citação/intimação, ou, se isso não ocorrer, o dia seguinte ao término do prazo para a realização da consulta – citação/intimação tácita (art. 231, inciso V, que encontra substrato no artigo 5º, da Lei nº 11.419/2006).

O processo eletrônico, como é cediço, facilita sobremaneira o acesso aos autos bastando, para tal, que o advogado tenha um "login" e uma senha, nos sistemas de processo eletrônico existentes no país.

---

60 Art. 107. O advogado tem direito a: I – examinar, em cartório de fórum e secretaria de tribunal, mesmo sem procuração, autos de qualquer processo, independentemente da fase de tramitação, assegurados a obtenção de cópias e o registro de anotações, salvo na hipótese de segredo de justiça, nas quais apenas o advogado constituído terá acesso aos autos; II – requerer, como procurador, vista dos autos de qualquer processo, pelo prazo de cinco dias; III – retirar os autos do cartório ou secretaria, pelo prazo legal, sempre que neles lhe couber falar por determinação do juiz, nos casos previstos em lei. § 1º Ao receber os autos, o advogado assinará carga em livro ou documento próprio.

61 Art. 272. [...] § 6º A retirada dos autos do cartório ou da secretaria em carga pelo advogado, por pessoa credenciada a pedido do advogado ou da sociedade de advogados, pela Advocacia Pública, pela Defensoria Pública ou pelo Ministério Público implicará intimação de qualquer decisão contida no processo retirado, ainda que pendente de publicação.

62 Art. 231. Salvo disposição em sentido diverso, considera-se dia do começo do prazo: [...] VIII – o dia da carga, quando a intimação se der por meio da retirada dos autos, em carga, do cartório ou da secretaria.

Sendo assim, tendo o número do processo, ou fazendo a consulta simplesmente pelo nome da parte, é possível acessar os autos, antes mesmo de se verificar o termo inicial dos prazos, inclusive – em muitos casos – em relação a decisões pendentes de publicação[63].

Quando há intimações cujo prazo ainda não começou a fluir, em determinados sistemas, o simples fato de se proceder à consulta dos autos implica iniciar a contagem do prazo – é o caso do Projudi. Em outros sistemas, é possível acessar os autos, sem, no entanto, abrir o prazo, a não ser que se selecione este campo específico, referente à leitura da intimação – como é o caso do E-proc e do sistema desenvolvido pelo TJRJ. Por fim, há outros sistemas nos quais é possível consultar a íntegra do processo, ter ciência da intimação, sem selecionar qualquer campo específico para tal, e sem que isso gere qualquer consequência – isto é, sem inaugurar o prazo, cuja contagem só será iniciada quando a intimação for publicada no Diário da Justiça Eletrônico (como é o caso do SAJ, utilizado por diversos Tribunais de Justiça, a exemplo de Santa Catarina, São Paulo, Bahia, Ceará e Mato Grosso do Sul).

A grande questão é justamente esse último tipo de sistema: muito embora exija "login" e senha dos advogados para acessar a íntegra dos processos, tal identificação não é passível de suprir a publicação da intimação no Diário de Justiça Eletrônico, e, por derradeiro, não implica abertura de prazos. Há certa coerência nisso se pensarmos na hipótese de advogados ainda não constituídos, ou, sem poderes para atuar no processo, que intentam, por alguma razão, ter acesso aos autos.

Nesses termos, alguns sistemas do processo eletrônico beneficiam as partes, concedendo-lhes, indiretamente, maiores prazos para cumprimento das intimações – se considerarmos a facilidade de acesso aos autos e o fato de haver essa possibilidade de visualizar o processo sem abrir qualquer prazo.

Em função disso, poder-se-ia, em alguns casos, sustentar a tese da ciência inequívoca. Pode-se pensar, por exemplo, na hipótese de um

63 A depender do sistema, não se libera a consulta à decisão enquanto esta não for publicada, como ocorre na segunda instância do Tribunal de Justiça do Estado do Rio de Janeiro.

indivíduo, parte em um processo X, que utiliza uma decisão proferida em um outro processo Y, no qual também figura como parte, para instruir o processo X. Ainda que o sujeito não tenha sido intimado da decisão proferida no processo Y – razão pela qual, formalmente, não iniciou o prazo para a interposição de recurso – o simples fato de demonstrar, de forma inequívoca, que teve ciência do teor da decisão, seria suscetível, em tese, de suprir a sua intimação para se manifestar.[64]

Por outro lado, há que se considerar que, no NCPC, não devem ser os jurisdicionados surpreendidos, sendo evidência disso a vedação às decisões de terceira via (art. 10[65]). Se no sistema não há qualquer referência à deflagração de prazos processuais pela simples consulta aos autos, em que medida se poderia considerar ter havido ciência inequívoca, mesmo sem nenhuma informação específica no sistema de processo eletrônico?

A questão, bastante polêmica, deve ser objeto de detida reflexão no âmbito do processo eletrônico, e exige especial atenção dos profissionais do direito.

---

64 Nesse sentido, já decidiu o Tribunal de Justiça de Santa Catarina: "É assente que as intimações têm por escopo dar ciência à parte interessada acerca de atos processuais de naturezas diversas, e, nesse sentido, o prazo para a interposição dos recursos tem início na data em que os procuradores dos litigantes tomam conhecimento da decisão, da sentença ou do acórdão (art. 242, caput, do Código de Processo Civil). Ora, se o escopo da intimação é dar ciência a quem de direito sobre determinado ato, nada obsta que o cientificar dê-se por meio do comparecimento espontâneo do advogado em cartório, secretaria, ou por qualquer outro meio igualmente idôneo. Destarte, com o protocolo de requerimento na Prefeitura Municipal de Bombinhas, acompanhado de cópias do processo e inclusive da decisão agravada, pois em sua resposta faz o Procurador-Geral do Município referência expressa à decisão que antecipou a tutela, passa a fluir o prazo para interposição de recurso, independentemente de posterior intimação em cartório, uma vez já possuir o Agravante ciência inequívoca do decisum recorrido" (TJSC, Agravo de Instrumento n. 2013.035902-0, Sexta Câmara de Direito Civil, Rel. Des. Joel Figueira Júnior, j. em 14.10.2013). Disponível em: <http://app6.tjsc.jus.br/cposg/pcpoQuestConvPDFframeset.jsp?cdProcesso=01000OXBD0000&nuSeqProcessoMv=79&tipoDocumento=D&nuDocumento=6227670>. Acesso em 7 fev. 2015.

65 Art. 10. O juiz não pode decidir, em grau algum de jurisdição, com base em fundamento a respeito do qual não se tenha dado às partes oportunidade de se manifestar, ainda que se trate de matéria sobre a qual deva decidir de ofício.

3.3 A dispensa da publicação de intimações no Diário da Justiça

Uma das críticas mais graves que se deve fazer ao NCPC em termos de processo eletrônico diz respeito às intimações por meio eletrônico com dispensa de publicação no Diário da Justiça (art. 270, *caput*[66] e 272, *caput*[67]), cujas regras apenas remetem o assunto à legislação especial (Lei nº 11.419/2006).

O novo CPC optou por manter, acriticamente, o inseguro sistema de intimações eletrônicas da Lei nº 11.419/2006, que, ousa-se dizer, da forma como vem sendo realizado, beira à inconstitucionalidade, por atentar contra as garantias mínimas do devido processo legal. Isso porque, ao contrário da publicação no Diário da Justiça, que qualquer um pode controlar, mesmo se a intimação se realizar no nome de outra pessoa, a intimação por meio eletrônico exige "login" e senha do advogado intimado.

Pertinente citar dois exemplos para ilustrar a que ponto essa intimação por meio eletrônico pode ser inconveniente na prática.

Imagine-se que, em um escritório, todas as publicações sejam realizadas em nome do sócio titular, em cumprimento aos requerimentos nesse sentido, constantes em todas as petições apresentadas por esse escritório. Ocorre que, tratando-se de contencioso de massa, o escritório atua em todos os vinte e seis estados brasileiros e na Justiça Federal. No dia em que todas as organizações judiciárias implementarem as intimações por meio eletrônico, ou o sócio titular será obrigado a verificar pessoalmente se há alguma nova intimação, em mais de trinta sistemas de tribunais diferentes (isso só considerando as justiças estadual e federal), ou terá que, contrariando o que dispõe a legislação, ceder sua senha pessoal e intransferível a terceiros.

Pode-se supor que, para evitar a inusitada situação acima indicada, o escritório opte por adotar solução distinta: requerer que as intimações sejam realizadas no nome do advogado que cuida de cada

---

66 Art. 270. As intimações realizam-se, sempre que possível, por meio eletrônico, na forma da lei.

67 Art. 272. Quando não realizadas por meio eletrônico, consideram-se feitas as intimações pela publicação dos atos no órgão oficial.

processo. O problema é que essa solução também tem seus problemas, eis que esse advogado assumirá a responsabilidade de consultar, periodicamente, todos os processos – e aí, sem direito a férias – ou, fatalmente, cederá sua senha pessoal para terceiros. Além disso, se esse advogado se desligar do escritório, há o risco de que a intimação ocorra em seu nome e nenhum outro advogado tome conhecimento disso. Note-se: estamos falando de contencioso de massa, não sendo plausível que o escritório dispare revogações de procurações ou substabelecimentos na velocidade necessária em centenas ou mesmo milhares de processos, em poucos dias, antes que ocorra uma intimação no nome do antigo advogado.

Obviamente, tais problemas não ocorrem apenas em escritórios de advocacia. Imagine-se o transtorno, por exemplo, em sociedades de economia mista ou empresas públicas que atuem nos processos com seus departamentos jurídicos, sem a prerrogativa de vista pessoal dos autos e com alta rotatividade em seus quadros.

As intimações realizadas através do portal, justamente por exigirem "login" e senha do advogado, não podem ser controladas por terceiros, nem mesmo através de empresas especializadas, a não ser pelo escancarado descumprimento da legislação, cedendo-se a identificação pessoal a terceiros. É curioso que, justamente ao disciplinar a intimação por meio eletrônico, o legislador conceba a atuação do profissional do direito como algo artesanal, pessoal e intransferível.

3.4 O julgamento de recursos e causas de competência originária por meio eletrônico

O artigo 945[68], do NCPC, prevê a possibilidade de o órgão julgador realizar, por meio eletrônico, o julgamento dos recursos e das causas de competência originária do tribunal que não admitem sustentação oral. Talvez a prática prevista em lei que mais se aproxime disso, atualmente, é a análise da repercussão geral de determinada

---

68 Art. 945. A critério do órgão julgador, o julgamento dos recursos e das causas de competência originária que não admitem sustentação oral poderá realizar-se por meio eletrônico.

questão, pelo Superior Tribunal Federal, que se dá através do plenário virtual – embora alguns tribunais já adotem o julgamento virtual, principalmente em embargos de declaração e agravo interno, como são exemplos os Tribunais de Justiça dos Estados de São Paulo e do Rio de Janeiro.

A despeito de a aplicabilidade do dispositivo se restringir aos julgamentos nos quais não se admite sustentação oral, a preocupação concerne à redução – ou mesmo supressão – da possibilidade de discussão do caso pelos julgadores. Não se olvida que, em muitos casos, mesmo nas sessões presenciais, os demais julgadores se limitem a acompanhar o voto do relator; no entanto, parece que o julgamento por meio eletrônico tende a chancelar essa distorção.

Ao menos, nos §§ 2º e 3º[69], do mesmo artigo, prevê-se a possibilidade de qualquer das partes se opor ao julgamento por meio eletrônico – quando, então, dar-se-á em sessão presencial, independente de motivação. Outrossim, também será transferido à sessão presencial o julgamento por meio eletrônico que ensejar divergência entre os integrantes do órgão julgador (art. 945, § 4º[70], do NCPC).

4. OUTRAS PRÁTICAS CORRELATAS, COM A UTILIZAÇÃO DE RECURSOS ELETRÔNICOS

Além dos aspectos acima destacados, há outras passagens do NCPC que, de alguma forma, remetem à utilização de meios eletrônicos.

4.1 Ordem cronológica de julgamento

O artigo 12[71], do NCPC, impõe a obediência à ordem cronológica de conclusão para a prolação de sentença ou acórdão. Sem embargos de

---

69 Art. 945. [...] § § 2º Qualquer das partes poderá, no prazo de 5 (cinco) dias, apresentar memoriais ou discordância do julgamento por meio eletrônico.§ 3º A discordância não necessita de motivação, sendo apta a determinar o julgamento em sessão presencial.

70 Art. 945. [...] § 4º Caso surja alguma divergência entre os integrantes do órgão julgador durante o julgamento eletrônico, este ficará imediatamente suspenso, devendo a causa ser apreciada em sessão presencial.

71 Art. 12. Os juízes e os tribunais deverão obedecer à ordem cronológica de conclusão para proferir sentença ou acórdão. § 1º A lista de processos aptos a jul-

eventual discussão no que tange à sua constitucionalidade, o intento desse dispositivo é conferir maior previsibilidade às partes quanto ao julgamento dos processos, mediante a disponibilização de uma lista, na rede mundial de computadores, que indicará a ordem de apreciação de cada processo. Portanto, além do acesso aos autos em meio digital – no caso dos processos eletrônicos – seria, teoricamente, possível, ao jurisdicionado, aferir quantos processos serão julgados antes do seu.

Embora a hipótese erija-se sobre um nobre propósito – qual seja, impor uma regra objetiva que determine a ordem de julgamento dos processos, inclusive para evitar que se dê prioridade aos casos mais simples, relegando os complexos à gaveta – não se afigura crível que será estritamente observada. O motivo pode ser facilmente extraído dos incisos constantes no § 2º, que elenca – como não poderia deixar de ser – uma série de situações que excepcionam a regra prevista no *caput*. Destacam-se, por exemplo, "as metas estabelecidas pelo Conselho Nacional de Justiça", que, no afã de liquidar processos antigos, submetem os juízes ao desafio de sobrepor a quantidade à qualidade das decisões. Aliás, se um dos grandes destaques do NCPC é o artigo 489 (que trata sobre a fundamentação das decisões),[72] é de se repensar a logística engendrada pelo Conselho Nacional de Justiça, nas metas anualmente estabelecidas.

Isso sem falar que a fixação em lei de um único critério de gerenciamento dos processos judiciais – isto é, a ordem cronológica –, engessa qualquer tipo de inovação de gestão que porventura possa vir, seja através de resultados revelados por pesquisas empíricas, seja em vista de novos modelos de gestão aplicados à administração ju-

---

gamento deverá estar permanentemente à disposição para consulta pública em cartório e na rede mundial de computadores.
(O presente artigo sofreu alteração pela Lei n.13.2256/2016, passando então a possuir a seguinte redação: "Art. 12. Os juízes e os tribunais atenderão, preferencialmente, à ordem cronológica de conclusão para proferir sentença ou acórdão)".

72 Sobre a inovação, entre outros, v. ROQUE, Andre Vasconcelos. Dever de motivação das decisões judiciais e controle da jurisprudência no novo CPC. In: ROQUE, Andre Vasconcelos; PINHO, Humberto Dalla Bernardina de. *O projeto do novo Código de Processo Civil:* uma análise crítica. Brasília: Gazeta Jurídica, 2013, p. 1-20.

diciária. Trata-se, enfim, do fim da gestão da justiça, que passa a ser gerenciada por um único critério abstrato – a prioridade cronológica.[73]

Na mesma linha está o artigo 153[74], do NCPC, comando dirigido ao escrivão ou chefe de secretaria, que preconiza obediência à ordem cronológica de recebimento para publicação e efetivação dos pronunciamentos judiciais. Também neste caso será disponibilizada uma lista com a ordem dos processos recebidos, para consulta pública.

Padece tal dispositivo, no entanto, do mesmo problema do artigo 12. Além das significativas exceções à ordem cronológica, trata-se de uma regra de gerenciamento do cartório ou da secretaria que praticamente inviabilizará qualquer iniciativa de novos modelos de gestão aplicados à administração judiciária.[75]

4.2 Banco eletrônico de dados, com informações sobre questões de direito submetidas ao Incidente de Resolução de Demandas Repetitivas

Uma das grandes novidades trazidas pelo NCPC é o Incidente de Resolução de Demandas Repetitivas, tratado no livro III, título I, capítulo VIII. Em resumo, trata-se de incidente passível de ser instaurado, no âmbito dos tribunais da federação, quando houver, simultaneamente, "efetiva repetição de processos que contenham controvérsia sobre a mesma questão unicamente de direito" e "risco de ofensa à isonomia e à segurança jurídica" (art. 976, do NCPC).

---

73 Sobre o ponto, v. GAJARDONI, Fernando da Fonseca. *O novo CPC e o fim da gestão na Justiça.* Disponível em: <http://jota.info/o-novo-cpc-e-o-fim-da-gestao-na-justica>. Acesso em: 23 fev. 2015.

74 Art. 153. O escrivão ou chefe de secretaria deverá obedecer à ordem cronológica de recebimento para publicação e efetivação dos pronunciamentos judiciais. § 1º A lista de processos recebidos deverá ser disponibilizada, de forma permanente, para consulta pública. (O *caput* do presente artigo sofreu alteração pela Lei n.13.2256/2016, passando então a possuir a seguinte redação: "Art. 153. O escrivão ou o chefe de secretaria atenderá, preferencialmente, à ordem cronológica de recebimento para publicação e efetivação dos pronunciamentos judiciais").

75 Sobre o impacto de novos modelos de gerenciamento aos processos judiciais, que, segundo estudo empírico, foram capazes de reduzir o tempo de tramitação em até 25% dos processos, v. SILVA, Paulo Eduardo Alves da. *Gerenciamento de processos judiciais. São* Paulo: Saraiva, 2010, p. 76-80.

Dentro dos estritos limites do presente artigo, merece destaque a previsão insculpida no art. 979[76], que impõe o dever de ampla e específica divulgação e publicidade, referente à instauração e ao julgamento do incidente, por meio de cadastro eletrônico no Conselho Nacional de Justiça. O objetivo é instituir um banco eletrônico de dados, a ser mantido e atualizado pelos tribunais, que torne possível a identificação das causas abrangidas pela decisão do incidente, com registro das teses jurídicas, dos motivos determinantes da decisão e dos dispositivos normativos a ela relacionados.

Eis uma política fundamental para dar efetividade ao incidente de resolução de demandas repetitivas e ao julgamento de recursos repetitivos e da repercussão geral em recurso extraordinário – também abrangidos pela previsão do artigo em análise, consoante disposto no § 3º[77].

4.3 *Cadastro de peritos, conciliadores e mediadores, em meio eletrônico*

Segue-se a tendência de transpor, ao meio eletrônico, outros aspectos. Esse é o caso da manutenção de cadastros de alguns auxiliares da justiça, como os peritos (art. 156, §§ 1º e 2º[78]) e os conciliadores

---

[76] Art. 979. A instauração e o julgamento do incidente serão sucedidos da mais ampla e específica divulgação e publicidade, por meio de registro eletrônico no Conselho Nacional de Justiça. § 1º Os tribunais manterão banco eletrônico de dados atualizados com informações específicas sobre questões de direito submetidas ao incidente, comunicando-o imediatamente ao Conselho Nacional de Justiça para inclusão no cadastro. § 2º Para possibilitar a identificação das causas abrangidas pela decisão do incidente, o registro eletrônico das teses jurídicas constantes no cadastro conterá, no mínimo, os fundamentos determinantes da decisão e os dispositivos normativos a ela relacionados.

[77] Art. 979. [...] § 3º Aplica-se o disposto neste artigo ao julgamento de recursos repetitivos e da repercussão geral em recurso extraordinário.

[78] Art. 156. [...] § 1º Os peritos serão nomeados entre os profissionais legalmente habilitados e os órgãos técnicos ou científicos devidamente inscritos em cadastro mantido pelo tribunal ao qual o juiz está vinculado. § 2º Para formação do cadastro, os tribunais devem realizar consulta pública, por meio de divulgação na rede mundial de computadores ou em jornais de grande circulação, além de consulta direta a universidades, a conselhos de classe, ao Ministério Público, à Defensoria Pública e à Ordem dos Advogados do Brasil, para a indicação de profissionais ou órgãos técnicos interessados.

e mediadores (art. 167[79]), além da comunicação de impedimento do conciliador ou mediador (arts. 170[80] e 171[81]).

5. O QUE FALTOU?

Durante a tramitação do projeto de NCPC, principalmente na Câmara dos Deputados, foram incorporados significativos aprimoramentos em termos de disciplina de processo eletrônico, superando muitas das críticas que haviam sido apontadas com relação às versões anteriores do Código.

Por outro lado, não obstante denotar certo avanço, há ainda omissões importantes no NCPC e que não podem deixar de ser destacadas.

5.1 Processo eletrônico "na forma da lei"

A Lei nº 11.419/2006 dispôs sobre a informatização do processo judicial, promovendo alterações no CPC/1973, especialmente no que tange à prática dos atos processuais. À época, a informatização foi concebida como uma faculdade, conferida aos tribunais para, no âmbito de sua jurisdição, disciplinar a prática e a comunicação oficial dos atos processuais por meio eletrônico, consoante dicção do artigo 154[82], do CPC/1973.

---

79 Art. 167. Os conciliadores, os mediadores e as câmaras privadas de conciliação e mediação serão inscritos em cadastro nacional e em cadastro de tribunal de justiça ou de tribunal regional federal, que manterá registro de profissionais habilitados, com indicação de sua área profissional.

80 Art. 170. No caso de impedimento, o conciliador ou mediador o comunicará imediatamente, de preferência por meio eletrônico, e devolverá os autos ao juiz da causa, ou ao coordenador do centro judiciário de solução de conflitos e cidadania, devendo este realizar nova distribuição.

81 Art. 171. No caso de impossibilidade temporária do exercício da função, o conciliador ou mediador informará o fato ao centro, preferencialmente por meio eletrônico, para que, durante o período em que perdurar a impossibilidade, não haja novas distribuições.

82 Art. 154. Os atos e termos processuais não dependem de forma determinada senão quando a lei expressamente a exigir, reputando-se válidos os que, realizados de outro modo, lhe preencham a finalidade essencial. Parágrafo único. Os tribunais, no âmbito da respectiva jurisdição, poderão disciplinar a prática e a comunicação oficial dos atos processuais por meios eletrônicos, atendidos os

A importância crescente do processo eletrônico exigia que o assunto fosse tratado no NCPC adequadamente, inclusive como forma de superação das – muitas – deficiências da Lei nº 11.419/2006, que deixou ampla margem de regulamentação para os tribunais. Isso culminou em uma desordem, generalizada, com a criação de diferentes sistemas, cada qual com suas próprias regras e requisitos específicos. Basta pensar que em alguns sistemas, por exemplo, a intimação dá-se exclusivamente pelo portal eletrônico, com dispensa de publicação no Diário da Justiça, ao passo que em outros não há sequer previsão de implementação dessa característica.

O advento do novo CPC assumiu notável importância, nesse contexto, por representar uma oportunidade de avançar na regulamentação do processo eletrônico, especialmente naqueles pontos não tratados pela Lei nº 11.419/2006. No entanto, com algumas inovações bastante tímidas – tratadas no capítulo 2, deste artigo –, em geral, o NCPC limitou-se a referendar a lei. Eis uma das grandes críticas, que não passou despercebida a estudiosos do processo eletrônico brasileiro, a exemplo de José Carlos de Araújo Almeida Filho:

> O texto do projeto é referendado, por diversas vezes, quando se trata de *processo eletrônico*, com a expressão: "nos termos da lei". Ou seja, além de uma repetição da Lei 11.419/2006, na qual encontramos diversos problemas, o novo CPC remete a ela a solução não trazida no texto legal em vigor[83].

Essas constantes referências à Lei 11.419/2006 podem denotar uma postura furtiva do novo código, quanto a questões que concernem ao processo eletrônico; ou, por outro lado, consciência de que a lei seria incapaz de consagrar todos os avanços que ainda estão por vir.

---

requisitos de autenticidade, integridade, validade jurídica e interoperabilidade da Infra-Estrutura de Chaves Públicas Brasileira – ICP – Brasil..§ 2º Todos os atos e termos do processo podem ser produzidos, transmitidos, armazenados e assinados por meio eletrônico, na forma da lei.

83 ALMEIDA FILHO, José Carlos de Araújo; NOBLAT, Francis. Informatização judicial do processo: a omissão no NCPC e alguns problemas que acarretará. In: FREIRE, Alexandre; DANTAS, Bruno; et. al. (Org.). *Novas tendências do processo civil:* estudos sobre o projeto do novo Código de Processo Civil.v. 3. Salvador: Juspodivm, 2014. p. 89.

A primeira hipótese se afigura mais plausível, visto ser o processo eletrônico realidade já instituída no dia-a-dia forense e que vem proporcionando novas questões e desafios. Pode-se questionar, de fato, se seria papel do Código de Processo Civil descer a minúcias, no que concerne à "informatização judicial do processo"[84]. Mas não se olvida que ao menos solucionar problemas e omissões da Lei nº 11.419/2006 deveria ter sido uma preocupação quando da elaboração desse novo diploma processual.

Um dos grandes problemas que merece relevo é a convivência de diferentes sistemas de processo eletrônico, fruto da ampla possibilidade de regulamentação relegada aos tribunais pela Lei nº 11.419/2006 (art. 18[85]). Afora a dificuldade de operar diversas plataformas, algumas incompatíveis de serem utilizadas em um mesmo equipamento, há algumas peculiaridades, inclusive no que tange à comunicação de atos processuais, que deveriam observar um padrão nacional.

O NCPC dispõe, em seu artigo 194, que a regulamentação da prática e a comunicação oficial de atos processuais por meio eletrônico incumbe ao Conselho Nacional de Justiça e, supletivamente, aos tribunais, cabendo-lhes, também, "velar pela compatibilidade dos sistemas".

A propósito, em 2014 o CNJ inaugurou nova discussão sobre a unificação do sistema de processo eletrônico no país, atribuindo à Comissão Permanente de Tecnologia da Informação essa missão[86]. Sem dúvidas, tal iniciativa incorpora uma medida necessária, para conferir às partes e aos operadores do direito uma maior segurança; otimizar os recursos disponíveis; e evitar a divisão de esforços no desenvolvimento de mais de um programa de processo eletrônico. É inconcebível que se continue a operar, simultaneamente, diferentes sistemas, cada qual com suas peculiaridades e dificuldades.

No entanto, a essa altura – com o NCPC em fase final de tramitação legislativa –, se tudo ocorrerá "nos termos da lei", há que se pensar em uma nova lei especialmente destinada a regulamentar o processo eletrônico, que transcenda às previsões incompletas da Lei 11.419/2006, sem

---

84 ALMEIDA FILHO, José Carlos de Araújo. NOBLAT, Francis. p. 89.

85 Art. 18. Os órgãos do Poder Judiciário regulamentarão esta Lei, no que couber, no âmbito de suas respectivas competências.

86 Disponível em: <http://cnj.jus.br/noticias/cnj/27904:cnj-discute-unificar-versoes-do-processo-judicial-eletronico>. Acesso em: 25 jan. 2015.

relegar aos tribunais espaço indiscriminado para suas próprias normativas. Em verdade, se o intento é unificar os sistemas de processo eletrônico no país, deve-se partir de uma regulamentação federal adequada.

5.2 *Autos físicos, ainda e sempre*

Em alguns dispositivos – menos do que em versões anteriores, é verdade –, o NCPC não consegue disfarçar certo apego à tradição do papel. São previsões do Código de 1973 que foram reproduzidas, quase integralmente, no novo código, passando ao largo do processo eletrônico.

Para além da previsão de normas que em poucas décadas estarão ultrapassadas – algumas, sem exagero, já estão –, o maior problema reside nos casos em que não há disciplina específica para os processos eletrônicos. Por exemplo, nos embargos à execução será invariavelmente necessária a autenticação formal das cópias dos autos originários ou a declaração pelo advogado, ou tal formalidade poderá ser dispensada quando o próprio sistema eletrônico vincular a petição dos embargos às peças que instruem a execução?[87] Do ponto de vista da instrumentalidade, tal exigência parece um exagero, mas não há como garantir que todos os juízes assim pensarão.

Outra questão que se coloca é de que forma se poderá cumprir a determinação de que "as expressões ofensivas sejam riscadas" dos autos, em se tratando de processo eletrônico. O NCPC limita-se a reproduzir, em seu artigo 78[88], o teor do artigo 15 do CPC/1973, sem qualquer ressalva aos casos em que os autos forem eletrônicos.

---

[87] Art. 914 [...] § 1º. Os embargos à execução serão distribuídos por dependência, autuados em apartado e instruídos com cópias das peças processuais relevantes, que poderão ser declaradas autênticas pelo próprio advogado, sob sua responsabilidade pessoal.

[88] Art. 78. É vedado às partes, a seus procuradores, aos juízes, aos membros do Ministério Público e da Defensoria Pública e a qualquer pessoa que participe do processo empregar expressões ofensivas nos escritos apresentados. § 1º Quando expressões ou condutas ofensivas forem manifestadas oral ou presencialmente, o juiz advertirá o ofensor de que não as deve usar ou repetir, sob pena de lhe ser cassada a palavra. § 2º De ofício ou a requerimento do ofendido, o juiz determinará que as expressões ofensivas sejam riscadas e, a requerimento do ofendido,

O art. 107 do NCPC (exame em cartório, vista e carga dos autos) também parece concebido essencialmente para a época do processo em papel.

Mais um exemplo são os artigos 202[89] e 211[90], do NCPC. Reproduções dos artigos 161 e 171, respectivamente, do CPC/1973, tais regras tendem a ficar ultrapassadas no processo eletrônico. Não há como, em autos digitalizados, a parte escrever nas margens ou entrelinhas de outras petições, documentos, despachos do juiz, pareceres do Ministério Público, certidões do escrivão ou do oficial de justiça. Da mesma forma, não se cogita de emendas ou rasuras nos atos e termos processuais no âmbito do processo eletrônico.

Nos artigos 207[91] e 208[92], do NCPC, nota-se, também, excessivo apego à tradição do papel. Em ambos, fala-se em rubricas a serem apostas nas folhas dos autos, junto à sua numeração – reproduzindo os artigos 167 e 168 do CPC/1973 –, o que também não parece conveniente em autos digitalizados.

Aliás, a depender do sistemas, sequer há numeração, ainda que eletrônica, dos documentos que formam os autos digitalizados. No E-proc, por exemplo, da justiça federal no âmbito da 4ª Região, não há uma numeração das páginas; em vez disso, os documentos são organizados por eventos: petição inicial; ato da secretaria; contestação; intimação; etc. No Projudi, da mesma forma, os atos são organizados por sequência, de forma similar ao que se observa no E-proc.

---

determinará a expedição de certidão com inteiro teor das expressões ofensivas e a colocará à disposição da parte interessada.

89 Art. 202. É vedado lançar nos autos cotas marginais ou interlineares, as quais o juiz mandará riscar, impondo a quem as escrever multa correspondente à metade do salário-mínimo.

90 Art. 211. Não se admitem nos atos e termos processuais espaços em branco, salvo os que forem inutilizados, assim como entrelinhas, emendas ou rasuras, exceto quando expressamente ressalvadas.

91 Art. 207. O escrivão ou o chefe de secretaria numerará e rubricará todas as folhas dos autos. Parágrafo único. À parte, ao procurador, ao membro do Ministério Público, ao defensor público e aos auxiliares da justiça é facultado rubricar as folhas correspondentes aos atos em que intervierem.

92 Art. 208. Os termos de juntada, vista, conclusão e outros semelhantes constarão de notas datadas e rubricadas pelo escrivão ou pelo chefe de secretaria.

Merece relevo, também, o artigo 712[93], do NCPC, que versa sobre a restauração de autos em caso de desaparecimento. Com redação bastante semelhante ao artigo 1063 do Código de 1973, a previsão parece ter sua aplicabilidade sensivelmente reduzida no âmbito do processo eletrônico. Primeiro, porque a Lei nº 11.419/2006 dispensou a formação de autos suplementares (art. 12, § 1º), sendo inaplicável o art. 712, parágrafo único do NCPC. Segundo, porque os sistemas de processo eletrônico garantem os dados por redundância local e remota, mantendo também os procedimentos normais de *backup* – os quais, todavia, não mereceram a atenção do NCPC.

Por óbvio, o NCPC exsurge em um cenário no qual os processos eletrônicos e físicos ainda convivem; sendo assim, não se condena o uso de expressões relativas a práticas típicas da tramitação dos processos em meio físico. No entanto, se o intento foi construir um novo código – com os olhos voltados para o futuro –, deveria o NCPC concentrar-se na disciplina do processo eletrônico e consolidar tais regras em um conjunto de disposições transitórias, do físico para o virtual.

No entanto, o que se vê na prática, é o inverso: ao passo que o NCPC optou por relegar à legislação específica a disciplina do processo eletrônico, mantém exagerado apego ao papel, olvidando-se que tal paradigma tende a desaparecer nas próximas décadas e que um código não é feito para durar apenas poucos anos.

6. CONCLUSÃO

O projeto do novo CPC, na versão aprovada pela Câmara, conseguiu, em alguma medida, incorporar regras importantes sobre processo eletrônico, que foram mantidas na versão aprovada pelo Senado em dezembro de 2014. No entanto, como apontado ao longo do presente trabalho, há ainda importantes questões que merecem maior reflexão e outras em que se percebe que o NCPC poderia ter disciplinado melhor, já nascendo, em certa medida, ultrapassado.

---

[93] Art. 712. Verificado o desaparecimento dos autos, eletrônicos ou não, pode o juiz, de ofício, qualquer das partes ou o Ministério Público, se for o caso, promover-lhes a restauração. Parágrafo único. Havendo autos suplementares, nestes prosseguirá o processo.

Tal constatação proporciona certa insegurança jurídica, especialmente no que concerne ao sistema de intimações eletrônicas – que varia de sistema para sistema – e à tese da ciência inequívoca (v. item 3.2, *supra*), que deveria ter sido enfrentada pelo NCPC. Além disso, chega a ser desconcertante constatar que o NCPC optou por relegar à legislação específica a disciplina do processo eletrônico, apegando-se ao paradigma do papel, já em fase de decadência.

A essa altura, já tendo havido a sanção presidencial, é tarde demais para se retroceder na tramitação do NCPC. É chegada a hora, portanto, de repensarmos a Lei 11.419/2006, a fim de adequá-la a essa nova fase do Judiciário brasileiro, caracterizada pela ampla utilização do processo eletrônico.

7. REFERÊNCIAS BIBLIOGRÁFICAS

ALMEIDA FILHO, José Carlos de Araújo. *Processo eletrônico e teoria geral do processo eletrônico.* Rio de Janeiro: Forense, 2015.

_____; NOBLAT, Francis. Informatização judicial do processo: a omissão no NCPC e alguns problemas que acarretará. In: FREIRE, Alexandre; DANTAS, Bruno; et. al. (Org.). *Novas tendências do processo civil:* estudos sobre o projeto do novo Código de Processo Civil.v. 3. Salvador: Juspodivm, 2014.

ALVIM, J. E. Carreira; CABRAL JUNIOR, Silvério Luiz Nery. *Processo judicial eletrônico: comentários à Lei 11.419/06.* Curitiba: Juruá, 2007.

BRASIL. *Lei nº 5.869, de 11 de janeiro de 1973.* Institui o código de processo civil. Disponível em: < http://www.planalto.gov.br/ccivil_03/LEIS/L5869.htm> Acesso em: 13 nov. 2013.

_____. *Lei nº 8.906, de 4 de julho de 1994. Dispõe* sobre o Estatuto da Advocacia e a Ordem dos Advogados do Brasil (OAB). Disponível em: <http://www.planalto.gov.br/ccivil_03/leis/l8906.htm>. Acesso em: 15 fev. 2015.

_____. *Lei nº 11.419, de 19 de dezembro de 2006. Dispõe* sobre a informatização do processo judicial; altera a Lei no 5.869, de 11 de janeiro de 1973 – Código de Processo Civil; e dá outras providências. Disponível em: <http://www.planalto.gov.br/ccivil_03/_ato2004-2006/2006/lei/l11419.htm>. Acesso em: 9 fev. 2015.

_____. *Lei nº 12.682, de 9 de julho de 2012.* Dispõe sobre a elaboração e o arquivamento de documentos em meios eletromagnéticos. Disponível em: <http://www.planalto.gov.br/ccivil_03/_ato2011-2014/2012/Lei/L12682.htm>. Acesso em: 25 jan. 2015.

_____. *Medida Provisória n. 2.200-2, de 24 de agosto de 2001. Institui* a Infra-Estrutura de Chaves Públicas Brasileira – ICP-Brasil, transforma o Instituto Nacional de Tecnologia da Informação em autarquia, e dá outras providências. Disponível em: <https://www.planalto.gov.br/ccivil_03/MPV/Antigas_2001/2200-2.htm>. Acesso em: 25 jan. 2015.

DELLORE, Luiz. *Novo CPC:* 10 aspectos quanto às provas. Disponível em: <http://jota.info/novo-cpc-10-aspectos-quanto-provas>. Acesso em: 23 fev. 2015.

GAJARDONI, Fernando da Fonseca. *O novo CPC e o fim da gestão na Justiça.* Disponível em: <http://jota.info/o-novo-cpc-e-o-fim-da-gestao-na-justica>. Acesso em: 23 fev. 2015.

MINISTÉRIO DA JUSTIÇA. *Análise da Gestão e Funcionamento dos Cartórios* **Judiciais**. Brasília: Ideal, 2007.

PORTUGAL. *Diário da República,* 1.ª série – nº 121 – 26 de junho de 2013. Disponível em: <http://dre.pt/pdf1s/2013/06/12100/0351803665.pdf>. Acesso em: 15 fev. 2015.

ROQUE, Andre Vasconcelos. Dever de motivação das decisões judiciais e controle da jurisprudência no novo CPC. In: ROQUE, Andre Vasconcelos; PINHO, Humberto Dalla Bernardina de. *O projeto do novo Código de Processo Civil: uma análise crítica.* Brasília: Gazeta Jurídica, 2013, p. 1-20.

SILVA, Paulo Eduardo Alves da. *Gerenciamento de processos judiciais.* São Paulo: Saraiva, 2010, p. 76-80.

THEODORO JR., Humberto. *Celeridade e efetividade da prestação jurisdicional.* Insuficiência da reforma das leis processuais. Disponível em: <http://www.abdpc.org.br/artigos/artigo51.htm>. Acesso em: 28 fev. 2015.

3

A TUTELA ESPECÍFICA NO NOVO CPC

Antônio Pereira Gaio Júnior

SUMÁRIO: 1. Introdução – 2. Novo Código de Processo Civil e sua Organicidade – 3. Tutela Específica e sua Regulação no Novo Código de Processo Civil – 3.1 Julgamento das Ações Relativas às Prestações de Fazer, de Não Fazer e de Entregar Coisa – 3.1.1 A Obrigação de Emissão de Declaração de Vontade – 3.2 Cumprimento da Sentença que reconheça a exigibilidade de Obrigação de Fazer e de Não Fazer – 3.2.1 Cumprimento definitivo de eventual multa – 3.3 Cumprimento da Sentença que Reconheça a Exigibilidade de Obrigação de Entregar Coisa – 4. Antecipação dos Efeitos da Tutela Específica – 5. A Tutela Inibitória – 6. Considerações Finais – 7. Referências Bibliográficas

1. INTRODUÇÃO

Encontra-se cediço a ideia de que os trabalhos para a edificação de um novo Código de Processo Civil passam pelo enfrentamento de uma variedade de pontos de estrangulamento processual que são incômodos crescentes a cada gestão anual do Judiciário pátrio.[1]

Questões como celeridade processual, economicidade objetiva e substancial, organização material e normativa e eficiência da prestação jurisdicional são grandes pontos, verdadeiros "guarda-chuvas" de

---

1 Sobre a variedade de conteúdos que realçam necessárias e sérias reflexões para uma qualitativa prestação jurisdicional no plano de um Novo Código de Processo Civil para o Brasil bem como variada análise dos Projetos voltados à sua edificação, ver GAIO JÚNIOR, Antônio Pereira, CÂMARA, Alexandre Freitas (Coords.). *Novo CPC: reflexões e perspectivas.* Belo Horizonte: Del Rey, 2014.

inúmeros outros problemas de fácil percepção quando se vive, verdadeiramente, o dia a dia forense.

Notadamente, uma *questio* que se encontra no mesmo padrão dos grandes pontos supra referidos é a da inevitável e necessária efetividade[2] das decisões judiciais e os meios para se implementar o seu cumprimento, algo que permeia os mais variados ordenamentos do Ocidente[3] e que em maior ou menor proporção tem-se como óbice a uma prestação jurisdicional de qualidade e por que não, acentuando a problemática do denominado "processo justo"[4], aqui também entendido como a prestação qualitativa integral do serviço público da justiça; afinal, é de sempre rememorar e pois, nunca perder de vista

---

2 Com clareza, bem pontua Marcelo Neves, ao se referir à importante distinção entre eficácia e efetividade, no plano dos programas condicional e finalístico de realização abstrata da lei:
"(...) pode-se afirmar que a eficácia diz respeito à realização do 'programa condicional', ou seja, à concreção do vínculo 'se-então' abstrata e hipoteticamente previsto na norma legal, enquanto a efetividade se refere à implementação do 'programa finalístico' que orientou a atividade legislativa, isto é, à concretização do vínculo 'meio-fim' que decorre abstratamente do texto legal." NEVES, Marcelo. *A Constitucionalização Simbólica*. São Paulo: Martins Fontes, 2007, p. 45-46.
Sobre os programas condicional e finalístico para a legitimação do direito positivo, ver também LUHMANN, Niklas. *Legitimação pelo Procedimento*. Trad. Maria da Conceição Côrte-Real. Brasília: Universidade de Brasília, 1980, p. 110-113.

3 Ver LEBORGNE, Anne; PUTMAN, Emmanuel (Orgs.) *Les Obstacles à L'exécution Forcée: Permanence et Évolution.*Paris: Éditions Juridiques e Techniques, 2009.
No mesmo sentido, Nieva Fenoll:
"Se há hablado con acerto de 'la vieja y vana aspiración de aproximar la justicia al justiciable', quizás poeque hace mucho tempo que nos hemos acostumbrado a observar uma situación lamentable em nuestra Justicia. Y no obstante, no hemos dejado de quejarnos de su ineficácia, aunque sobre todo de su lentitud. Sin embargo, damos por hecho que quien nos debe uma pequena cantidad, o no nos pagará, o sólo nos pagará, i lo hace, tras el correspondiente processo monitório y, sobre todo, tras uma a veces difícil e infructuosa búsqueda de sus bienes, que se nos hace eterna." (FENOLL, Jordi Nieva. *Jurisdicción y Proceso*. Madri: Marcial Pons, 2009, p.111).

4 Cf. o modelo constitucional do Processo Justo in: MORELLO, Augusto M. *El Proceso Justo*. Buenos Aires: Abeledo-Perrot, 2005, p. 67 e ss.

a máxima chiovendiana de que "*il processo deve dare per quanto è possibile praticamente a chi há um diritto tutto quello e proprio quello ch'egli há diritto di conseguire.*"[5]

Neste sentido é que se trazem à luz os aspectos relevantes no trato da Tutela Específica das obrigações de fazer, não fazer e entregar no plano do que delineia o Novo Código de Processo Civil.

2. NOVO CÓDIGO DE PROCESSO CIVIL E SUA ORGANICIDADE

Já contextualizado em uma breve exposição de motivos, o então PLS n.166/10, Projeto inicial para a reforma do CPC/1973, deixou bem claro que um dos propósitos para com uma possível novata legislação processual civil se pautaria na necessária organização do texto legal, possibilitando melhor harmonia na ordem das matérias e suas pertinências subsequentes, de modo a que se projetasse uma lógica racional no conjunto normativo que, invariavelmente, vai se complementando.[6]

De fato, não somente no Projeto de Lei supracitado como também no PL n.8.046/10 (Substitutivo da Câmara dos Deputados), primou-se pela organicidade, o que é sumamente saudável e de importantes aspectos pragmáticos e mesmo metodológicos, já que a coerência no

---

[5] CHIOVENDA, Giuseppe. *Saggi di Diritto Processuale Civile.* Vol. I. Milano: Giuffrè, 1993, p.110.

[6] Na aludida exposição de motivos, a Comissão nomeada pelo Senado bem expressou que trabalhou sempre tendo como pano de fundo um objetivo genérico, que foi de imprimir organicidade às regras do processo civil brasileiro, dando maior coesão ao sistema.
Nisso, foi pontuado que o Novo CPC "conta, agora, com uma Parte Geral, atendendo às críticas de parte ponderável da doutrina brasileira. (...) O Livro II, diz respeito ao processo de conhecimento, incluindo cumprimento de sentença e procedimentos especiais, contenciosos ou não. O Livro III trata do processo de execução, e o Livro IV disciplina os processos nos Tribunais e os meios de impugnação das decisões judiciais. Por fim, há as disposições finais e transitórias".
Por tudo, o objetivo de organizar internamente as regras e harmonizá-las entre si foi o que inspirou vários dos dispositivos elencados. *BRASIL. Código de Processo Civi: anteprojeto / Comissão de Juristas Responsável pela Elaboração de Anteprojeto de Código de Processo Civil.* Brasília: Senado Federal, Presidência, 2010, p.30.

sistema normativo se faz não somente pela aplicabilidade coerente e íntegra do mesmo, mas igualmente pela racionalidade que se apresente enquanto formalmente inteligível.

Pois bem. Sancionado o Código de Processo Civil em 16.03.2015, representado agora pela Lei n.13.105/2015, manteve-se as importantes características quanto à aludida organicidade.

Neste ínterim se faz destacar a regulação da Tutela Específica, medida de caráter satisfativo voltada à realização do cumprimento exato de obrigações de fazer, não fazer e entregar coisa inadimplida, e que bem e coerentemente se fez alocada novel Codex, de acordo com os momentos processuais necessários à compreensão de sua efetiva razão e interesse, a depender do momento processual a que se está a enfrentar.

É importante que se diga isso, inclusive se comparado à regulação do presente instituto no CPC/1973, onde, capitulado para a realização das obrigações e fazer e não fazer, por exemplo, temos o art. 461 (CPC/1973) que em muito se plasma de vácuos normativo-temporais para explicitar como, onde e de que forma se empreenderia a manifesta exigência de aplicabilidade da Tutela Específica. Ou seja, estar-se-ia no momento da conquista da medida em sede sentencial, p. ex., e de seu descumprimento, lançaríamos mão das medidas de apoio do §5º do art. 461... sim! Mas qual seria o momento para tal? Na própria fase ainda cognitiva, ou do contrário, é de se esperar o momento do trânsito em julgado para tal, o que necessitaria para o efetivo cumprimento da medida específica, apta a concretizar no mundo da vida o direito material inadimplido, novata provocação ao juízo em que processou a demanda em sua origem, para se obter o exato cumprimento da obrigação?

Já escrevemos muito sobre o assunto[7] e, logicamente, a própria doutrina e mesmo a jurisprudência tratam de traçar as balizas necessárias para a compreensão do texto legal em hipóteses processuais

---

[7] Cf. os nossos *Tutela Específica das Obrigações de Fazer.* 4 ed. Curitiba: Juruá, 2012; *Instituições e Direito Processual Civil.* 2 ed. Belo Horizonte: Del Rey, 2013; *O Processo nos Juizados Especiais Cíveis Estaduais.* Belo Horizonte: Del Rey, 2010; *Medidas Coercitivas para o Cumprimento das Obrigações de Fazer e Não Fazer no Direito Pátrio e Comparado. In: Revista Forense*, Rio de Janeiro: Forense, Vol.. 363, p. 345-352, 2002.

pouco claras creditadas às vicissitudes voluntárias ou não da *lex* entregue à sociedade.

Fato é que o NCPC trouxe verdadeiro acalento às várias hipóteses que até então poderíamos supor serem idôneas em sede de Tutela Específica, notadamente, sempre com apoio à criatividade de doutrina abalizada.

3. TUTELA ESPECÍFICA E SUA REGULAÇÃO NO NOVO CÓDIGO DE PROCESSO CIVIL

Dividido em duas partes, Geral e Especial e distribuídas em 9 (nove) livros, mais um livro complementar ("Das Disposições Finais e Transitórias"), o Novo Código de Processo Civil reservou a regulação da Tutela Específica à Parte Especial, mais precisamente ao seu Livro I "*Do Processo de Conhecimento e do Cumprimento de Sentença*".

Vale ressaltar a oportuna divisão do instituto em momentos distintos de aplicabilidade, ou seja, diante de sua concessão, cumprimento ou eventual descumprimento pela parte obrigada a cumprir medida destinada a fazer, não fazer ou entregar coisa.

Queremos com isso pontuar que, diferentemente do texto do CPC/1973, onde temos *v.g.*, os arts. 461 e 461-A se prestando a laborar o contexto geral e deveras abstrato do empreender da medida específica, o NCPC possui a virtude de alocar em termos corretos e em lugares distintos, exatamente, as diversas nuances pelas quais pode a Tutela Específica atuar, seja como dissemos alhures, no que toca à sua concessão e execução, ressaltando ainda detalhes a nosso ver, de extrema importância, sobretudo se conjugados à luz de uma hermenêutica constitucional voltada à realização do Processo Justo, como na novíssima hipótese prevista formalmente que é a da possível impugnação do demandado frente à exigência do cumprimento específico da obrigação.

Nestes termos, temos que na Seção IV "*Do Julgamento das Ações Relativas às Prestações de Fazer, de não Fazer e de Entregar Coisa*" do Capítulo XII "*Da Sentença e da Coisa Julgada*", ambos inclusos no Título I "*Do Procedimento Comum*", encontram-se as disposições referentes ao julgamento das Ações Relativas às Prestações de Fazer, de não Fazer e de Entregar Coisa.

Já, no que toca ao cumprimento da sentença que reconheça a exigibilidade de obrigação de fazer, de não fazer ou de entregar coisa, as disposições normativas encontram-se situadas no Título II "*Do Cumprimento da Sentença*", mais precisamente no Capítulo VI "*Do Cumprimento da Sentença que Reconheça a Exigibilidade de Obrigação de Fazer, de Não Fazer ou de Entregar Coisa*", Seção I, bem como em sua Seção II "*Do Cumprimento da Sentença que Reconheça a Exigibilidade de Obrigação de Entregar Coisa*".

3.1 Julgamento das Ações Relativas às Prestações de Fazer, de Não Fazer e de Entregar Coisa

Ao tratar do julgamento das demandas que tenham por objeto prestação de fazer, não fazer ou entregar coisa, o NCPC optou, em princípio, manter em manifesta igualdade de termos, o *caput* do art.461 do CPC/1973 estabelecendo que em ditas demandas, sendo procedente o pedido, o magistrado concederá a Tutela Específica ou mesmo determinará providências que assegurem o resultado prático equivalente ao adimplemento do direito material agredido. Ainda, tratando-se de entrega de coisa, será fixado pelo juízo o prazo para o cumprimento da obrigação, sendo tal locução, entendemos nós, extensiva às obrigações de fazer ou não fazer, não se configurando aí qualquer objeção. Eis os dispositivos:

> Art. 497. Na ação que tenha por objeto a prestação de fazer ou de não fazer, o juiz, se procedente o pedido, concederá a tutela específica ou determinará providências que assegurem a obtenção de tutela pelo resultado prático equivalente.(...).
>
> Art. 498. Na ação que tenha por objeto a entrega de coisa, o juiz, ao conceder a tutela específica, fixará o prazo para o cumprimento da obrigação.
>
> Parágrafo único. Tratando-se de entrega de coisa determinada pelo gênero e pela quantidade, o autor individualizá-la-á na petição inicial, se lhe couber a escolha; se a escolha couber ao réu, este a entregará individualizada, no prazo fixado pelo juiz.

Na mesma toada do CPC/1973, tem-se a possibilidade de conversão em perdas e danos das obrigações retro referidas, quando o autor a requerer e ainda, se impossível a concessão da Tutela Específica ou a exata obtenção do resultado prático equivalente ao adimplemento da obrigação ora devida, neste caso, pelo próprio órgão julgador. *In verbis*:

> *Art. 499. A obrigação somente será convertida em perdas e danos se o autor o requerer ou se impossível a tutela específica ou a obtenção de tutela pelo resultado prático equivalente.*

Ainda neste ínterim, ressalta-se que indenização por perdas e danos dar-se-á sem prejuízo da multa fixada periodicamente, de modo a compelir o réu ao cumprimento específico da obrigação reconhecida como devida (art.500), sendo de relevante importância notar a compreensão de que eventual a multa cominatória, conforme afirmado a pouco, possui o caráter inibitório sobre o réu recalcitrante no cumprimento da obrigação a ele exigida[8], valendo daí trazer à luz a exata lição do saudoso Alcides de Mendonça Lima[9]:

> (...) enquanto o devedor tiver ânimo para suportar o ônus da incidência das *astreintes*, ele pagará a pena, inclusive, se houver obstinação irreversível. Não se pode deixar de reconhecer, como JOSSERAND adverte, que 'não há fortuna que possa resistir a uma pressão contínua e incessantemente acentuada; a capitulação do devedor é fatal; vence-se a sua resistência, sem haver exercido violência sobre sua pessoa; procede-se contra seus bens, contra sua fortuna, contra seus recursos materiais.

Disso queremos dizer que eventual limitação de valores e/ou tempo de incidência da multa, a despeito do próprio ordenamento não impor tais limites, deve ser sopesado pelo órgão julgador, seja na questão que envolve a própria efetividade da sanção pecuniária, já que valores e/ou tempo incipientes podem gerar inegável resistência do réu, sobretudo quando este vislumbrar o minúsculo impacto da medida em que seu erário ou mesmo de modo a inviabilizar o respectivo cumprimento de todo o montante obrigacional a ele (réu) exigido.[10]

---

8 Cf. o nosso *Tutela Específica....*, p.90-91.

9 LIMA, Alcides de Mendonça. *Comentários ao Código de Processo Civil*, Rio de Janeiro: Forense, Vol. VI, Tomo II, 1979, p. 869.

10 "A cominação da multa deve ser forte, mas não deve inviabilizar a execução propriamente dita, que, no caso, é a resultante das perdas e danos. De nada vale levar o devedor à insolvência se, insolvente, não puder atender sequer ao prejuízo real

Prevendo tais circunstâncias, coube ao legislador do NCPC pontuar a atividade volitiva do juiz na concessão da multa, balizando em importantes termos tanto o avanço quanto a redução da medida cominatória (o que, aliás, já o faz em outros termos o parágrafo único do art. 645 do CPC/1973).

Assim, a despeito de estar contemplado em capítulo que trata do "cumprimento" da sentença que reconheça a exigibilidade de obrigação de fazer, de não fazer ou de entregar coisa e não do "julgamento", onde, por ora estamos, expressa bem o parágrafo 1ª do art. 537 do NCPC:

> §1º O juiz poderá, de ofício ou a requerimento, modificar o valor ou a periodicidade da multa vincenda ou excluí-la, caso verifique que:
>
> *I – se tornou insuficiente ou excessiva;*
>
> *II – o obrigado demonstrou cumprimento parcial superveniente da obrigação ou justa causa para o descumprimento.*

Cabe para momento ainda explicitar que a multa independerá de requerimento da parte e poderá ser concedida tanto na fase de conhecimento, em sede de tutela provisória ou na sentença, ou ainda na fase de execução, desde que seja suficiente e compatível com a obrigação e que se determine prazo razoável para cumprimento do preceito, *ex vi do caput do art. 537.*

Digno de nota é a destinação dos valores auferidos pela multa.

Nisso, o NCPC prevê como destinatário da multa o próprio exequente (§2º do art. 537)[11], independente do valor a que a mesma alçar.

3.1.1 A Obrigação de Emissão de Declaração de Vontade

Contrariamente ao modelo atual, e a nosso ver, com acerto, o NCPC oportunizou dispor em único dispositivo o julgamento das obrigações de emitir (prestar) declaração de vontade.

---

causado ao credor". GRECO FILHO, Vicente. *Direito Processual Civil Brasileiro*. Vol.3. São Paulo: Saraiva, 1995, p. 69.

11 *"Art. 534 (...)*
§2º O valor da multa será devido ao exequente."

Destaca-se que o CPC/1973, mais precisamente nos arts. 466-A, 466-B e 466-C, trata de regular a presente obrigação, portanto, em diferentes dispositivos, ainda que de maneira tautológica alguns de seus conteúdos/e ou situações circunstanciais de incidência da dita obrigação.

Verdade é que a presente obrigação vem sofrendo seguidas modificações relativas à sua localização no ordenamento processual civil pátrio.

Originariamente, localizava-se, teratologicamente, no Livro II do CPC atual.

Conforme já pudemos salientar em outras oportunidades[12], modificação operada pela Lei n. 11.232, de 22.12.2005, veio situar nos termos corretos a localização normativa desta tutela obrigacional, pois que, de forma meândrica, estava ela, a despeito de seu caráter cognitivo, assentada no Livro II, Título II, Capítulo II, mais precisamente nos arts. 639 a 641 do CPC/1973, figurando-se formalmente em um Processo de Execução quando, na verdade, não o é.

Neste sentido, já asseverava BARBOSA MOREIRA que[13]

> na verdade, apesar da localização no texto do Código, o assunto de que tratou os arts. 639 e 641 nada tem que ver com o processo de execução, que, por supérfluo, nem sequer chega a formar-se. Aqueles dispositivos regulam questões pertinentes à atividade cognitiva do órgão judicial. O lugar apropriado seria o Capítulo referente aos efeitos da sentença.

Como dissemos e com acerto, o novel Código disciplina o julgamento das obrigações de emitir declaração de vontade nos seguintes termos:

> *Art.501. Na ação que tenha por objeto a emissão de declaração de vontade, a sentença que julgar procedente o pedido, uma vez transitada em julgado, produzirá todos os efeitos da declaração* não emitida.

---

12 *Tutela Específica*... p.100.

13 BARBOSA MOREIRA, José Carlos. Aspectos da Execução em Emitir Declaração de Vontade I*n*: *Temas de Direito Processual*. Sexta Série. São Paulo: Saraiva, 1997, p. 236.

Despiciendo notar que se trata de ação pessoal, abrangendo as declarações de vontade inadimplidas, comumente decorrentes de um negócio jurídico unilateral ou bilateral que tenha por objeto tanto bens móveis quanto imóveis.

Assim, por exemplo, desde que uma parte, em contrato preliminar, assuma uma obrigação de contratar, bem como de emitir declaração de vontade e a isso deixe de fazer ou se recuse a fazê-Ia, poderá a outra parte acioná-la judicialmente, objetivando com isso obter uma sentença que produza os mesmos efeitos da declaração não emitida pelo obrigado.

A presente solução encontra-se consubstanciada na ideia da denominada "infungibilidade jurídica", quando o Estado, através do provimento jurisdicional, cria urna situação jurídica equivalente à que se verificaria se a declaração de vontade fosse prestada pelo próprio devedor.[14]

3.2 Cumprimento da Sentença que reconheça a exigibilidade de Obrigação de Fazer e de Não Fazer

Passa-se aqui à esfera do cumprimento das obrigações de fazer, não fazer e entregar, após, portanto, o reconhecimento das mesmas, conforme operado no item anterior.

Aliás, conforme destacamos alhures, importante virtude contida no NCPC é aquela da organicidade normativa voltada à racionalidade dos institutos e sua melhor operabilidade, aqui destacada pela junção "julgamento-cumprimento" da Tutela Específica.

Destacado já no CPC/1973, oriundas inclusive do §5º do art. 84 do Código de Defesa do Consumidor, as medidas de "execução indireta", isto é, aquelas exercidas por meios de coação[15] sobre a vontade

---

[14] Sobre o efeito jurídico da sentença substitutiva da vontade, vale lembrar LIEBMAN ao afirmar: "o respeito à vontade individual não pode ser tão absoluto a ponto de impedir a produção do efeito jurídico que a declaração de vontade produziria, quando existe obrigação anterior de emitir essa declaração e o obrigado se recusa a cumpri-la" (LIEBMAN, Enrico Tullio. *Embargos do Executado.* São Paulo: Saraiva, 1952, p. 161).

[15] Ditos meios de coação atuam através de medidas de pressão econômica, física ou psicológica, tais como as penas de multa, a incidência das *astreintes*, hipóteses

do devedor, de modo a compeli-lo a cumprir com a obrigação devida, sobretudo, na forma específica, configurando-se em meios de apoio ao cumprimento da obrigação, vem no novato Código arroladas de forma a reproduzir, incialmente, o que já dispõe o §5º do art. 461 do CPC/1973. Nisso, aponta o art.536 e seus §§1º e 2º do NCPC:

> *Art. 536. No cumprimento da sentença que reconheça a exigibilidade de obrigação de fazer ou de não fazer, o juiz poderá, de ofício ou a requerimento, para a efetivação da tutela específica ou a obtenção de tutela pelo resultado prático equivalente, determinar as medidas necessárias à satisfação do exequente.*
>
> § 1º Para atender ao disposto no *caput, o juiz poderá determinar, entre outras medidas, a imposição de multa, a busca e apreensão, a remoção de pessoas e coisas, o desfazimento de obras e o impedimento de atividade nociva, podendo, caso necessário, requisitar o auxílio de força policial.*
>
> § 2º O mandado de busca e apreensão de pessoas e coisas será cumprido por *(dois) oficiais de justiça, observando-se o disposto no art. 846, §§1º a 4º, se houver necessidade de arrombamento.*

Como bem se nota, o §1º acosta um rol de medidas à disposição do juízo, para que, com interesse e coragem, possa adotá-las, a fim de empreender força necessária e apta a atuar sobre o devedor recalcitrante ao cumprimento específico da obrigação. No entanto, cabe bem frisar que, de acordo com a dicção "entre outras medidas", não se trata de rol que se esgota nele mesmo, sendo perfeitamente possível lançar mão de outras medidas, desde que voltadas ao objetivo efetivo da satisfação do direito reconhecido e, inegavelmente, descumprido.

Aliás, é o que se dá com a medida denominada "intervenção judicial em atividade empresarial".[16]

---

de prisão civil, bem como punições oriundas da prática de atos atentatórios à dignidade da justiça, dentre outras. Cf. o nosso *Tutela Específica...*, p. 82.

16 A presente medida fora acostada, inicialmente, no Relatório do Senador Vital do Rêgo, oriunda do Substitutivo da Câmara dos Deputados - PL n.8.046/2010 - e devidamente aprovada em votação simbólica pelo Plenário do Senado Federal. No entanto, em votação final, esta realizada em 17.12.2014, onde analisados foram os destaques do Substitutivo da Câmara, dita medida fora, lamentavelmente, retirada, o que se reproduziu no texto final do Código sancionado.

Na verdade, trata-se de medida é tipificada pela lex que estrutura o Sistema Brasileiro de Defesa da Concorrência (Lei nº 12.529, de 30 de novembro de 2011), mais precisamente em seus arts.102 a 111.

A intervenção judicial em atividade empresária, como outras medidas indicadas no §1º do art. 536, é uma medida de sub-rogação, cuja técnica pode assumir diferentes modelos, notadamente, de acordo com o fim objetivado pelo magistrado quando de sua aplicabilidade.

Nestes termos, a doutrina pontua formas de classificação da intervenção judicial em tais contextos.17

Em primeiro, nota-se a intervenção denominada de "fiscalizatória".

É compreendida na ideia de que o administrador não é retirado de suas atribuições, cabendo tão somente ao interventor a fiscalização do exato cumprimento da decisão judicial, tendo este interventor o livre acesso à empresa bem como a todos dados necessários com o fito de cumprir com da determinação judicial, podendo ainda tomar depoimentos para certificar-se das condutas adotadas pelo administrador no sentido de satisfazer o *decisum judicial.*

Tem-se como exemplo, neste âmbito, uma medida judicial voltada à imposição de reintegração de um empregado, que havia sido assediado moralmente, o que impôs o seu pedido de demissão. De que forma seria viável apurar se, retornando ao trabalho, as condutas anteriormente ocorridas não voltariam se dar? Daí, efetiva opção para tanto será nomear um interventor-fiscal, de modo a que este

---

Dentre os motivos para a não contemplação da mesma no bojo do CPC está a afirmativa do próprio relator do PLS n.166/2010 no Senado Federal, Senador Vital do Rêgo, de que a manutenção da medida poderia dar margem a abusos, o que certamente pensamos nós, quis ele dizer em relação ao próprio órgão julgador, competente para a eventual adoção da medida de reforço ao cumprimento da obrigação. *In: Congresso aprova novo Código de Processo Civil para agilizar processos*. Disponível em < http://www1.folha.uol.com.br/poder/2014/12/1563905-congresso-aprova-novo-codigo-do-processo-civil-para-agilizar-processos.shtml>. Acesso em 18.12.2014.

17 Ver, PEREIRA, Luiz Fernando C. *Medidas urgentes no direito societário*. São Paulo: RT, 2002, p. 205 e ss.
Dita classificação é exemplificativa, de modo a demonstrar as várias percepções que decorrem de um contexto interventivo por meio de medidas sobre a pessoa jurídica.

permaneça por um determinado lapso temporal na empresa, até que qualquer perigo de novas agressões haja cessado.[18]

Em um segundo contexto, temos a chamada "intervenção co-gestora" na qual o interventor judicial assume parcela das atribuições originalmente conferidas ao proprietário da pessoa jurídica.

Neste sentido, nota-se que o administrador originário permanece na empresa, atuando à sua frente, no entanto, parcela de suas competências e atribuições são, por um determinado prazo, passadas ao interventor, devendo esse desempenhá las na esteira de realizar o cumprimento do comando da decisão judicial. "Figure-se a hipótese, nessa quadra, de uma empresa que impõe condições abusivas para a contratação de pessoal. Reconhecida essa abusividade, não será evidentemente necessário retirar o titular da empresa como um todo, sendo suficiente a intervenção na área de recursos humanos da pessoa jurídica. Do mesmo modo, suponha-se a necessidade de instalar filtro contra a poluição na empresa. Havendo resistência do ordenado, pode o magistrado, por certo, nomear interventor com essa exclusiva atribuição. Concluída a obra, dissolvida estará a intervenção."[19]

Forçoso é afirmar que o interventor deverá estar investido das funções e da autoridade necessária para fazer valer o que deseja a ordem judicial. Daí que, *v.g. poderá o interventor judicial ter acesso facilitado às finanças e instalações da empresa para fins de aquisição de material e instalação do filtro e ainda ao controle de emissão de poluentes. Verdade é que tais poderes deverão ser explicita e necessariamente catalogados pelo órgão julgador em sua ordem judicial, a fim de que possa legitimar o exercício pleno do interventor e seu êxito na intervenção.*

Finalmente, em um terceiro contexto, tem-se a denominada "intervenção expropriatória ou substitutiva", certamente a mais aguda.

Nesta forma, o interventor substituirá o administrador original da empresa, saindo este do comando da pessoa jurídica e, portanto,

---

[18] ARENHART, Sérgio Cruz. *A Intervenção Judicial e o cumprimento da Tutela Específica*. Disponível em:http://www.academia.edu/214098/A_INTERVEN%C3%87%C3%83O_JUDICIAL_E_O_CUMPRIM ENTO_D_TUTELA _ESPEC%C3%8DFICA?login=&email_was_taken=true. Acesso em: 04.11.2014.

[19] *Ibidem.*

deixando ao interventor o papel de, por um certo período de tempo, gerir todos os negócios da sociedade em questão.

Um exemplo da aludida intervenção foi a ação ajuizada pelo Ministério Público Federal no Rio de Janeiro, pedindo a intervenção judicial no Conselho Federal de Enfermagem, no ano de 2006, diante de notícias que envolviam desvios de recursos públicos e fraudes em licitações por aludido Conselho e daí que o objetivo da demanda era a de afastar a própria Administração do Conselho.

Tem-se também, no mesmo sentido, ação civil pública, ajuizada pelo Ministério Público do Trabalho da 4ª Região, em face do Grupo Ortopé, requerendo a intervenção judicial em tal grupo, com o afastamento de seus administradores e a nomeação de pessoa da confiança do juízo para a respectiva administração da empresa, até a devida liquidação do passivo trabalhista da empresa.[20]

Alçado ao ambiente das obrigações fazer, não fazer e entregar, preferiu o legislador reforçar a ideia já presente no CPC/1973[21] quanto ao descumprimento injustificado de ordem judicial dirigida ao executado para o exato cumprimento da obrigação inadimplida, incidindo, por isso, nas penas de litigância de má-fé, sem prejuízo da correta responsabilização pela prática do crime de desobediência[22] (§3º do art. 537 do NCPC).

Digno de aplausos ao NCPC é a normativa que se encontra disposta no §4º do art. 537: *"§ 4º* No cumprimento da sentença que reconheça a exigibilidade de obrigação de fazer ou de não fazer, aplica-se o art. *525, no que couber."*

---

20 *Ibidem.*

21 *Ex vi* do art. 14, mais precisamente o seu inciso V e parágrafo único.

22 Tem o STJ, a contrário *sensu*, rechaçado a ideia de possibilitar a incidência do crime de desobediência em questões que envolvem o descumprimento de obrigação de fazer :

"1· Manifestamente ilegal a decretação ou a ameaça de decretação de prisão por crime de desobediência nos autos de processo civil como forma de coagir a parte ao cumprimento de obrigação, ressalvada a obrigação de natureza alimentar. 2. Precedentes específicos do STJ. 3. "HABEAS CORPUS" CONCEDIDO DE OFÍCIO, PREJUDICADO O RECURSO ORDINÁRIO. (STJ. 3ª T. RHC nº 35.253/RJ (2012/0276083-4) Rel. Min. Paulo de Tarso Sanseverino. Julg. 05.03.2013. DJe. 26.03.2013)."

Em uma leitura pouco acurada, talvez pudesse parecer tratar-se de simples dispositivo, se não fosse a remissão a que faz quanto ao art. 525, este que possui a seguinte redação, mais precisamente com referência ao seu caput e §1ª:

> *Art. 525. Transcorrido o prazo previsto no art. 523 sem o pagamento voluntário, inicia-se o prazo de 15 (quinze dias) para que o executado, independentemente de penhora ou nova intimação, apresente, nos próprios autos, sua impugnação.*
>
> § 1º Na impugnação, o executado poderá alegar:
>
> I – falta ou nulidade da citação se, na fase de conhecimento, o processo correu à revelia;
>
> II – ilegitimidade de parte;
>
> III – inexequibilidade do título ou inexigibilidade da obrigação;
>
> IV – penhora incorreta ou avaliação errônea;
>
> V – excesso de execução ou cumulação indevida de execuções;
>
> VI – incompetência absoluta ou relativa do juízo da execução;
>
> *VII – qualquer causa modificativa ou extintiva da obrigação, como pagamento, novação, compensação, transação ou prescrição, desde que supervenientes à sentença.*

Por que da importância?

No modelo que temos hoje, há total incipiência quanto às próprias manifestações de defesa do executado no âmbito da Tutela Específica nas obrigações de fazer, não fazer e entregar coisa![23]

---

23 Ratificando nossa afirmativa, confiram aqui, pelo menos duas importantes passagens de nossa qualificada doutrina, já por nós citadas em obras anteriores:
"Por outro lado, continua havendo o processo de execução das obrigações de fazer e não fazer.
Em primeiro lugar, o processo do art. 632 e seguintes continua servindo para tutelar as pretensões já amparadas em título executivo extrajudicial.
Depois continua havendo hipóteses de execução de obrigações de fazer e não fazer amparadas em *título judicial* a despeito da letra da lei. Considerem-se os seguintes casos: transação realizada extrajudicialmente e apenas levada à homologação judicial; sentença estrangeira homologada pelo Superior Tribunal de Justiça; sentença arbitral, quando o compromisso arbitral não houver previsto que

Conforme já tivemos a oportunidade de exclamar,[24] a questão se agrava mediante aqueles títulos executivos que sequer passaram por um processo de conhecimento anterior ou que quiçá tiveram em seu comando legal o disposto pelo art. 461 do CPC/1973, *ex vi, da sentença arbitral, sentença estrangeira, os acordos extrajudiciais homologados judicialmente, sentença penal condenatória etc, o que, evidentemente, ter-se-ia que adaptar, forçosamente, possibilidades*

---

a sentença teria a força do art. 461 (antes da Lei n. 11.232/2005: art. 584, III, IV e VI; após a Lei n. 11.232/2005: art. 475 – N, II, IV, V e VI).

Em todos esses casos, tais títulos executivos judiciais podem ser representativos de obrigações de fazer ou de não fazer e continuarão ensejando o processo do art. 632 e seguintes. É que, nessas três hipóteses, a questão é trazida a juízo depois que formado o título, ou seja, não existe uma sentença proferida em um processo desenvolvido sob as regras do art. 461. Então, nesses casos, se a parte pretende apenas a efetivação concreta do comando contido no título, terá de recorrer ao processo do Livro II (pois não há outra via disponível) e não ao processo para a aplicação do art. 461, que é (também) processo de conhecimento – destinado, em princípio, a casos em que ainda não há título executivo. Fica, porém, a ressalva de que o detentor de título executivo *tem* interesse processual para recorrer ao processo do art. 461, na medida em que esse lhe irá propiciar uma tutela mais eficiente todavia, em tal hipótese, o título executivo não valerá como tal, mas como mera prova." WAMBIER, Luiz Rodrigues (Coord.). *Curso Avançado de Processo Civil.* Vol. 2. 8. ed. São Paulo: RT, 2006, p. 275-276.

Leonardo Greco (Primeiros Comentários sobre a Reforma da Execução Oriunda da Lei n. 11.232/2005. In: *Revista Magister.Direito Empresarial, Concorrencial, e do Consumidor*. Porto Alegre: Magister, n. 06, dez./jan. 2006, p. 90-91), ao se referir sobre as diferenças entre o procedimento do Cumprimento da Sentença e aquele relativo às Tutelas Específicas dos arts. 461 e 461-A, aqui, por nós, dentro, evidentemente, de uma noção sistêmica, objetivando acostar tal razão à aplicabilidade do art. 475- I, 1º parte – quando em referência aos arts. 461 e 461-A – naquelas sentenças civis proferidas em processo de conhecimento e não de forma ampla e sem quaisquer limites, seja em face da qualidade de defesa do executado, seja por questões, muitas vezes, teratológicas que envolveriam um complexo ato de futurologia, salvo melhor juízo, em interpretação por demais extensiva.

Assim nota o eminente autor que na disciplina das tutelas específicas, "não previu expressamente o exercício da defesa pelo devedor, (...) enquanto na execução de sentença fundada em título judicial a Lei n. 11.232 regulou em minúcias a defesa do executado (arts. 475-J, L e M), que denominou de *impugnação*, para distingui-la dos tradicionais *embargos do devedor*".

24 *Instituições e Direito Processual Civil.* 2 ed. Belo Horizonte: Del Rey, 2013, p.428-430.

normativas, tal qual aquela prevista no art. 475-R do CPC/1973[25], buscando no Livro II reais condições para o exercício do direito de defesa do executado (*in casu, Embargos à Execução), para fins de se antepor a execuções verdadeiramente prejudiciais no plano legal.*

Nota-se que, inquestionavelmente, teremos rumos muito mais adequados no plano de um devido processo constitucional para a "igualdade de armas" em sede de Tutela Específica, eximindo-nos de uma prestidigitação normativa.

Possibilitando não pairar quaisquer dúvidas quanto à extensão dispositiva que regula a efetiva possibilidade de atuação da Tutela Específica, o novel Código de Processo Civil procura comtemplar, formalmente, as obrigações de fazer e não fazer decorrentes de relação não obrigacional, não restando, por isso, dúvidas na incidência de todo o conteúdo que regula a Tutela supra em tal relação, senão vejamos:

> Art. 536
>
> (...)
>
> § 5º O disposto neste artigo aplica-se, no que couber, ao cump*rimento de sentença que reconheça deveres de fazer e de não fazer de natureza não obrigacional.*

3.2.1 Cumprimento definitivo de eventual multa

Conforme já exposto no item 3.1, tivemos a oportunidade de antecipar e tecer alguns comentários acerca da indenização por perdas e danos em decorrência da impossibilidade de se obter a Tutela Específica da obrigação inadimplida (art. 496 do NCPC), sem prejuízos de respectiva multa fixada periodicamente, para compelir o réu ao cumprimento específico da obrigação (art. 500 do NCPC), tudo em sintonia com o que já dispõe o CPC/1973 em seu art. 461, §2º.

Pois bem. Agora estamos diante da possibilidade de exigência do cumprimento de eventual multa imposta ao devedor, como medida de execução indireta, a fim de que pudesse estimulá-lo, diante da

---

25 *"Art. 475-R. Aplicam-se subsidiariamente ao cumprimento da sentença, no que couber, as normas que regem o processo de execução de título extrajudicial."*

agressão pecuniária, ao adimplemento da obrigação reconhecida pelo Poder Judicante.

Não obstante entendermos, de muito,[26] ser o trânsito em julgado da sentença favorável à parte, o momento correto para a exigência do cumprimento da *astreinte* imposta a devedor recalcitrante à satisfação da obrigação devida, permite o NCPC a possibilidade de depósito da multa se dar em caráter provisório, certamente, diante da concessão de pleito provisório deferido a uma das partes (*v.g. Tutela Provisória), descumprido a outra a decisão judicial referente.*

Diante da possibilidade de cumprimento provisória da multa, expressa o NCPC em comento quanto ao valor e período autorizados:

> *Art. 537*
>
> *(...)*
>
> *§ 3º A decisão que fixa a multa é passível de cumprimento provisório, devendo ser depositada em juízo, permitido o levantamento do valor após o trânsito em julgado da sentença favorável à parte.*

Vale ressaltar que, o lapso temporal para a incidência da supracitada multa se dá a partir da configuração do descumprimento da decisão, e por isso, incidirá enquanto não for devidamente cumprida a decisão que a tiver cominado (§4º do art. 537).

Tais normativas aplicam-se em igual sentido e, no que couber quanto ao cumprimento de sentenças que reconheçam deveres de fazer e de não fazer de natureza não obrigacional, ex vi do §5º do art. 537 do NCPC.

3.3 Cumprimento da Sentença que Reconheça a Exigibilidade de Obrigação de Entregar Coisa

Não obstante todas as regras relativas ao cumprimento das obrigações de fazer e não fazer aplicarem-se, no que couber, às obrigações de entregar coisa, conforme sustenta do §3º do art. 538 do NCPC, optou o legislador, talvez pelas próprias particularidades desta forma obrigacional, a ocupar da Seção II do Capítulo VI, este alocado

---

26 *Tutela Específica das Obrigações de Fazer*. Rio de Janeiro: Forense, 2000, p.62-63.

no Titulo II (Cumprimento da Sentença) do Livro I (Do Processo de Conhecimento e do Cumprimento de Sentença), todos deste novato Ordenamento Processual Civil.

Nestes termos é que, de forma objetiva e em sintonia com o que já dispõe o §2º do art.461-A do CPC/1973, atenta o NCPC para o cumprimento da sentença que reconheça a obrigação de entregar coisa, regrando que, não cumprida a obrigação de entregar coisa no prazo estabelecido no ato sentencial, expedido será o respectivo mandado de busca e apreensão ou de imissão na posse em favor do credor, conforme se tratar de coisa móvel ou imóvel (art.538), onde certamente o credor comunicará ao juízo aludido descumprimento para o efetiva expedição do necessário mandado.

Por outro lado, inova o NCPC supra em relação ao CPC/1973 no que se refere tanto à existência de benfeitorias quanto ao direito de retenção em razão das mesmas.

Assim, reza o §1º que a existência de benfeitorias deve ser alegada já na fase de conhecimento em peça contestatória, atentando o réu naquele momento para a discriminação da(s) mesma(s) e atribuindo-lhe, quando possível e de forma justificada, o seu valor (§1º do art. 538).

Na mesma toada, o direito de retenção pelas ditas benfeitorias, no mesmo sentido, deve ser alegado também em sede de contestação na fase de conhecimento (§2º).

Parece-nos que o legislador quer com isso evitar argumentos "oportunistas" por parte do devedor/executado já em fase de cumprimento da sentença obrigacional em tela, não obstante ser perfeitamente possível a ocorrência de benfeitorias no bem quer móvel ou imóvel, durante o correr do processo, em qualquer de suas fases.

4. ANTECIPAÇÃO DOS EFEITOS DA TUTELA ESPECÍFICA

Propiciar a devida tutela específica do direito lesado é o corolário a que o processo deve-se guiar.

Assim, consubstanciado na ideia da efetividade deste instrumento de satisfação de direitos, é de se afirmar que aquele titular da obrigação de fazer, não fazer ou entregar inadimplida, poderá obter a antecipação da tutela pretendida.

Trata-se de possibilidade que o art. 461 § 3° do CPC/1973 concede, estabelecendo a viabilidade de ser antecipada a tutela específica alusiva às obrigações de fazer, não fazer e entregar coisa, quando não só for relevante o fundamento da demanda, mas, sobretudo, quando houver justificado receio de ineficácia do provimento meritório final[27] e, notoriamente, quando não houver perigo de irreversibilidade do provimento antecipado, conforme regra o §3º do art. 273 do CPC/1973.

Não se postou diferente o NCPC, possibilitando a aplicabilidade da mesma ideia, i.e., permitindo a antecipação dos efeitos da tutela – aqui específica - notadamente, no sentido de autorizar ao magistrado o uso de medidas que considerar adequadas para obtenção da efetivação da medida provisória, como se depreende do art. 297, infra:

> "*Art. 297. O juiz poderá determinar as medidas que considerar adequadas para efetivação da tutela provisória.*"

Por outro lado, cabe aqui assentar que a Tutela Provisória no plano do Novo Código de Processo Civil em comento, pode fundamentar-se nas modalidades de urgência (de natureza antecipada ou cautelar) e de evidência, conforme sustenta o parágrafo único do art. 294 e art. 300 e ss.

Nisso, a título de compreensão e em síntese apertada, temos que a Tutela Provisória de Urgência será concedida quando houver elementos que evidenciem a probabilidade do direito e o perigo de dano ou risco ao resultado útil do processo, o que pode ser traduzido na demora da prestação jurisdicional (art. 300, caput do NCPC), em referência ao seu correspondente no CPC/1973, in casu, o art. 273, *caput* e inciso I.

---

[27] No mesmo sentido, caminha a opinião de DINAMARCO, Cândido R. (*A Reforma do Código de Processo Civil.* 3 ed. São Paulo: Malheiros Editores, 1996. p. 154), ao afirmar que o art. 461 do CPC deve ser interpretado em sistema com o art. 83 do CDC, "segundo o qual (*Mutatis Mutandis)* todas as espécies de ações são admissíveis, para a tutela jurisdicional nas obrigações de fazer ou de não fazer", acrescentando ainda que "Falar em todas as espécies de ações significa incluir as espécies de tutela que se obtém no processo de conhecimento (constitutiva, condenatória ou meramente declaratória) e também" tutela executiva e a cautelar."

Já, quanto à denominada Tutela Provisória de Evidência, ou simplesmente, Tutela de Evidência, será essa concedida, conforme redação do art. 311 do NCPC, independentemente da demonstração de perigo de dano ou de risco ao resultado útil do processo, quando:

> I – ficar caracterizado o abuso do direito de defesa ou manifesto propósito protelatório da parte;
>
> II – as alegações de fato puderem ser comprovadas apenas documentalmente e houver tese firmada em julgamento de casos repetitivos ou em súmula vinculante;
>
> III – se tratar de pedido reipersecutório fundado em prova documental adequada do contrato de depósito, caso em que será decretada a ordem de entrega do objeto custodiado, sob cominação de multa.
>
> IV - a petição inicial for instruída com prova documental suficiente dos fatos constitutivos do direito do autor, a que o réu não oponha prova capaz de gerar dúvida razoável.
>
> Parágrafo único. Nas hipóteses dos incisos II e III, o juiz poderá decidir liminarmente.

Despiciendo afirmar que o inciso I do art. 311 possui similitude com o *caput* e inciso II do art. 273 do CPC/1973, ajudado ainda pela boa redação do caput do retro citado art. 311, o que já se demonstra a inexistência de óbices quando à concessão de antecipação dos efeitos da Tutela Específica, cabendo trazer à luz aqui a questão presente no CPC/1973, onde encontramos disposição geral sobre a tutela antecipada (art. 273) e disposição desta mesma tutela de maneira particularizada em sede de Tutela Específica nas obrigações de fazer e não fazer, extensiva àquela para entrega de coisa (art. 461, §3º e art. 461-A, §3º), o que em nada prejudica a autorização da medida antecipatória para fins de concessão de efeitos em pedido obrigacional específico.[28]

[28] "É interessante notar que para o adiantamento da tutela de mérito, na ação condenatória em obrigação de fazer e não fazer, a lei exige menos do que para a mesma providência na ação de conhecimento tourt court (CPC 273). É suficiente a mera probabilidade, isto é, a relevância do fundamento da demanda, para a concessão da tutela antecipatória da obrigação de fazer ou não fazer, ao passo que o CPC 273 exige, para as demais antecipações de mérito: a) a prova inequívoca; b) o convencimento do juiz acerca da verossimilhança da alegação; c) ou o *periculum in mora* (CPC 273 I) ou o abuso do direito de defesa do réu (CPC

Lado outro, as demais novatas questões autorizadoras de concessão de tutela antecipada de evidência dispostas nos incisos II, III e IV, igualmente, em nada obstaculizam a autorização do juízo para determinação da medida em sede de Tutela Específica, podendo, inclusive, ser aquela estabilizada, quando, p. ex., inequívocos forem os conteúdos probais a que se fundamenta o pedido da necessária medida provisória de natureza antecipada.

5. A TUTELA INIBITÓRIA

É fato que nas últimas décadas tem-se presenciado uma verdadeira e acelerada mutação nas relações sociais em variadas formas e projeções.

Ocorre que a própria dinâmica de ditas relações, inegavelmente, gera conflitos que, uma vez levados ao Poder Judiciário, muitas vezes restam carecedores de adequadas soluções, oportunizadas pelas complexidades da vida, abstratamente reguladas por um ordenamento jurídico em dado tempo e espaço, gerando a insegura ideia de que não haveria instrumentos jurídicos aptos ou capazes de levar a cabo o satisfatório deslinde do caso concreto ou de conceder medidas necessárias e aptas às situações fáticas geradas em tais ambientes sociais de contínuas mudanças.

Nesta esteira, com o fito de, instrumentalmente, tutelar, de forma satisfatória e eficiente, o jurisdicionado em determinadas pretensões diante dos ambientes supracitados é que se edificou, doutrinariamente, a denominada "Tutela Inibitória".

Cediço é que a presente Tutela objetiva a prevenção da prática, da continuação ou da repetição do ilícito, não tendo para tanto caráter punitivo e sim preventivo. Nisto é que caberá o manejo da inibitória em face de alguém, ainda que sem culpa, estiver na iminência de praticar um ilícito e continuar a perpetrar o mesmo.

Não se objetiva aqui a investigar a ampla construção doutrinária e mesmo movimentos jurisprudenciais que edificam o instituto, mesmo

---

273 11 NERY JR., Nélson; NERY, Rosa Maria Andrade. *Código de Processo Civil Comentado e Legislação Processual Civil Extravagante em vigor*. 12 ed. São Paulo: RT, 2012, p.804.

porque já o fizemos em várias passagens[29] e boa doutrina trata de enfrentá-la com o merecido rigor.[30]

Insta aqui destacar, no entanto, que acerca do NCPC, em importante componente do comando regulatório da Tutela Específica, atende como novidade normativa particularizada as disposições relativas à autorização para a concessão da denominada Tutela Inibitória.

Queremos com isso afirmar que, de maneira explícita, relativa ao próprio comando da prestação jurisdicional requerida, tem-se nos dispositivos do NCPC inequívoca dimensão e concretude formal da atuação da Tutela Inibitória.

Certo é que o principal fundamento legal em que repousa a tutela inibitória, antes de tudo, é aquele decorrente do princípio constitucional inserido no art. 5º, XXXV da Carta Maior que reza: "*a lei não excluirá da apreciação do poder judiciário lesão ou ameaça ao direito.*" Diante de tal preceito, nítido é a desnecessidade de uma expressa previsão infraconstitucional para a propositura da proteção inibitória.

No entanto, em sede infraconstitucional, de forma mais detida, nota-se que tutela inibitória só era prevista no ordenamento jurídico na forma típica, principalmente, através dos já referidos interditos proibitórios (art. 932 do CPC/1973)[31] e o mandado de segurança preventivo (art. 1 º, da Lei n. 12.016/09)[32].

---

29 Dentre elas, CANOTILHO, José Joaquim Gomes; MACHADO, Jónatas E. M.; GAIO JÚNIOR, Antônio Pereira. *Biografia Autorizada versus Liberdade de Expressão.* Lisboa: Juruá Editorial, 2014, p 70 e ss.; GAIO JÚNIOR, Antônio Pereira. *Instituições de Direito Processual Civil...* p. 80 e ss.

30 Ver por todos, MÒCCIOLA, Michele. Problemi del ressarcimento del danno. in forma specifica nella giurisprudenza. *In: Rivista Critica del Dirritto Privato*, 1984, p.367 e ss.; MARINONI, Luiz Guilherme. *Tutela Inibitória: individual e coletiva*, 3 ed. São Paulo: RT, 2006; SPADONI, Joaquim Felipe. *Ação Inibitória* São Paulo: RT, 2007.

31 *"Art. 932 do CPC: O possuidor direto ou indireto, que tenha justo receio de ser molestado na posse, poderá impetrar ao juiz que o segure na turbação ou esbulho iminente, mediante mandato proibitório, em que se comine ao réu determinada pena pecuniária, caso transgrida o preceito."*

32 *"Conceder-se-á mandado de segurança para proteger direito líquido e certo, não amparado por **habeas corpus** ou **habeas data**, sempre que, ilegalmente ou com abuso de poder, qualquer pessoa física ou jurídica sofrer violação ou hou-*

Com o advento do art. 461[33] do CPC/1973, vislumbrou-se no Ordenamento Processual Civil pátrio a possibilidade de se obter a tutela inibitória na forma atípica, ou seja, de cunho amplo, alcançada por meio de sentenças mandamental e executiva lato sensu[34], portanto, visando à proteção de direitos da personalidade e mesmo direitos de índole coletiva tais como os direitos do consumidor e meio ambiente, tanto sob a forma positiva (obrigações de fazer) como negativa (obrigações de não fazer).

Temos, então, que no NCPC em questão, bem aloca o legislador a presente Tutela Inibitória como decorrência natural da Tutela Específica, quando da pretensão para inibir a prática, a reiteração ou a continuação de um ilícito, ou a sua remoção; servindo ainda para o ressarcimento de um dano. É o que se depreende da norma infra:

> *Art. 497 Na ação que tenha por objeto a prestação de fazer ou de não fazer, o juiz, se procedente o pedido, concederá a tutela específica ou determinará providências que assegurem a obtenção de tutela pelo resultado prático equivalente.*
>
> *Parágrafo único. Para a concessão da tutela específica destinada a inibir a prática, a reiteração ou a continuação de um ilícito, ou a sua remoção, é irrelevante a demonstração da ocorrência de dano ou da existência de culpa ou dolo.*

Por outro lado, para a boa compreensão e correta utilização da presente tutela, necessário se faz acostar aqui a imprescindibilidade da importante distinção entre ilícito e dano. Aliás, objeto de antigas divergências doutrinárias.[35]

---

ver justo receio de sofrê-la por parte de autoridade, seja de que categoria for e sejam quais forem as funções que exerça."

33 *"Na ação que tenha por objeto o cumprimento de obrigação de fazer ou não fazer, o juiz concederá a tutela específica da obrigação ou, se procedente o pedido, determinará providências que assegurem o resultado prático equivalente ao do adimplemento."*

34 NERY JÚNIOR, Nelson; ANDRADE NERY, Rosa Maria. *Código de Processo Civil Comentado e Legislação Extravagante.* 12 ed. São Paulo: RT, 2012, p. 802-803.

35 Vale lembrar que uma das importantes conquistas da doutrina italiana nas últimas décadas do século passado foi, exatamente, a revisão conceitual de Ilícito, mais precisamente entre ato ilícito e fato danoso.

Dita distinção já se faz necessária, *p. ex.*, no olhar mais agudo do que dispõe o art.186 do Código Civil, *in verbis*:

> "*Aquele que, por ação ou omissão voluntária, negligência ou imprudência, violar direito e causar dano a outrem, ainda que exclusivamente moral, comete ato ilícito.*"

De tal dispositivo nota-se, de pronto, equívoco, ao se observar o uso da preposição "e", induzindo ser a superveniência do dano indissociável à ideia de ilicitude do ato.[36]

Nestes termos, bem pontua Marinoni que "o dano não é uma consequência necessária do ato ilícito. O dano é requisito indispensável para o surgimento da obrigação de ressarcir, mas não para constituição do ilícito."[37]

Observa-se que a prática de um ato contrário ao direito não tem, fundamentalmente, como consequência o surgimento do dano. Assim, tem-se que o ato ilícito é qualquer conduta contrária ao direito, sendo o dano um prejuízo material ou moral que pode vir ou não da prática de um ato ilícito.[38]

Estando a tutela inibitória voltada para o futuro com natureza essencialmente preventiva, é cristalino que a mesma não possui, necessariamente, relação direta com o dano, sendo autorizado manejá-la para fins de que não se pratique um ilícito sem que, para tanto, seja demonstrado cabalmente um dano futuro.[39]

O esclarecimento dessa confusão não apenas deixa claro que a tutela ressarcitória não é a única tutela contra o ilícito, como também permite a delineação de uma tutela legitimamente preventiva,

---

Ver por todos, MÒCCIOLA, Michele. Ob. cit., p.367 e ss.

36 Cf. DIDIER JUNIOR, Fredie; BRAGA, Paula Sarno; OLIVEIRA, Rafael. *Curso de Direito Processual Civil*. Vol. 2. Salvador: Jus Podivm, 2008, p. 367.

37 MARINONI, Luiz Guilherme. *Ob. cit.*, p.46.

38 *Ibidem.*

39 Neste ínterim, pontua Marinoni: "(...) ao inserir na constituição do ilícito o perigo, refere-se ao perigo com uma "potencialidade danosa", evidenciando, assim, que a tutela contra o ilícito – que seria diferente da tutela contra o dano – é uma tutela contra a probabilidade do dano" (*Ob. cit.*, 2006, p.45).

não tendo a mesma relação com a probabilidade do dano, mas apenas relação com o ato contrário ao direito.[40]

Na relação entre probabilidade do ilícito e probabilidade do dano, leciona ainda Marinoni[41]:

> *É certo que a probabilidade do ilícito é, com frequência, a probabilidade do próprio dano, já que muitas vezes é impossível separar, cronologicamente, o ilícito e o dano. Contudo, o que se quer deixar claro é que para obtenção da tutela inibitória não é necessária a demonstração de um dano futuro, embora ele possa ser invocado,* em determinados casos, até mesmo para se estabelecer com mais evidência a necessidade da inibitória.

Essa diferenciação entre ilícito e dano, conceituando-se o ilícito como ato contrário ao direito, permitiu que a tutela jurisdicional fosse adequadamente prestada a certas situações, através do uso de uma medida genuinamente preventiva, aí encontrando lugar a tutela inibitória.

Constata-se assim, que ao se referir na irrelevância da "*demonstração da ocorrência de dano ou da existência de culpa ou dolo*", reconhece inequivocamente o legislador do novato Código, a importância de se inibir a prática, reiteração ou a continuação de um ilícito, ainda que dele não gere ou venha gerar dano, manifestação veraz do caminhar pari passu com a dinâmica jurídica hodierna.

6. CONSIDERAÇÕES FINAIS

Por tudo enfrentado, nota-se que os importantes acréscimos normativos e em muito substanciais, voltados a um correto e significativo regramento das dinâmicas e contornos por que passa o universo da Tutela Específica, demonstra de maneira irrefutável como o trato lógico-formal das regras jurídicas pode perfeitamente se aliar a uma relevante "pedagogia jurídica", ainda que no plano da compreensão de que os institutos quando bem propostos e regulados, como se

---

[40] CANOTILHO, José Joaquim Gomes; MACHADO, Jónatas E. M.; GAIO JÚNIOR, Antônio Pereira. Ob. cit., p. 76.

[41] *Idem*, p. 47.

observou na análise aqui empreendida, podem ser eficientes, satisfativos e perenes.

Neste sentido, a virtuosa divisão normativa e, por isso, organizacional, da Tutela Específica no Novo Código de Processo Civil, sobretudo nos planos do "julgamento" e posterior "cumprimento" da mesma, demonstra os trilhos corretos para sua melhor compreensão e efetiva aplicação, possibilitando depositarmos esperanças em uma prestação jurisdicional mais eficiente e efetiva no que se refere à satisfação específica de obrigações de fazer, não fazer e entregar coisa, ora inadimplidas.

7. REFERÊNCIAS BIBLIOGRÁFICAS

ARENHART, Sérgio Cruz. A Intervenção Judicial e o cumprimento da Tutela Específica. Disponível em : http://www.academia.edu/214098/A_INTERVEN%C3% 87%C3%83O_JUDICIAL_E_O_CUMPRIMENTO_D_TUTELA_ESPEC%C3%8DFICA?login= &email_was_taken=true. Acesso em: 04.11.2014.

BARBOSA MOREIRA, José Carlos. *Temas de Direito Processual*. Sexta Série. São Paulo: Saraiva, 1997.

BRASIL. Código de Processo Civil: anteprojeto / Comissão de Juristas Responsável pela Elaboração de Anteprojeto de Código de Processo Civil. Brasília: Senado Federal, Presidência, 2010.

CANOTILHO, José Joaquim Gomes; MACHADO, Jónatas E. M.; GAIO JÚNIOR, Antônio Pereira. *Biografia Autorizada versus Liberdade de Expressão*. Lisboa: Juruá Editorial, 2014.

CHIOVENDA, Giuseppe. *Saggi di Diritto Processuale Civile*. Vol. I. Milano: Giuffrè, 1993.

DIDIER JUNIOR, Fredie; BRAGA, Paula Sarno; OLIVEIRA, Rafael. *Curso de Direito Processual Civil*. Vol. 2. Salvador: Jus Podivm, 2008.

DINAMARCO, Cândido R. *A Reforma do Código de Processo Civil*. 3 ed. São Paulo: Malheiros Editores, 1996.

FENOLL, Jordi Nieva. *Jurisdicción y Proceso*. Madri: Marcial Pons, 2009.

GAIO JÚNIOR, Antônio Pereira. *Tutela Específica das Obrigações de Fazer*. 4 ed. Curitiba: Juruá, 2012.

GAIO JÚNIOR, Antônio Pereira. *Instituições e Direito Processual Civil*. 2 ed. Belo Horizonte: Del Rey, 2013.

GAIO JÚNIOR, Antônio Pereira. *O Processo nos Juizados Especiais Cíveis Estaduais*. Belo Horizonte: Del Rey, 2010.

GAIO JÚNIOR, Antônio Pereira. *Medidas Coercitivas para o Cumprimento das Obrigações de Fazer e Não Fazer no Direito Pátrio e Comparado. In: Revista Forense*, Rio de Janeiro: Forense, Vol. 363, setembro/outubro de 2002, p. 345-352.

GAIO JÚNIOR, Antônio Pereira, CÂMARA, Alexandre Freitas (Coords.). Novo CPC: reflexões e perspectivas. Belo Horizonte: Del Rey, 2014.

GAIO JÚNIOR, Antônio Pereira. *Tutela Específica das Obrigações de Fazer*. Rio de Janeiro: Forense, 2000.

GRECO, Leonardo. Primeiros Comentários sobre a Reforma da Execução Oriunda da Lei n. 11.232/2005. In: *Revista Magister.Direito Empresarial, Concorrencial, e do Consumidor*. Porto Alegre: Magister, n. 06, dez./jan. 2006, p. 87-107.

GRECO FILHO, Vicente. *Direito Processual Civil Brasileiro*. Vol. 3. São Paulo: Saraiva, 1995.

LEBORGNE, Anne; PUTMAN, Emmanuel (Orgs.) *Les Obstacles à L'exécution Forcée: Permanence et Évolution*.Paris: Éditions Juridiques e Techniques, 2009.

LIEBMAN, Enrico Tullio. *Embargos do Executado*. São Paulo: Saraiva, 1952.

LIMA, Alcides de Mendonça. *Comentários ao Código de Processo Civil*, Rio de Janeiro: Forense, Vol. VI, Tomo II, 1979.

LUHMANN, Niklas. *Legitimação pelo Procedimento*. Trad. Maria da Conceição Côrte-Real. Brasília: Universidade de Brasília, 1980.

MARINONI, Luiz Guilherme. *Tutela Inibitória: individual e coletiva*, 3 ed. São Paulo: RT, 2006.

MÒCCIOLA, Michele. Problemi del ressarcimento del danno. in forma specifica nella giurisprudenza. *In. Rivista Critica del Dirritto Privato*, 1984, p.362 – 381.

MORELLO, Augusto M. *El Proceso Justo*. Buenos Aires: Abeledo-Perrot, 2005.

NERY JR., Nélson; NERY, Rosa Maria Andrade. *Código de Processo Civil Comentado e Legislação Processual Civil Extravagante em vigor*. 12 ed. São Paulo: RT, 2012.

NEVES, Marcelo. *A Constitucionalização Simbólica*. São Paulo: Martins Fontes, 2007.

PEREIRA, Luiz Fernando C. *Medidas urgentes no direito societário*. São Paulo: RT, 2002.

WAMBIER, Luiz Rodrigues (Coord.). *Curso Avançado de Processo Civil*. Vol. 2. 8. ed. São Paulo: RT, 2006.

SPADONI, Joaquim Felipe. *Ação Inibitória*. São Paulo: RT, 2007.

4

IMPENHORABILIDADE DE BENS NO CPC/2015 E AS HIPÓTESES DA REMUNERAÇÃO DO EXECUTADO E DO IMÓVEL RESIDENCIAL

Bruno Garcia Redondo
Lúcio Delfino

1. INTRODUÇÃO

A impenhorabilidade de bens é tema que sofreu relativa alteração no Código de 2015 em relação ao Código de 1973. Também foi possível identificar modificações de regras de impenhorabilidades durante a tramitação legislativa do novo CPC (de 2010 a 2015). Duas hipóteses de impenhorabilidades, de grande importância prática, merecem estudo destacado, a fim de ser identificado seu regramento à luz do novo Código. São elas as impenhorabilidades da remuneração do executado e de seu imóvel residencial.

2. IMPENHORABILIDADE NO TEXTO ORIGINAL DO CÓDIGO DE 1973 E NA LEI 8.009/1990

Em sua redação originária, o Código de Processo Civil de 1973 consagrava a chamada *impenhorabilidade absoluta* de bens no art. 649, que continha nove incisos.

Consoante o entendimento amplamente majoritário nos planos doutrinário e jurisprudencial, a *impenhorabilidade absoluta* consistiria em vedação insuperável (absoluta) à constrição judicial dos bens ali elencados. Em outras palavras, os bens do executado que se enquadrassem nas hipóteses previstas nos incisos do art. 649 do CPC estariam totalmente excluídos da *responsabilidade patrimonial genérica* (art. 591), sendo insusceptíveis de penhora e, por consequência, de expropriação judicial. Única exceção em que se admitia a penhora de parte daqueles bens seria a constrição de parte da remuneração do executado quando se tratasse de execução de crédito dotado de natureza alimentar.

Já o art. 650 do CPC consagraria, também para o entendimento predominante, a chamada *impenhorabilidade relativa*, que consistiria em vedação preferencial à penhora dos bem ali indicados. Apenas como última opção – isto é, somente se inexistentes outros bens livres sobre os quais pudesse recair a penhora – é que tais bens poderiam sofrer constrição judicial.

A Lei 8.009/1990, por seu turno, consagrando hipótese aparente *impenhorabilidade absoluta*, estabelece, ainda, a impenhorabilidade dos *bens de residência*, cuja penhora, conforme o posicionamento predominante, seria vedada, salvo as pontuais exceções expressamente previstas (arts. 3º e 4º daquele diploma).

O rigor do art. 649 do CPC/1973, assim como o da Lei 8.009/1990, foi objeto de crítica por parte de alguns processualistas[1], que defendiam a possibilidade de mitigação da impenhorabilidade em sede de qualquer

---

[1] REIS, José Alberto dos. *Processo de execução*. Coimbra: Coimbra, 1985. v. 1, p. 377; GRECO, Leonardo. *O processo de execução*. Rio de Janeiro: Renovar, 2001. v. 2, p. 19-21; DINAMARCO, Cândido Rangel. *Nova era do processo civil*. São Paulo: Malheiros, 2004, p. 298; SILVA, Ênio Moraes da. *Considerações críticas sobre o novo bem de família*. Curitiba: Juruá, 1993, p. 30; ARAÚJO, Francisco Fernandes de. *O abuso do direito processual e o princípio da proporcionalidade na execução civil*. Rio de Janeiro: Forense, 2004, p. 211; e TEIXEIRA, Guilherme Freire de Barros. A Penhora de Salários e a Efetividade do Processo de Execução. In: SHIMURA, Sérgio; e NEVES, Daniel A. Assumpção

execução (não somente de crédito alimentar). Em casos excepcionais, seria possível a penhora dos bens ali descritos, em parcela e proporção que ensejasse, ao mesmo tempo, a satisfação do direito do exequente (art. 612) e a preservação do mínimo essencial à dignidade do executado (art. 620).

3. IMPENHORABILIDADE NAS REFORMAS DO CPC DE 1973

Como resultado das *reformas da execução*, foi incluído um décimo inciso no art. 649 do CPC/1973, fruto da Lei 7.513/1986. Anos após, a Lei 11.382/2006 alterou a redação dos arts. 649 e 650 daquele Código, sendo o primeiro desses dispositivos objeto de nova alteração, empreendida pela Lei 11.694/2008, que criou nova hipótese de *impenhorabilidade absoluta.*

Em 2006, foram incluídos, no art. 649 do CPC/1973, os §§1º e 2º, que positivaram duas regras expressas de mitigação da impenhorabilidade[2]. Admite-se a penhora quando o crédito exequendo houver sido concedido para a aquisição daquele próprio bem e quando se tratar de execução de crédito dotado de natureza alimentar, caso em que é possível a penhora de parcela da remuneração do executado. Como a lei não traz patamares mínimo e máximo, cabe ao juiz identificar o percentual do "salário" que, no caso concreto, deverá ser objeto de constrição.

O PL 4.497/2004, que veio a ser convertido na Lei 11.382/2006, continha dispositivo que iria mitigar, mais ainda e expressamente, algumas regras de *impenhorabilidade absoluta*, passando a permitir, por exemplo, a penhora de parte da remuneração do executado independentemente da natureza do crédito exequendo, fosse ele alimentar ou não (proposta de §3º[3] ao art. 649 do CPC), assim como a penhora

---

(coord.). *Execução no processo civil: novidades & tendências*. São Paulo: Método, 2005, p. 131-138.

2 O *caput* do art. 649 do CPC/1973, ao permanecer referindo-se à impenhorabilidade *absoluta*, contrastado com seus §§1º e 2º, que permitem a penhora excepcional, revelam a *contraditio in terminis* daquele adjetivo.

3 Proposta de §3º ao art. 649 do CPC/1973, objeto de veto presidencial: "§3º Na hipótese do inciso IV do caput deste artigo, será considerado penhorável até 40% (quarenta por cento) do total recebido mensalmente acima de 20 (vinte) salários mínimos, calculados após efetuados os descontos de imposto de renda retido na fonte, contribuição previdenciária oficial e outros descontos compulsórios."

de imóveis residenciais de elevado valor (proposta de parágrafo único[4] ao art. 650).

Apesar da razoabilidade da proposta, esses dispositivos foram objeto de vetos por parte do Presidente da República quando da sanção da Lei 11.382/2006. *De lege lata*, portanto, permaneceram ausentes, nos arts. 649 e 650 do CPC, regras que viessem a permitir, expressamente, a penhora de parte dos bens ali elencados (remuneração e imóvel residencial) em sede de qualquer execução civil.

4. ENTENDIMENTO FAVORÁVEL À MITIGAÇÃO DAS REGRAS DE IMPENHORABILIDADE AINDA DURANTE A VIGÊNCIA DO CÓDIGO DE 1973

Em seguida aos vetos presidenciais às propostas de §3º ao art. 649 e de parágrafo único ao art. 650 do CPC/1973, começou a tramitar, na Câmara dos Deputados, o PL 2.139/2007, destinado a promover alteração no inciso IV do art. 649, a fim de permitir a penhora de *um terço* da remuneração do executado[5]. Esse Projeto, contudo, jamais foi aprovado.

Os referidos vetos presidenciais foram contundentemente criticados pela doutrina[6-7-8], que passou a defender, em grande parte, a penhora

---

4 Proposta de parágrafo único ao art. 650 do CPC/1973, objeto de veto presidencial: "Parágrafo único. Também pode ser penhorado o imóvel considerado bem de família, se de valor superior a 1.000 (mil) salários mínimos, caso em que, apurado o valor em dinheiro, a quantia até aquele limite será entregue ao executado, sob cláusula de impenhorabilidade."

5 Redação do Projeto de Lei n. 2.139/2007:
"Artigo 1º O inciso IV do artigo 649 da Lei 5.869, de 11 de janeiro de 1973 (Código de Processo Civil), passa a vigorar com a seguinte redação:
Art. 649 (*omissis*)
IV – Dois terços dos vencimentos, subsídios, soldos, salários, remunerações, proventos de aposentadoria, pensões, pecúlios e montepios, das quantias recebidas por liberalidade de terceiro e destinadas ao sustento do devedor e sua família, dos ganhos de trabalhador autônomo e dos honorários de profissional liberal."

6 Igualmente criticando o veto presidencial à proposta de §3º do art. 649 do CPC, CÂMARA, Alexandre Freitas. *Lições de direito processual civil*. 23. ed. São Paulo: Atlas, 2014. v. 2, p 313; MARINONI, Luiz Guilherme; e ARENHART, Sérgio Cruz. *Curso de processo civil*. 4. ed. São Paulo: RT, 2012. v. 2, p. 260-262; e NEVES, Daniel Amorim Assumpção. *Reforma do CPC 2: Leis 11.382/2006 e 11.341/2006*. São Paulo: RT, 2007, p. 200-201 e 214.

tanto de parte da remuneração do executado (independentemente da natureza do crédito), quanto de imóveis residenciais de elevado valor.[7,8]

Diversos processualistas, portanto, passaram a sustentar[9], com razão[10], interpretação capaz de mitigar o rigor das regras do inciso

---

7 Também criticando o veto presidencial à proposta de parágrafo único do art. 650 do CPC/1973, CÂMARA, Alexandre Freitas. Op. cit., p 321; e MARINONI, Luiz Guilherme; e ARENHART, Sérgio Cruz. Op. cit., p. 260-262.

8 De nossa parte, tivemos a oportunidade de criticar ambos os vetos em ensaios anteriores: REDONDO, Bruno Garcia; LOJO, Mário Vitor Suarez. *Penhora.* São Paulo: Método, 2007, p. 98 e 134-135; REDONDO, Bruno Garcia. Penhora da remuneração do executado: relativização da regra da impenhorabilidade independentemente da natureza do crédito. *Revista Brasileira de Direito Processual*, Belo Horizonte: Fórum, n. 70, abr.-jun. 2010, p. 188; e REDONDO, Bruno Garcia. A (im)penhorabilidade da remuneração do executado e do imóvel residencial à luz dos princípios constitucionais e processuais. *Revista Dialética de Direito Processual*, São Paulo: Dialética, n. 63, jun. 2008, p. 22 e 24.

9 DINAMARCO, Cândido Rangel. *Instituições de direito processual civil.* 3. ed. São Paulo: Malheiros, 2009. v. 4, p. 396; FUX, Luiz. *A reforma do processo civil.* Rio de Janeiro: Impetus, 2006, p 251; WAMBIER, Luiz Rodrigues; WAMBIER, Teresa Arruda Alvim; MEDINA, José Miguel Garcia. *Breves comentários à nova sistemática processual civil.* São Paulo: RT, 2007. v. 3, p. 94-96; DIDIER JR., Fredie; CUNHA, Leonardo José Carneiro da; BRAGA, Paula Sarno; e OLIVEIRA, Rafael. *Curso de direito processual civil.* 2. ed. Salvador: JusPodivm, 2010. v. 5, p. 555-560; MEDINA, José Miguel Garcia. *Processo civil moderno: execução.* São Paulo: RT, 2008. v. 3, p. 157-158; CÂMARA, Alexandre Freitas. A eficácia da execução e a eficiência dos meios executivos: em defesa dos meios executivos atípicos e da penhora de bens impenhoráveis. In: ALVIM, Arruda; ALVIM, Eduardo Arruda; BRUSCHI, Gilberto Gomes; CECHI, Mara Larsen; COUTO, Mônica Bonetti (coord.). *Execução civil e temas afins – Do CPC/1973 ao Novo CPC: estudos em homenagem ao Professor Araken de Assis.* São Paulo. RT, 2014, p. 17-18; ARENHART, Sérgio Cruz. A penhorabilidade de imóvel de família de elevado valor e salários. In: ALVIM, Thereza; ARRUDA ALVIM, Eduardo; ASSIS, Araken de et al (coords.). *Direito civil e processo: estudos em homenagem ao Professor Arruda Alvim.* São Paulo: RT, 2008, p. 524; MAIDAME, Márcio Manoel. *Impenhorabilidade e direito do credor.* Curitiba: Juruá, 2007, p. 249-267; NEVES, Daniel Amorim Assumpção. Op. cit., p. 213-214; e PUCHTA, Anita Caruso. *Penhora de dinheiro on-line.* Curitiba: Juruá, 2009, p. 125-130.

10 Também já defendemos, em estudos anteriores, a possibilidade da penhora de parte da remuneração do executado e dos imóveis residenciais de alto valor: REDONDO, Bruno Garcia; LOJO, Mário Vitor Suarez. Op. cit., p. 98-101; REDONDO, Bruno Garcia. Penhora da remuneração do executado: relativização da regra da impenhorabilidade independentemente da natureza do crédito. Op. cit., p. 188-192; e REDONDO, Bruno Garcia. A (im)penhorabilidade

IV do art. 649 do CPC/1973 e do art. 1º da Lei 8.009/1990, a fim de permitir – a despeito da ausência de autorização expressa – a penhora de parcela dos ganhos do executado e de imóveis residenciais que ultrapassem padrão médio de vida.

A legislação brasileira já permite que os empregados regidos pela Consolidação das Leis do Trabalho (Lei 10.820/2003) e servidores públicos (art. 45 da Lei 8.112/1990 e art. 8º do Decreto 6.386/2008) autorizem o desconto em folha de pagamento dos valores referentes ao pagamento de empréstimos, financiamentos e operações de arrendamento mercantil concedidos por instituições financeiras e sociedades de arrendamento mercantil, quando previsto nos respectivos contratos. Os valores legalmente autorizados para desconto são de 30% (trinta por cento) da remuneração disponível, quando se tratar de crédito em favor de instituição financeira ou sociedade de arrendamento mercantil (inciso I do §2º do art. 2º) ou do INSS (§5º do art. 6º da Lei 10.820/2003 e inciso VI do art. 115 da Lei 8.213/1991). Em que pese não se tratar tecnicamente de *penhora*, mas de mero desconto consensualmente acordado e promovido extrajudicialmente pelo próprio credor, verifica-se que, por meio dessas normas, o direito positivo já reconhece a possibilidade de destinação de parcela da remuneração para pagamento de obrigações pecuniárias. Pela mesma razão, também deve ser admitida a constrição de parte da remuneração mediante *penhora* em execução judicial, independentemente da natureza do crédito exequendo (se alimentar ou não).

Realmente parecia irrelevante a falta de previsão expressa de possibilidade de mitigação das regras do art. 649 do CPC/1973 e do art. 1º da Lei 8.009/1990. Afinal, a penhora de parte da remuneração e de imóveis suntuosos decorria inafastavelmente dos princípios da *dignidade da pessoa humana* (inciso III do art. 1º da CRFB), da *efetividade da tutela jurisdicional* (inciso LXXVIII do art. 5º da CRFB), da *utilidade da execução para o credor* (art. 612 do CPC/1973) e da *proporcionalidade*.

Caso contrário, se não fosse permitida a penhora de parte da remuneração do executado e dos imóveis residenciais de elevado

---

da remuneração do executado e do imóvel residencial à luz dos princípios constitucionais e processuais. Op. cit., p. 21-23.

valor, todo devedor disporia de desproporcional "salvo-conduto" incentivado pela lei, já que, sempre que não possuir outros bens em seu patrimônio, mas somente remuneração e imóvel residencial, ainda que de elevados valores, estaria dispensado do pagamento de todas as suas dívidas[11].

Para evitar absurdos como esses, a interpretação do inciso IV do art. 649 do CPC/1973 de 1973 e do art. 1º da Lei 8.009/1990 que mais se revelava de acordo com a Constituição Federal era a que admitia a penhora de parte dos ganhos do executado, assim como do imóvel residencial de elevado valor, em sede de qualquer execução, ainda desprovida de natureza alimentar. O percentual da remuneração a ser penhorado, assim como a verificação do valor do imóvel que alcance o *status* de "elevado", deveriam ser identificados e definidos, pelo juiz, em patamar razoável à luz do caso concreto – avaliando, entre outros elementos, peculiaridades regionais e nacionais e as condições de exequente e executado – capazes tanto de assegurar o *mínimo* necessário à sobrevivência *digna* do executado, quanto de não violar a *dignidade* do exequente[12].

---

11 Márcio Manoel Maidame pondera que "se o devedor não possui outra atividade ou outros bens que lhe convertam renda mensal, e vive apenas do salário, a presente situação equivale a dizer que este cidadão tem um *salvo-conduto* para não pagar nenhuma das suas dívidas judiciais. (...) Afigura-se bastante plausível que o magistrado, quando por outras diligências não se obteve sucesso em encontrar bens penhoráveis, utilize-se das regras da Lei 10.820/03 para proceder à penhora de parcela dos vencimentos do devedor, independente de qual seja a natureza jurídica do débito. Se o devedor pode, *sponte propria*, alhear parcela de seu salário, *a fortiori*, pode o juiz fazê-lo, em busca de efetivar a tutela jurisdicional, desde que mantenha garantido-a ao executado parcela suficiente da remuneração para sobrevivência." (MAIDAME, Márcio Manoel. Op. cit., p. 255-262).

12 Francisco Alberto da Motta Peixoto Giordani traz as seguintes considerações: "indiscutível a necessidade de se respeitar a dignidade da pessoa humana do devedor, mas não podemos esquecer que, do outro lado, o do credor, há também uma pessoa, que precisa se sustentar e aos seus, e que tem também a sua dignidade, e que, para mantê-la necessita e tem o direito de receber o que lhe foi reconhecido judicialmente como devido." (GIORDANI, Francisco Alberto da Motta Peixoto. O princípio da proporcionalidade e a penhora de salário – novas ponderações (água mole em pedra dura tanto bate até que fura). *Caderno de*

5. DOS PROJETOS DE NOVO CPC AO CÓDIGO DE PROCESSO CIVIL DE 2015: A TÍMIDA RELATIVIZAÇÃO DA IMPENHORABILIDADE DA REMUNERAÇÃO E A INDEVIDA OMISSÃO SOBRE O IMÓVEL RESIDENCIAL DE ELEVADO VALOR

Em sua redação original (constante do Anteprojeto entregue pela Comissão de Juristas ao Senado), o PLS166/2010 mantinha a rigidez da impenhorabilidade absoluta, consagrando, no art. 758, as hipóteses de impenhorabilidade absoluta, em redação idêntica à do art. 649 do Código de 1973.

De nossa parte, comparecemos à Audiência Pública realizada pela Comissão de Juristas em 11.03.2010 no Rio de Janeiro – RJ,[13] destinada a colher sugestões para o Anteprojeto de Novo Código de Processo Civil, ocasião em que fizemos uso da palavra[14] para defender, expressamente, a inclusão de dispositivo que permitisse ao juiz, caso a caso, mitigar as regras de impenhorabilidade em sede de qualquer procedimento executivo, a fim de permitir maior efetividade da execução sem, por outro lado, fulminar a dignidade mínima que deve ser assegurada ao executado.

Apesar de a Comissão de Juristas não ter acolhido nossa sugestão de relativização da impenhorabilidade formulada na referida Audiência Pública antes mesmo do depósito do Anteprojeto no Senado, a regra original veio a ser relativizada, ainda que parcialmente, durante a tramitação do PLS166/2010 no Senado.

A Comissão Temporária de Reforma do Código de Processo Civil, que, no Senado, elaborou o Substitutivo ao PLS166/2010 (cujo Relator foi o Sen. Valter-Pereira), acolheu parte de nossa sugestão e

---

doutrina e jurisprudência da EMATRA XV, São Paulo: EMATRA XV, v. 4, n. 2, mar.-abr. 2008, p. 39).

[13] A referência diz respeito a apenas um dos autores do presente artigo, Bruno Garcia Redondo.

[14] Verifique-se especialmente as páginas 323 e 325 (que fazem referência à nossa intervenção oral durante a referida Audiência Pública) da versão final, apresentada ao Senado, do Anteprojeto de Novo Código de Processo Civil, disponível em: http://www.senado.gov.br/senado/novocpc/pdf/Anteprojeto.pdf. Acesso em: 05 abr. 2014.

modificou a regra do então art. 758 do Projeto, que se tornou o art. 790 do Substitutivo ao Projeto.

Enquanto o novel art. 790 do Substitutivo permaneceu regulando as hipóteses de impenhorabilidade "absoluta", seu §2º[15] passou a conter regra expressa permitindo a penhora da remuneração do executado a partir do patamar de 50 (cinquenta) salários mínimos mensais, independentemente da natureza do crédito exequendo. Em outros termos, os valores mensais que superarem esse limite poderão ser livremente penhorados em sede de qualquer execução, ainda que o crédito não tenha natureza alimentar.

A redação do §2º do art. 790 do Substituto ao PLS166/2010 foi aprovada pelo Plenário do Senado Federal em dezembro de 2010, ficando relativizada, assim, a impenhorabilidade da remuneração do executado em sede de execução não alimentar. Dito texto, aprovado pelo Senado, foi remetido à Câmara dos Deputados em 22.12.2010.

Em novembro de 2012, a Câmara divulgou o texto da primeira versão de seu Substitutivo ao PL 8.046/2010, sob a Relatoria-Geral do então Dep. Sérgio Barradas Carneiro. Em seu art. 849, inciso IV, foi mantida a regra geral da impenhorabilidade dos ganhos do executado, mas a alçada da relativização da impenhorabilidade foi alterada: o §4º do art. 849[16] passou a permitir a penhora de 30% dos valores acima de 06 (seis) salários mínimos.

---

15 Substitutivo ao PLS166/2010:
"Art 790: (*omissis*)·
§2º O dispositivo do inciso IV do *caput* deste artigo não se aplica no caso de penhora para pagamento de prestação alimentícia, bem como relativamente às importâncias excedentes a cinquenta salários mínimos mensais."

16 "Art. 849. São impenhoráveis:
(...)
IV – os vencimentos, os subsídios, os soldos, os salários, as remunerações, os proventos de aposentadoria, as pensões, os pecúlios e os montepios, bem como as quantias recebidas por liberalidade de terceiro e destinadas ao sustento do devedor e de sua família, os ganhos de trabalhador autônomo e os honorários de profissional liberal, ressalvados os §§2º e 4º deste artigo;
(...)
§2º O disposto nos incisos IV e X do caput deste artigo não se aplica no caso de penhora para pagamento de prestação alimentícia, que deve observar o disposto no §7º do art. 542 e no §3º do art. 543.

A Relatoria-Geral da Comissão Especial de Deputados foi alterada, passando a ser exercida pelo Dep. Paulo Teixeira, que deu continuidade aos trabalhos de debate amadurecimento e modificação do Substitutivo. Em julho de 2013, foi aprovada, pela Comissão Especial da Câmara, a nova versão do Substitutivo, que promoveu mudanças na regra da impenhorabilidade: o "Substitutivo Paulo Teixeira" suprimiu o §4º do art. 849, eliminando a regra que permitia, expressamente, a possibilidade de penhora de parte da remuneração do executado em sede de execução não alimentar.

Durante a tramitação do Projeto de novo CPC na Câmara dos Deputados, tivemos a oportunidade de publicar alguns artigos científicos[17] defendendo a consagração de uma regra diferente de impenhorabilidade, que dotasse o juiz dos necessários deveres-poderes para a mitigação (relativização) de todas as hipóteses impenhorabilidades,

(...)

§4º A impenhorabilidade de que trata o inciso IV não alcança trinta por cento dos valores percebidos acima de seis salários mínimos nacionais; a penhora, neste caso, observará as seguintes regras:

I – deve-se levar em consideração, para a definição do montante sobre o qual poderá recair a penhora, o valor da remuneração, abatidos o imposto de renda, a contribuição previdenciária e a pensão alimentícia devida em razão de relação de família;

II – não é permitida, em qualquer caso, a penhora de pensão alimentícia decorrente de relação de família;

III – será realizada mensalmente mediante desconto em folha de pagamento de pessoal, se possível.".

17 REDONDO, Bruno Garcia. Impenhorabilidades no projeto de novo CPC: sugestão para a relativização das impenhorabilidades da remuneração e do imóvel residencial. In: FREIRE, Alexandre; DANTAS, Bruno; NUNES, Dierle; DIDIER JR., Fredie; MEDINA, José Miguel Garcia; FUX, Luiz; CAMARGO, Luiz Henrique Volpe; OLIVEIRA, Pedro Miranda de (org.). *Novas tendências do processo civil: estudos sobre o projeto do novo código de processo civil.* Salvador: JusPodivm, 2014. v. 2, p. 239-250; e REDONDO, Bruno Garcia. Penhora da remuneração do executado e do imóvel residencial de elevado valor: uma ode ao seu cabimento independentemente da natureza do crédito. In: ALVIM, Arruda; ALVIM, Eduardo Arruda; BRUSCHI, Gilberto Gomes; CHECHI, Mara Larsen; COUTO, Mônica Bonetti (coord.). *Execução civil e temas afins - do cpc/1973 ao novo cpc: estudos em homenagem ao professor Araken de Assis.* São Paulo: RT, 2014, p. 99-129.

mediante decisão adequadamente fundamentada e à luz da proporcionalidade/razoabilidade[18].

A Câmara dos Deputados, porém, na versão final do Projeto aprovada pelo Plenário em 26.03.2015, rejeitou as propostas de consagração expressa da relativização da impenhorabilidade, voltando ao estágio do então art. 649 do Código de 1973, que não continha regra clara no sentido da possibilidade de constrição de parte dos ganhos do devedor.

Quando do retorno do Projeto ao Senado Federal, em 31.03.2014, foi designada nova Comissão Especial para análise do Projeto, sob Relatoria do então Sen. Vital do Rêgo. Coube à referida Comissão a elaboração de Relatório e de Pareceres consolidando as propostas aprovadas tanto no Senado em dezembro 2010, quanto na Câmara em março de 2014. Como resultado desses trabalhos, foram divulgados, em dezembro de 2014, os Pareces 956 1.111/2014, que incluíram, no texto definitivo do Projeto consolidado, a regra que havia sido aprovada pelo Senado em 2010, porém rejeitada pela Câmara em 2014, que permitira a penhora de remuneração acima de 50 (cinquenta) salários mínimos, independentemente da natureza do crédito exequendo. Ditos Pareceres foram aprovados, pelo Plenário do Senado em 17.12.2014.

Assim é que o texto que foi enviado pelo Senado, em 24.02.2015, para sanção pela Presidência da República, apresentou um §2º no art. 833[19], que permite a penhora dos salários de elevado valor. O Projeto

---

18 Nossa proposta de dispositivo legal apresentava a seguinte redação: "*Na falta de bens livres do executado para penhora, as regras de impenhorabilidade poderão ser parcialmente afastadas pelo magistrado no caso concreto, por meio de decisão adequadamente fundamentada, para permitir a penhora de parte dos bens protegidos, mantendo-se como impenhorável a estrita parcela do patrimônio do executado que configure o mínimo essencial à sua sobrevivência digna ou à continuidade de suas atividades, caso esta ainda se revele viável.*".

19 "Art. 833. São impenhoráveis:

(...)

IV - os vencimentos, os subsídios, os soldos, os salários, as remunerações, os proventos de aposentadoria, as pensões, os pecúlios e os montepios, bem como as quantias recebidas por liberalidade de terceiro e destinadas ao sustento do devedor e de sua família, os ganhos de trabalhador autônomo e os honorários de profissional liberal, ressalvado o § 2º;

(...)

de novo CPC foi sancionado pela Presidente em 16.03.2015, sem que tal dispositivo fosse objeto de veto, tornando-se, assim, regra expressa do Código de 2015.

Quanto à impenhorabilidade dos imóveis residenciais de elevado valor, todas as versões dos Projetos de Novo CPC deixaram de regular a matéria, mantendo seu regramento exclusivamente na Lei 8.009/1990, omissão que reputamos lamentável.

6. DESVANTAGENS DA ESTIPULAÇÃO DE ALÇADAS FIXAS DE IMPENHORABILIDADE

As iniciativas do §2º do art. 790 do Substitutivo ao PLS 166/2010 (aprovado pelo Senado em dezembro de 2010), do §4º ao art. 849 do "Substitutivo Barradas" ao PL 8.046/2010 (posteriormente modificado pela Câmara dos Deputados) e do §2º do art. 833 do Projeto aprovado pelo Senado em dezembro de 2014 (que veio a ser sancionado e a tornar-se texto da Lei 13.105/2015) foram louváveis no que tange à mitigação, de forma expressa, a regra da impenhorabilidade "absoluta" da remuneração do executado. Dita relativização já pode ser considerada um avanço, porém infelizmente tímido. Afinal, não nos parece benéfica a estipulação de limite aparentemente rígido – e indevidamente elevado para fins nacionais – de impenhorabilidade, mediante "piso" e "teto" fixos (em percentual, fração, etc.).

Guardando o Brasil dimensões continentais, com graves contrastes socioeconômicos (tanto entre regiões geográficas, quanto entre seguimentos sociais), cabia ao legislador preferivelmente evitar a estipulação de alçadas fixas de impenhorabilidade (fixação de valores ou patamares preestabelecidos pelo Legislativo), como forma, inclusive, de permitir atuação mais ativa do magistrado em cada caso.

A efetividade da tutela jurisdicional é potencializada sempre que se dota o magistrado de deveres-poderes para exercer a justiça do caso

§ 2º O disposto nos incisos IV e X do caput não se aplica à hipótese de penhora para pagamento de prestação alimentícia, independentemente de sua origem, bem como às importâncias excedentes a 50 (cinquenta) salários-mínimos mensais, devendo a constrição observar o disposto no art. 528, § 8º, e no art. 529, § 3º.".

concreto. Ao juiz deveria caber, de acordo com as peculiaridades de cada situação, verificar o *quantum* de patrimônio *relativamente impenhorável* que poderia ser objeto de constrição judicial, a fim de permitir satisfação mais efetiva do crédito com preservação do mínimo necessário à sobrevivência digna do executado.

7. ADEQUADA INTERPRETAÇÃO DAS IMPENHORABILIDADES DA REMUNERAÇÃO E DOS IMÓVEIS RESIDENCIAIS

Viu-se que o §2º do art. 833 do Código de 2015 trouxe inovação no plano legislativo. Pela primeira vez, passou a constar, expressamente do texto de Código de Processo Civil brasileiro, a possibilidade de penhora de parte da remuneração do executado em sede de qualquer execução, ainda que não alimentar. Permite-se a penhora dos ganhos do executado que excederem a 50 salários mínimos mensais. Trata-se de relativização da impenhorabilidade do salário, que, como visto já contava com o apoio de significativa parcela da doutrina.

Ainda que seja elogiável a moção do legislador de deixar claro que parte da remuneração do devedor pode ser penhorada, mesmo quando o crédito não tiver natureza alimentar, não foi feliz a fixação do "teto" da impenhorabilidade em 50 salários mínimos, valor esse elevadíssimo. Melhor teria sido o texto da lei não prever valores, percentuais, etc., deixando a critério do juiz, à luz do caso concreto, quantificar o mínimo essencial à subsistência digna do executado, patamar a partir do qual se tornam plenamente penhoráveis os seus ganhos.

Afinal, a impenhorabilidade não pode chegar ao extremo de frustrar a efetividade da tutela jurisdicional. O objetivo da impenhorabilidade da remuneração é, exclusivamente, o de resguardar o mínimo essencial à sobrevivência digna do executado, não servindo ao propósito de garantir lucro, luxo ou ostentação do devedor, em detrimento da realização do direito do credor.

A satisfação do crédito é o objetivo primordial da execução, que corre no interesse do exequente. Sempre que os ganhos do executado ultrapassarem um valor que, no caso concreto, se revele como o mínimo necessário à subsistência do executado, não há razão para que não se proceda à penhora do excedente.

A nosso ver, portanto, a adequada interpretação do referido dispositivo é a seguinte: o §2º do art. 833 consagra duas hipóteses: tanto uma penhorabilidade plena (acima da alçada ali indicada), quanto uma impenhorabilidade relativa (excepcional possibilidade de penhora de valor inferior à alçada). Em outras palavras, a parcela da remuneração que superar 50 salários mínimos é plenamente penhorável, ao passo que a quantia abaixo desse valor é, em regra, relativamente impenhorável, podendo, contudo, ser excepcionalmente penhorada, mediante decisão analiticamente fundamentada, à luz dos princípios da proporcionalidade/razoabilidade, dignidade da pessoa humana, efetividade da execução e maior interesse do exequente.

Do mesmo modo, a impenhorabilidade do imóvel residencial (art. 1º da Lei 8.009/1990) também deve ser relativizada: enquanto os bens residenciais de reduzido valor gozam de impenhorabilidade absoluta, deve-se reconhecer que os imóveis de elevado valor desfrutam de impenhorabilidade meramente relativa, sendo possível sua excepcional penhora.

Como se vê, entendemos que todas as hipóteses de impenhorabilidade de bens são, a rigor, meramente relativas. Como regra geral, os bens elencados como impenhoráveis devem ser os últimos a sofrer a constrição judicial. A impenhorabilidade, porém, deve ser relativizada – especialmente a relativa à remuneração e ao imóvel residencial do executado – sempre que a mitigação da proteção patrimonial permitir o recebimento, pelo exequente, do bem da vida a que faz jus, com garantia de reserva, ao executado, da parte estritamente mínima e reduzida de seus bens que lhe permita sobreviver com dignidade ou dar continuidade à atividade empresarial (caso esta ainda se revele viável).

8. CONCLUSÃO

O momento especial em que o magistrado avalia quais bens podem ser objeto de penhora, e os que de seu rol estão excluídos, é de grande relevância prática. A análise do tema objeto do presente estudo, a partir de uma leitura constitucional do Direito Processual Civil, impõe a revisão de certas premissas em que se baseiam as correntes de viés mais tradicional.

A *crise do inadimplemento* permanece como que uma sombra permeando as execuções, deixando latentes os riscos de o credor não receber o bem da vida a que faz jus, ou de recebê-lo tardiamente.

Por essa razão, as hipóteses de impenhorabilidade precisam deixar de ser consideradas como *absolutas* ou instransponíveis, para que passem a ser, como regra geral, sempre *relativas*. Por certo, em todos os casos, deverá ser reservada ao executado, sob o manto da impenhorabilidade *absoluta*, a estrita parcela de seu patrimônio capaz de proporcionar-lhe sobrevivência *digna* ou a continuidade da atividade empresarial *viável*. A parte restante de seus bens, que exceder o indispensável à sua subsistência com dignidade, poderá ser objeto de livre penhora, mormente quando o executado não possuir outros bens livres e desimpedidos para satisfazer o crédito exequendo, independentemente de sua natureza – isto é, se alimentar ou não.

Apesar da literalidade do §2º do art. 833 do Código de 2015 e do art. 1º da Lei 8.009/1990, deve ser permitido, ao juiz, o afastamento, ainda que parcial e caso a caso, de todas as hipóteses de impenhorabilidade, especialmente no que tange à remuneração e aos imóveis residenciais (de elevado valor) do executado. Afinal, como canta o verso, *as glórias que vêm tarde já vêm frias*[20-21].

9. REFERÊNCIAS BIBLIOGRÁFICAS

ARAÚJO, Francisco Fernandes de. *O abuso do direito processual e o princípio da proporcionalidade na execução civil*. Rio de Janeiro: Forense, 2004.

ARENHART, Sérgio Cruz. A penhorabilidade de imóvel de família de elevado valor e salários. In: ALVIM, Thereza; ARRUDA ALVIM, Eduardo; ASSIS, Araken de et al (coords.). *Direito civil e processo: estudos em homenagem ao Professor Arruda Alvim*. São Paulo: RT, 2008.

[20] GONZAGA, Tomás Antônio. *Marília de Dirceu*. Rio de Janeiro: Martins Fontes, 1972, p. 41: "Lira XIV (...) Que havemos d´esperar, Marília bela? Que vão passando os florescentes dias? As glórias, que vêm tarde, já vêm frias; E pode enfim mudar-se a nossa estrela"

[21] Advertência semelhante, dessa vez relativa ao Direito Processual Civil, pode ser encontrada em BERMUDES, Sergio. *Direito processual civil: estudos e pareceres - 2ª série*. São Paulo: Saraiva, 1994, p. 106.

BERMUDES, Sergio. *Direito processual civil: estudos e pareceres - 2ª série*. São Paulo: Saraiva, 1994.

CÂMARA, Alexandre Freitas. A eficácia da execução e a eficiência dos meios executivos: em defesa dos meios executivos atípicos e da penhora de bens impenhoráveis. In: ALVIM, Arruda; ALVIM, Eduardo Arruda; BRUSCHI, Gilberto Gomes; CECHI, Mara Larsen; COUTO, Mônica Bonetti (coord.). *Execução civil e temas afins – Do CPC/1973 ao Novo CPC: estudos em homenagem ao Professor Araken de Assis*. São Paulo: RT, 2014.

_________. *Lições de direito processual civil*. 23. ed. São Paulo: Atlas, 2014. v. 2.

DIDIER JR., Fredie; CUNHA, Leonardo Carneiro da; BRAGA, Paula Sarno; e OLIVEIRA, Rafael. *Curso de direito processual civil*. 2. ed. Salvador: JusPodivm, 2010. v. 5.

DINAMARCO, Cândido Rangel. *Instituições de direito processual civil*. 3. ed. São Paulo: Malheiros, 2009. v. 4.

_________. *Nova era do processo civil*. São Paulo: Malheiros, 2004.

FUX, Luiz. *A reforma do processo civil*. Rio de Janeiro: Impetus, 2006.

GIORDANI, Francisco Alberto da Motta Peixoto. O princípio da proporcionalidade e a penhora de salário – novas ponderações (água mole em pedra dura tanto bate até que fura). *Caderno de doutrina e jurisprudência da EMATRA XV*, São Paulo: EMATRA XV, v. 4, n. 2, mar.-abr. 2008.

GONZAGA, Tomás Antônio. *Marília de Dirceu*. Rio de Janeiro: Martins Fontes, 1972.

GRECO, Leonardo. *O processo de execução*. Rio de Janeiro: Renovar, 2001. v. 2.

MAIDAME, Márcio Manoel. *Impenhorabilidade e direito do credor*. Curitiba: Juruá, 2007.

MARINONI, Luiz Guilherme; e ARENHART, Sérgio Cruz. *Curso de processo civil*. 4. ed. São Paulo: RT, 2012. v. 2.

MEDINA, José Miguel Garcia. *Processo civil moderno: execução*. São Paulo: RT, 2008. v. 3.

NEVES, Daniel Amorim Assumpção. *Reforma do cpc 2: Leis 11.382/2006 e 11.341/2006*. São Paulo: RT, 2007.

PUCHTA, Anita Caruso. *Penhora de dinheiro on-line*. Curitiba: Juruá, 2009.

REDONDO, Bruno Garcia. A (im)penhorabilidade da remuneração do executado e do imóvel residencial à luz dos princípios constitucionais e processuais. *Revista Dialética de Direito Processual*, São Paulo: Dialética, n. 63, jun. 2008.

__________. Impenhorabilidades no projeto de novo CPC: sugestão para a relativização das impenhorabilidades da remuneração e do imóvel residencial. In: FREIRE, Alexandre; DANTAS, Bruno; NUNES, Dierle; DIDIER JR., Fredie; MEDINA, José Miguel Garcia; FUX, Luiz; CAMARGO, Luiz Henrique Volpe; OLIVEIRA, Pedro Miranda de (org.). *Novas tendências do processo civil: estudos sobre o projeto do novo código de processo civil*. Salvador: JusPodivm, 2014. v. 2.

__________. Penhora da remuneração do executado e do imóvel residencial de elevado valor: uma ode ao seu cabimento independentemente da natureza do crédito. In: ALVIM, Arruda; ALVIM, Eduardo Arruda; BRUSCHI, Gilberto Gomes; CHECHI, Mara Larsen; COUTO, Mônica Bonetti (coord.). *Execução civil e temas afins - do cpc/1973 ao novo cpc: estudos em homenagem ao professor Araken de Assis*. São Paulo: RT, 2014.

__________. Penhora da remuneração do executado: relativização da regra da impenhorabilidade independentemente da natureza do crédito. *Revista Brasileira de Direito Processual*, Belo Horizonte: Fórum, n. 70, abr.-jun. 2010.

REDONDO, Bruno Garcia; LOJO, Mário Vitor Suarez. *Penhora*. São Paulo: Método, 2007.

REIS, José Alberto dos. *Processo de execução*. Coimbra: Coimbra, 1985. v. 1.

SILVA, Ênio Moraes da. *Considerações críticas sobre o novo bem de família*. Curitiba: Juruá, 1993.

TEIXEIRA, Guilherme Freire de Barros. A Penhora de Salários e a Efetividade do Processo de Execução. In: SHIMURA, Sérgio; e NEVES, Daniel A. Assumpção (coord.). *Execução no processo civil: novidades & tendências*. São Paulo: Método, 2005.

WAMBIER, Luiz Rodrigues; WAMBIER, Teresa Arruda Alvim; MEDINA, José Miguel Garcia. *Breves comentários à nova sistemática processual civil*. São Paulo: RT, 2007. v. 3.

5

ENSAIO SOBRE A PROVA PERICIAL NO CÓDIGO DE PROCESSO CIVIL DE 2015

Bruno Vinícius Da Rós Bodart

1. INTRODUÇÃO

Sancionada e publicada a Lei nº 13.105/2015, que contempla a nova codificação processual civil pátria, é o momento de se debruçar sobre os seus mais diversos aspectos, na tentativa de estabelecer um norte interpretativo adequado à aplicação pratica dos institutos previstos no diploma. O presente ensaio, imbuído desse espírito, tem o objetivo de tecer alguns comentários sobre a disciplina da prova pericial no Código de Processo Civil de 2015.

2. TOPOLOGIA DA PROVA PERICIAL NO NOVO CPC

O primeiro aspecto a ser considerado diz respeito à topologia, que fomenta debates acadêmicos sobre a natureza jurídica da prova pericial. Esta, vale lembrar, consiste na realização de exames, vistorias ou avaliações por pessoas portadoras de conhecimentos científicos, técnicos ou especializados, para apurar ou interpretar fatos cujo esclarecimento dependa de tais conhecimentos.[1] Nada obstante a aparente simplicidade desse conceito, a doutrina se divide quanto à caracterização da prova pericial.

O enquadramento topológico da matéria no Código de Processo Civil de 2015, a exemplo do diploma de 1973, não auxilia na definição da natureza do instituto, visto que as normas sobre o perito são analisadas no capítulo referente aos auxiliares da Justiça (artigos 156 a 158 do CPC/2015), enquanto que a perícia é regulamentada no capítulo denominado "das provas", ao lado de outros meios de prova (artigos 464 e seguintes). O art. 212, V, do Código Civil de 2002, por sua vez, dispõe que "*o fato jurídico pode ser provado mediante perícia*", mas a enumera em um rol que não contém meios de prova por excelência, como o depoimento pessoal ou a inspeção judicial.

Ante a falta de norte no direito positivo, parte dos juristas brasileiros qualifica a perícia como uma consulta do juiz e não como um meio de prova.[2] Já outra parcela dos estudiosos entende a perícia como meio de prova propriamente dito. É a visão de Barbosa Moreira, para quem a perícia constitui meio de prova, apesar de também caracterizá-la como um "meio de integração da atividade do juiz".[3]

A compreensão da perícia como meio de prova sofre severas críticas em outros países. Na Itália, como alerta Luigi Paolo Comoglio, a

---

1 Nesse sentido: GRECO, Leonardo. *Instituições de Processo Civil.* V. II. Rio de Janeiro: Forense, 2010. p. 271.

2 Por todos: MIRANDA, Francisco Cavalcanti Pontes de. *Comentários ao Código de Processo Civil.* 3 ed. V. IV. Rio de Janeiro: Forense, 1996. p. 473.

3 Diz o autor: "*pessoas e coisas podem servir de fontes de prova, mediante o exercício, pelo juiz, de seus sentidos. (...) Às vezes, basta para fornecer a informação desejada o exercício pessoal, pelo próprio juiz, do sentido pertinente. (...) Outras vezes, para captar a informação, torna-se necessário algo mais: um conhecimento científico ou técnico que o juiz não tem, ou a utilização de métodos especializados, cujo manejo requer preparação também especializada, para revelar, na pessoa, na coisa ou no fenômeno, a realidade só perceptível por meio deles. É então que tem lugar a perícia, qualificada com acerto como 'meio de integração da atividade do juiz'. Em qualquer hipótese, fonte de prova será sempre a pessoa, a coisa ou o fenômeno. Meio de prova será, conforme o caso, a inspeção judicial ou a perícia*" (MOREIRA, José Carlos Barbosa. *Temas de Direito Processual.* 9ª Série. São Paulo: Saraiva, 2007. p. 152-153).

"*perizia*" foi expungida da enumeração tradicional dos meios de prova, pois reputada "instituto ineficiente", tendo sido substituída pela "*consulenza tecnica*". O autor entende que a "*consulenza tecnica*" não deve ser considerada um meio de prova em sentido estrito, pois não possui o escopo de provar – é dizer, de tornar certos – os fatos controvertidos, mas sim o de oferecer um "auxílio integrativo", tendo por objeto conhecimentos técnicos ou científicos, superiores ao grau de cultura média geral, dos quais o magistrado não dispõe, permitindo a este valorar corretamente os dados que emergem das provas. Seria, portanto, um meio de instrução probatória em sentido lato.[4] Fornaciari se refere ao "consulente tecnico" como "um alter ego do juiz", dado que tem a função de emprestar-lhe os conhecimentos específicos que este não detém, constituindo uma ponte entre o juiz e os elementos de prova.[5]

Diogo Rezende de Almeida adota posição híbrida, defendendo que a perícia tem dupla natureza: funciona como meio de prova para as partes e como auxílio para o juiz na sua atividade de acertamento dos fatos técnicos-científicos. O referido processualista consigna ainda a valiosa e inegável observação de Vittorio Denti: a classificação da perícia como auxílio ou meio de prova não traz grandes efeitos práticos.[6]

3. CABIMENTO DA PERÍCIA

O art. 464, § 1º, do CPC/2015 prevê as hipóteses de indeferimento da prova pericial. A primeira delas ocorre quando "*a prova do fato não depender de conhecimento especial de técnico*" (inciso I). Nos termos do art. 156, *caput*, do CPC/2015, o juiz "será assistido por perito quando a prova do fato depender de conhecimento técnico ou científico". Noutras palavras, sendo necessária a utilização de conhecimento técnico ou científico, é imperioso que o juiz seja assistido por

---

4 COMOGLIO, Luigi Paolo. *Le prove civili*. 3 ed. Torino: UTET, 2010. p. 841 e 852.

5 FORNACIARI, Michele. *A proposito di prova testimoniale "valutativa". In: Rivista di diritto processuale*, n. 4-5, 2013, p. 1.004 e segs.

6 ALMEIDA, Diogo Assumpção Rezende. *A prova pericial no processo civil – o controle da ciência e a escolha do perito*. Rio de Janeiro: Renovar, 2011. p. 60.

perito; sendo ela desnecessária, obrigatoriamente deve ser indeferida a perícia por impertinência.

Considera-se conhecimento científico todo aquele produzido de acordo com alguma ciência, observando os seus métodos e aplicando as concepções geralmente aceitas naquela área do saber. Por sua vez, o conhecimento técnico é aquele que resulta de regras destinadas ao exercício de determinada atividade prática (ex: técnica de combate a incêndios). O STJ já decidiu que a quantificação da indenização por danos morais não depende da atuação de perito, sendo ato do juiz, baseado nas regras da experiência.[7]

Ainda que o magistrado possua o conhecimento especializado exigido para a adequada compreensão do caso, deverá nomear perito para auxiliá-lo – o tema será retomado adiante.

O inciso II do art. 464, § 1º, do CPC/2015 trata do indeferimento da perícia quando "*for desnecessária em vista de outras provas produzidas*". Nesse sentido, o art. 472 do mesmo Código permite ao juiz dispensar a prova pericial quando as partes, na inicial e na contestação, apresentarem, sobre as questões de fato, pareceres técnicos ou documentos elucidativos que considerar suficientes. De acordo com a iterativa jurisprudência do Superior Tribunal de Justiça, o magistrado possui discricionariedade para indeferir a prova pericial quando entender ser desnecessária ao deslinde da controvérsia, em observância ao princípio do livre convencimento motivado.[8]

A última hipótese de indeferimento da perícia se dá quando "*a verificação for impraticável*" (inciso III do art. 464, § 1º, do CPC/2015). Luiz Fux sustenta que a verificação é impraticável quando se observa a total ausência de vestígios aferíveis, ressalvada, nessa hipótese, a necessidade de prova exatamente com o escopo de reavivá-los.[9] Figure-se a hipótese de demanda proposta com o objetivo de declaração da invalidade de procuração outorgada por determinada pessoa para

---

[7] STJ, EDcl nos EDcl no AgRg no Ag 309.117/SP, Rel. Ministro ARI PARGENDLER, TERCEIRA TURMA, julgado em 30/04/2002, DJ 17/06/2002, p. 256.

[8] Por todos: STJ, AgRg no REsp 1381876/RS, Rel. Ministro OG FERNANDES, SEGUNDA TURMA, julgado em 18/09/2014, DJe 02/10/2014.

[9] FUX, Luiz. *Curso de Direito Processual Civil*. V. I. 4 ed. Rio de Janeiro: Forense, 2008. p. 622.

a prática de atos de gestão do seu patrimônio. Tendo o outorgante falecido, seus herdeiros postulam a responsabilização do mandatário sob a alegação de indevido desfalque do patrimônio do *de cujus*, aduzindo que havia vício da vontade causado por enfermidade. O réu vem a juízo sustentando que o mandante estava em pleno gozo de suas faculdades mentais, acostando aos autos declaração do médico responsável pelo outorgante. A princípio, a verificação dos fatos seria impraticável, por ter o mandante falecido. No entanto, ainda assim é possível a determinação de perícia, a fim de que outro profissional médico avalie o prontuário do paciente para aferir a confiabilidade dos métodos e critérios adotados no laudo acostado pelo réu.

4. A PROVA PERICIAL SIMPLIFICADA

Os parágrafos do art. 464 do CPC/2015 regulamentam a denominada "prova técnica simplificada". Na verdade, trata-se também de uma prova pericial, com a peculiaridade de consistir em depoimento oral do *expert* sobre o ponto controvertido, em vez do laudo escrito. Cuida-se de medida que tem pouca ou nenhuma aceitação na praxe forense. Submete-se à discricionariedade do juiz a caracterização da questão como "de menor complexidade" para a dispensa do laudo escrito. O perito será ouvido, via de regra, na audiência de instrução e julgamento. É prudente que se observe o rito do art. 477, §§ 3º e 4º, do CPC/2015 para assegurar que o *expert* tenha tempo de se preparar para responder aos questionamentos realizados.

5. A ESCOLHA DO PERITO

O CPC/2015 manteve como regra o sistema do perito do juízo, com a finalidade de assegurar a nomeação de *expert* capaz de proferir opinião técnica e isenta sobre o ponto controvertido. Como alternativa, as partes podem consensualmente indicar o perito que funcionará nos autos, desde que preenchidos os requisitos do art. 471 do CPC/2015, que serão oportunamente analisados neste ensaio.

Quanto à liberdade de escolha do profissional sobre o qual incidirá a nomeação como perito judicial, há três tipos de sistemas: (i) o da livre escolha, que é o sistema geralmente adotado nos ordenamentos da common law; (ii) o da escolha vinculada a requisito legal, previsto no CPC/1973, exigindo o seu art. 145, § 1º, apenas que a escolha do perito recaia sobre pessoa com formação universitária e inscrição em órgão de classe; e (iii) o da escolha vinculada a lista estabelecida pelo Judiciário, albergado pelo CPC/2015.

Dessa forma, o art. 156, § 1º, do CPC/2015 restringe a discricionariedade do juiz na nomeação do perito, determinando seja este escolhido dentre os profissionais inscritos em cadastro mantido pelo Tribunal. A exigência de nomeação do perito dentre os profissionais previamente cadastrados perante o Tribunal também é a regra no ordenamento italiano, conforme previsto no art. 61 do *codice di procedura civile*.

De acordo com as lições de Diogo Rezende de Almeida, é possível apontar as seguintes vantagens do sistema da escolha do perito vinculada a lista: (i) garantir que o juiz escolha peritos capacitados para a atividade que exercerá no processo; e (ii) facilitar a seleção de profissional detentor dos conhecimentos necessários para a causa, evitando situações em que o magistrado desconhece pessoa com currículo adequado.[10]

A "livre escolha" do perito pelo juiz existirá apenas quando não houver, na localidade, profissional inscrito no cadastro disponibilizado pelo Tribunal, devendo ser nomeado *expert* comprovadamente detentor do conhecimento necessário à realização da perícia (art. 156, § 5º, CPC/2015). Ao contrário do que sugere a dicção legal, o caso não é de livre escolha e sim de escolha vinculada a requisitos legais.

Salvante as exceções apontadas, é nula a nomeação de perito não cadastrado pelo Tribunal, desde que alguma das partes suscite a invalidade da nomeação na oportunidade a que se refere o art. 465, § 1º, do CPC/2015. Caso contrário, deve ser aplicada por analogia a solução do art. 471 do CPC/2015, entendendo-se que as partes consensualmente aquiesceram com a nomeação do perito indicado pelo juiz.

---

[10] ALMEIDA, Diogo Assumpção Rezende. *A prova pericial no processo civil* – o controle da ciência e a escolha do perito. Rio de Janeiro: Renovar, 2011. p. 160 e segs.

Caso o exame tenha por objeto a autenticidade ou a falsidade de documento, ou caso seja de natureza médico-legal, o art. 478 do CPC/2015 determina seja o perito escolhido, de preferência, entre os técnicos dos estabelecimentos oficiais especializados. Não há, nesse caso, obrigatoriedade, mas deverá o juiz motivar eventual nomeação de perito não pertencente aos quadros dos referidos estabelecimentos.

Se a intenção da formação do cadastro é garantir que os peritos estejam constantemente atualizados em suas áreas de conhecimento, é de rigor que o cadastramento de cada profissional expire após determinado prazo. Por isso, o art. 156, § 3º, do CPC/2015 determina que os Tribunais realizem avaliações e reavaliações periódicas para manutenção do cadastro, considerando a formação profissional, a atualização do conhecimento e a experiência dos peritos interessados. A matéria deverá ser regulamentada em ato normativo de cada Corte, pois se insere na competência privativa dos Tribunais para organizar os serviços auxiliares dos juízos que lhes forem vinculados (art. 96, I, 'b', da CRFB/1988).

Inovação interessante do CPC/2015 é a possibilidade de nomeação, como perito, de pessoa jurídica. Permite o art. 156, § 1º, a nomeação de órgão técnico ou científico devidamente inscrito em cadastro mantido pelo Tribunal. Em homenagem ao contraditório, tão logo nomeado, o órgão deverá informar ao juiz os nomes e os dados de qualificação dos profissionais que participarão da atividade, a fim de permitir a verificação de eventual impedimento ou motivo de suspeição (art. 156, § 4º, do CPC/2015). O prazo para que as partes possam arguir impedimento ou suspeição (art. 465, § 1º, I, do CPC/2015), nesse caso, deverá ser contado da data em que sejam cientificadas sobre os dados dos profissionais que atuarão no feito.

O art. 157, § 2º, do CPC/2015 exige que cada juízo mantenha uma lista de peritos, disponibilizando para consulta aos interessados os "documentos exigidos para habilitação", bem como que "a nomeação seja distribuída de modo equitativo". A regra é inegavelmente conflitante com o art. 156, § 1º, do CPC/2015, segundo o qual a manutenção de cadastro de peritos é de competência do Tribunal. Uma adequação possível entre as duas normas é entender que a Vara ou secretaria deve manter uma lista dos peritos que já foram nomeados naquele juízo, disponibilizando a outros profissionais interessados informações sobre os requisitos necessários para habilitação no cadastro mantido pelo Tribunal. Assim, permite-se um controle público do dever de distribuição das nomeações de modo equitativo entre os peritos cadastrados, evitando a criação de um nicho de mercado para a atuação de alguns poucos profissionais.

Na hipótese de inobservância, pelo juízo, do dever de distribuição equitativa das nomeações entre os peritos listados (art. 157, § 2º, do CPC/2015), não há nulidade ou qualquer outra consequência de ordem processual derivada isoladamente desse motivo. Em casos que tais, a única possível consequência será eventual responsabilização disciplinar do juiz, solução essa também adotada na Itália.[11]

Ao contrário do que sugere o art. 465, § 1º, do CPC/2015, o ato do juiz que nomeia o perito é caracterizado como decisão interlocutória, nos termos do art. 203, § 2º, do mesmo diploma, e não como despacho, considerando a inegável carga decisória do provimento. A nomeação do perito normalmente ocorrerá na decisão de saneamento e de organização do processo, conforme previsto no art. 357, II, do CPC/2015.

A nomeação pode ser comunicada informalmente ao perito, por correio eletrônico ou telefone, considerando a possibilidade de esses dados constarem do cadastro perante o Tribunal (art. 156, § 1º, do CPC/2015). Uma vez nomeado, o *expert* deve apresentar em 5 (cinco) dias proposta de honorários, currículo com comprovação de especialização e seus contatos profissionais, em especial o endereço eletrônico, para onde serão dirigidas as intimações pessoais (art. 465, § 2º, do CPC/2015).

O art. 465, *caput*, do CPC/2015 exige que o juiz fixe de imediato prazo para a entrega do laudo. Já o art. 357, § 8º, do mesmo diploma determina que, caso seja possível, o juiz estabeleça calendário para a realização da prova pericial. O "calendário" abrangeria também outras datas relativas à perícia, como o dia em que terá início a

---

[11] cf. MOCCI, Mauro. *La scelta del consulente tecnico d'ufficio nella prospettiva del giusto processo*. *In*: *Il giusto processo civile*, v. 7, 2, Napoli: Edizioni Scientifiche Italiane, 2012, p. 593-611.

produção da prova (art. 474 do CPC/2015) ou aquele em que será realizada a audiência de instrução e julgamento (art. 477, §§ 3º e 4º, do CPC/2015). No entanto, na maioria dos casos, o magistrado somente poderá definir essas datas a partir das previsões informadas pelo perito nomeado. Portanto, a única data que poderá ser definida imediatamente na decisão de saneamento é a de entrega do laudo.

Também deve o juiz, ao nomear o perito, formular os quesitos que entender pertinentes (art. 470, III, do CPC/2015), até porque o magistrado é o destinatário da prova, sendo a perícia destinada a solucionar as suas dúvidas.

Outra providência a ser adotada pelo juiz nesse momento processual é a definição da parte que será responsável pelo adiantamento das custas ao perito. Como regra, o réu apenas será responsável por prover as despesas da perícia caso a tenha requerido (art. 95 do CPC/2015). Situação delicada ocorre quando invertido o ônus da prova, providência admitida, por exemplo, nas hipóteses do art. 373, § 1º, do CPC/2015 e do art. 6º, VIII, do CDC. A inversão do ônus da prova significa, em síntese, que a ocorrência do fato constitutivo do direito do autor passa a ser relativamente presumida, atribuindo-se ao demandado o ônus de provar a sua inexistência. Diante disso, uma vez invertido o ônus da prova, é de rigor que também o ônus de adiantamento dos honorários periciais seja atribuído ao réu. Afinal, caso não realizada a diligência, a ausência de provas militará em seu desfavor.

Sobre o tema, o Superior Tribunal de Justiça possui acórdão no sentido de que "*[n]ão é lícito obrigar a parte contra quem o ônus da prova foi invertido a custear os honorários do perito, porque lhe assiste a faculdade de não produzir a prova pericial e arcar com as conseqüências processuais da omissão*".[12] De fato, não há uma obrigação do réu adiantar o valor da perícia, mas verdadeiro ônus – caso não efetue o pagamento, a consequência é a perda da oportunidade de produção da prova e a presunção de veracidade das alegações do autor. Entretanto, não se pode concordar com os precedentes do Superior Tribunal de Justiça segundo os quais "*[a]s regras do ônus*

[12] STJ, AgRg no AgRg no AREsp 153.797/SP, Rel. Ministro MARCO BUZZI, QUARTA TURMA, julgado em 05/06/2014, DJe 16/06/2014.

da prova não se confundem com as regras do seu custeio, cabendo a antecipação da remuneração do perito àquele que requereu a produção da prova pericial, na forma do artigo 19 do CPC".[13] Ora, o autor diligente sempre formulará na inicial os requerimentos de inversão do ônus da prova e de produção da prova pericial (art. 319, VI, do CPC/2015), garantindo que a perícia seja produzida caso a inversão não seja acolhida pelo juiz. Uma vez deferida a inversão do ônus da prova, também deve ser atribuído o ônus de custeio da perícia à parte ré. Caso contrário, duas situações igualmente incoerentes podem ocorrer: (i) o autor simplesmente deixar de adiantar os honorários do perito, visto que a preclusão do meio de prova lhe é favorável; ou (ii) se o demandante for beneficiário de gratuidade de justiça, a perícia será realizada sem qualquer adiantamento, prejudicando o profissional (que será pago com base em valor definido em tabela) e conferindo injusta benesse ao réu.

No caso de a perícia ter sido requerida por ambas as partes, ou caso tenha ela sido determinada de ofício pelo juiz, o CPC/2015 determina que o adiantamento do valor dos honorários seja rateado entre as partes (art. 95). Difere, assim, do regime do CPC/1973, cujo art. 33 indica o pagamento pelo autor nessas situações.

Caso o responsável pelo adiantamento seja beneficiário de gratuidade da justiça, dispõe o art. 95, § 3º, do CPC/2015 que a perícia pode ser custeada de duas formas distintas. Sendo o *expert* nomeado servidor do Poder Judiciário ou profissional de órgão público conveniado, o custeio correrá a cargo do orçamento do ente público correlato. Por outro lado, tratando-se de perito particular, fará jus a ajuda de custeio em valor fixado conforme tabela do Tribunal respectivo (em caso de omissão, o montante será definido pelo Conselho Nacional de Justiça). Em qualquer caso, se o beneficiário da gratuidade de justiça sagrar-se vencedor ao final do processo, deverá a parte vencida ressarcir os valores gastos pela Fazenda Pública (art. 95, § 4º, do CPC/2015). Na hipótese de derrota do detentor da justiça gratuita, ficará este

---

13 STJ, REsp 908.728/SP, Rel. Ministro JOÃO OTÁVIO DE NORONHA, QUARTA TURMA, julgado em 06/04/2010, DJe 26/04/2010. Assim também: STJ, AgRg no AREsp 426.062/SP, Rel. Ministro SIDNEI BENETI, TERCEIRA TURMA, julgado em 11/02/2014, DJe 13/03/2014.

sujeito a execução pela Fazenda Pública se deixar de existir a situação de insuficiência de recursos no prazo de 5 (cinco) anos a que alude o art. 98, § 3º, do CPC/2015.

Percebe-se, com a sistemática apresentada, a preocupação do CPC/2015 em impedir que o perito seja obrigado a trabalhar sem receber honorários.

Uma vez apresentada a proposta de honorários pelo expert, as partes devem ser intimadas para manifestação sobre a proposta de honorários, em 5 (cinco) dias. É da praxe forense ouvir o perito, em prazo a ser estipulado pelo juiz, sobre os questionamentos das partes a respeito do valor da remuneração. Por fim, o juiz arbitrará o montante dos honorários e intimará a parte responsável pelo adiantamento da verba para depositá-la em juízo (art. 465, § 3º, e 95, § 1º, do CPC/2015). Consoante disposto no verbete n.º 232 da Súmula da jurisprudência dominante no Superior Tribunal de Justiça, "A Fazenda Pública, quando parte no processo, fica sujeita à exigência do depósito prévio dos honorários do perito".

Uma vez intimado para iniciar os trabalhos, passa a correr para o perito o prazo fixado para a apresentação do laudo pericial (art. 465, caput, do CPC/2015).

6. DEVERES DO PERITO – ESCUSA, RECUSA E SUBSTITUIÇÃO

Segundo Leonardo Greco, o perito possui os seguintes deveres: (i) aceitar o exercício da função; (ii) proceder a todos os exames e observações necessários (art. 473, § 3º, do CPC/2015); (iii) elaborar o laudo no prazo assinalado (art. 465 do CPC/2015); (iv) comparecer à presença do juiz para ser inquirido, se intimado, e responder às perguntas; e (v) ser fiel à verdade e às regras da sua ciência, da sua área de conhecimento ou da sua profissão (art. 158 do CPC/2015).[14]

O perito nomeado tem o dever de cumprir o encargo, sendo possível a escusa apenas quando o juiz reconhecer a existência de "motivo legítimo" (art. 157, caput, CPC/2015). Em outros países o profissional

---

[14] GRECO, Leonardo. *Instituições de Processo Civil*. V. II. Rio de Janeiro: Forense, 2010. p. 279.

designado não é obrigado a funcionar como perito. Assim, por exemplo, nos EUA a Federal *Rule of Civil Procedure* 706 (a) prevê que apenas pode ser nomeado como *expert witness* alguém que queira exercer a função.

O perito deve apresentar a escusa no prazo de 15 (quinze) dias, contado da intimação (art. 157, § 1º, CPC/2015). Em caso de suspeição ou impedimento supervenientes, o prazo será contado da ciência inequívoca da circunstância nos autos – apesar da omissão do dispositivo, idêntica deve ser a contagem do prazo em se tratando de qualquer outro motivo legítimo posterior. Expirado o prazo, considera-se que o perito renunciou ao direito de alegar a escusa.

Um motivo legítimo é a existência de impedimento ou suspeição. De acordo com o art. 148, III, do CPC/2015, aplicam-se os motivos de impedimento ou suspeição previstos nos artigos 144 e 145 do mesmo diploma aos auxiliares da justiça, dentre eles o perito. Outro motivo legítimo é a alegação de falta de conhecimento técnico ou científico para a apuração do ponto controvertido. Igualmente, reputam-se legítimos motivos aqueles previstos no art. 448 do CPC/2015 (causas de escusas das testemunhas). Uma escusa comumente encontrada na praxe forense é aquela baseada no acúmulo de serviço do profissional designado para funcionar em várias causas, o que pode ser considerado um motivo legítimo. Em todos os casos, a alegação deve ser apreciada pelo juiz, que deve indeferir a escusa quando perceber a improcedência dos motivos declinados pelo expert.

A parte apenas poderá recusar o perito por impedimento ou suspeição dentro do prazo de 15 (quinze) dias contados da intimação do despacho de nomeação, conforme preceitua o art. 465, § 1º, I, do CPC/2015, sob pena de preclusão. Na mesma oportunidade deverá a parte recusar o perito quando entender que o profissional não possui currículo suficiente para o esclarecimento do *thema probandi*, precluindo a alegação em caso de inércia – assim já decidiu o Superior Tribunal de Justiça.[15] A nomeação de perito previamente cadastrado perante o Tribunal (art. 156, § 1º, do CPC/2015) e a manutenção de

---

[15] STJ, REsp 1175317/RJ, Rel. Ministro RAUL ARAÚJO, QUARTA TURMA, julgado em 07/05/2013, DJe 26/03/2014.

lista de peritos na Vara ou Secretaria (art. 157, § 2º, do CPC/2015) asseguram que as partes conheçam o currículo do expert nomeado e possam se manifestar sobre a capacidade técnica ou científica do profissional no prazo a que alude o art. 465, § 1º, I, do CPC/2015.

Caso alguma das partes recuse o perito por impedimento ou suspeição, deverá o juiz determinar o processamento da recusa como incidente em separado e sem suspensão do processo, ouvindo o arguido no prazo de 15 (quinze) dias e facultando a produção de prova, quando necessária (art. 148, § 2º, do CPC/2015). A arguição será decidida pelo próprio juiz da causa, ainda que seja dele o ato de indicação do perito.

Dentre os deveres do perito figura o de veracidade. O perito que presta informações inverídicas fica sujeito a responsabilização: (i) penal, podendo ser condenado por crime de falsa perícia (art. 342 do Código Penal); (ii) civil, pois ficará obrigado a ressarcir os prejuízos que causar à parte; e (iii) administrativa, consistente em inabilitação para atuar em outras perícias no prazo de 2 (dois) a 5 (cinco) anos. Além disso, o juiz que verificar a ocorrência do falso deve comunicar o fato ao órgão de classe ao qual vinculado o perito para adoção das medidas cabíveis.

Para evitar o tumulto processual, a única sanção que pode ser aplicada ao perito diretamente nos autos em que nomeado é a inabilitação. A responsabilidade civil (e, por óbvio, também a penal) deve ser pleiteada em processo autônomo.[16]

O Código permite que o juiz substitua o perito quando constatar que lhe falta conhecimento técnico ou científico, bem como quando inobservado o prazo de entrega do laudo sem motivo legítimo (art. 468 do CPC/2015). Há, em verdade, dois prazos que devem ser observados pelo perito: o primeiro é aquele fixado pelo juiz para a entrega do laudo (art. 465, *caput*, e 471, § 2º, do CPC/2015) e o segundo a antecedência mínima de 20 (vinte) dias em relação à audiência de instrução e julgamento para o protocolo do laudo em juízo (art. 477 do CPC/2015). A jurisprudência reconhece, ainda, a possibilidade de

16 Em sentido análogo: STJ, AgRg no Ag 1349903/RS, Rel. Ministro PAULO DE TARSO SANSEVERINO, TERCEIRA TURMA, julgado em 27/03/2012, DJe 10/04/2012.

substituição do perito quando o juiz entender que desapareceu a necessária confiança em relação ao *expert*. A substituição independe de prévia instauração de processo administrativo disciplinar ou de contraditório.[17]

Caso o perito deixe de cumprir o encargo no prazo assinado, o juiz deve comunicar a ocorrência à corporação profissional respectiva e pode impor multa ao profissional (art. 468, § 1º, do CPC/2015). O valor da multa deve ser fixado pelo magistrado com atenção ao valor da causa e ao possível prejuízo decorrente do atraso no processo. Já decidiu o Superior Tribunal de Justiça que o perito não tem legitimidade para recorrer nos autos do processo em que lhe foi aplicada a multa, sendo cabível, no entanto, a impetração de mandado de segurança contra o ato judicial.[18] O valor da multa deve ser revertido para o Estado.[19]

Determina o § 2º do art. 468 do CPC/2015 que o perito substituído deve restituir os valores recebidos pelo trabalho não realizado, no prazo de 15 (quinze) dias, sob pena de ficar impedido de atuar como

---

[17] Confira-se, sobre o tema, a seguinte decisão do Superior Tribunal de Justiça: "*O perito judicial é um auxiliar do Juízo e não um servidor público. Logo, sua desconstituição dispensa a instauração de qualquer processo administrativo ou argüição por parte do magistrado que o nomeou, não lhe sendo facultado a ampla defesa ou o contraditório nestes casos, pois seu afastamento da função pode se dar ex officio e ad nutum, quando não houver mais o elo de confiança. Isto pode ocorrer em razão da precariedade do vínculo entre ele e o poder público, já que seu auxílio é eventual. Além desta hipótese, sua desconstituição poderá ocorrer naquelas elencadas no art. 424, do CPC* [de 1973] *("O perito pode ser substituído quando: I – carecer de conhecimento técnico ou científico; II – sem motivo legítimo, deixar de cumprir o encargo no prazo que lhe foi assinado"). Estas são espécies expressas no texto da lei. Porém, a quebra da confiança entre o auxiliar e o magistrado é espécie intrínseca do elo, que se baseia no critério personalíssimo da escolha do profissional para a função. Assim com pode o juiz nomeá-lo, pode removê-lo a qualquer momento*" (RMS 12.963/SP, Rel. Ministro JORGE SCARTEZZINI, QUARTA TURMA, julgado em 21/10/2004, DJ 06/12/2004, p. 311).

[18] STJ, RMS 21.546/SP, Rel. Ministro CASTRO MEIRA, SEGUNDA TURMA, julgado em 05/05/2009, DJe 15/05/2009. Em igual sentido: REsp 187.997/MG, Rel. Ministro SÁLVIO DE FIGUEIREDO TEIXEIRA, QUARTA TURMA, julgado em 20/11/2001, DJ 18/02/2002, p. 447.

[19] Assim tb. GRECO, Leonardo. *Instituições de Processo Civil*. V. II. Rio de Janeiro: Forense, 2010. p. 281.

perito judicial pelo prazo de 5 (cinco) anos. A comunicação do impedimento deve ser feita ao órgão do Tribunal responsável pela manutenção do cadastro a que se refere o art. 156, § 1º, do CPC/2015. A lei não é clara quanto à hipótese em que a falta de conhecimento técnico ou científico do perito é constatada apenas após a realização do exame, vistoria ou avaliação. O art. 465, § 5º, do CPC/2015 permite ao juiz a redução dos honorários inicialmente arbitrados quando a perícia for inconclusiva ou deficiente, ou seja, quando a falta conhecimento técnico ou científico é verificada a partir do laudo produzido. Há omissão do Código no que tange à possibilidade de compelir o perito, após a entrega do laudo, a devolver os valores já recebidos. Em casos que tais, a melhor solução é confiar ao juiz a prerrogativa de decidir sobre a necessidade de restituição dos valores já levantados pelo profissional, considerando a sua boa-fé e as peculiaridades do caso concreto.

Caso o *expert* não restitua os valores pagos voluntariamente em 15 (quinze) dias, ficará impedido de atuar como perito judicial pelo prazo de 5 (cinco) anos (art. 468, § 2º, do CPC/2015), penalidade que deverá ser aplicada nos próprios autos em que ocorreu a nomeação. O perito não tem legitimidade para recorrer da decisão que lhe aplicar a sanção, cabendo apenas a impetração de mandado de segurança contra ato judicial. Além disso, a decisão que determinou a devolução constitui título executivo judicial em favor da parte que adiantou o montante.

Em determinadas situações, pode ser necessária a realização da perícia em outra comarca, sendo expedida carta precatória para tanto. Poderá o juízo deprecante atribuir ou não ao deprecado a tarefa de nomear o perito e receber a indicação de assistentes técnicos (art. 465, § 6º, do CPC/2015). Sendo delegada essa tarefa, deverá o juízo deprecado apreciar eventuais escusas e recusas do expert por ele nomeado. O art. 260, § 2º, do CPC/2015 dispõe que, quando o objeto da carta for exame pericial sobre documento, este será remetido em original, ficando nos autos reprodução fotográfica.

7. A MANIFESTAÇÃO DAS PARTES SOBRE A NOMEAÇÃO DO PERITO

Conforme já esclarecido, da decisão de nomeação do *expert* deverão as partes ser intimadas para, querendo, se manifestarem em

15 (quinze) dias, arguindo a suspeição ou impedimento do perito, indicando assistentes técnicos ou apresentando quesitos (art. 465, § 1º, do CPC/2015). No item anterior, foram tecidos comentários sobre a recusa do perito por impedimento ou suspeição. Quanto à indicação de assistentes técnicos ou formulação de quesitos, o Superior Tribunal de Justiça possui pacífica jurisprudência no sentido de que o prazo previsto no art. 465, § 1º, II e III, do CPC/2015 não é preclusivo, podendo as partes indicar assistente técnico ou apresentar quesitos posteriormente, desde que antes do início dos trabalhos periciais.[20]

A redação do Código sugere ser admitido que cada parte indique apenas um assistente técnico, salvante a hipótese de perícia complexa que abranja mais de uma área de conhecimento especializado, caso em que o art. 475 do CPC/2015 autoriza a indicação de mais de um desses profissionais. A restrição é indevida, pois tolhe injustificadamente o direito constitucional à ampla defesa (art. 5º, LV, da CRFB), que inclui o direito de defender-se provando. A única interpretação compatível com a Carta Magna é a que admite como regra a indicação de mais de um assistente técnico por cada parte, conferindo ao juiz a possibilidade de indeferir, motivadamente, uma ou mais das indicações sobressalentes, se verificar a ocorrência de tumulto processual.

Os honorários dos assistentes técnicos são pagos a estes diretamente pelas partes que os indicaram (art. 95 do CPC/2015). Segundo já decidiu o Superior Tribunal de Justiça, a parte sucumbente deverá ressarcir, ao final do processo, os honorários do assistente técnico pagos pelo adversário.[21]

8. QUESITOS SUPLEMENTARES

O art. 469 do CPC/2015 permite às partes a formulação de quesitos suplementares "durante a diligência". Apesar do adjetivo "suplementar", conforme já afirmado, a jurisprudência admite a apresentação de quesitos após a oportunidade a que se refere o art. 465, § 1º, III,

---

[20] STJ, AgRg no AREsp 554.685/RJ, Rel. Ministro LUIS FELIPE SALOMÃO, QUARTA TURMA, julgado em 16/10/2014, DJe 21/10/2014.

[21] STJ, AgRg no REsp 1131213/SC, Rel. Ministro MARCO BUZZI, QUARTA TURMA, julgado em 09/04/2013, DJe 18/04/2013.

do CPC/2015 mesmo quando não oferecidos os "quesitos iniciais", desde que antes do início dos trabalhos periciais,[22] devendo as partes ser intimadas da data agendada para o começo da produção da prova (art. 474 do CPC/2015). Esse termo final não parece correto, pois o próprio art. 469 do CPC/2015 (equivalente ao art. 425 do CPC/1973) admite a apresentação de "quesitos suplementares durante a diligência", ou seja, após iniciados os trabalhos periciais. Os quesitos suplementares serão apresentados em juízo e o escrivão deverá oportunizar o contraditório à parte contrária, independentemente de despacho do juiz (art. 469, parágrafo único, do CPC/2015). Decorrido o prazo para a manifestação da parte *ex adverso*, o juiz deverá avaliar os quesitos formulados, podendo indeferi-los caso entenda impertinentes (art. 470, I, do CPC/2015).

Sendo certo que é possível apresentar quesitos durante a diligência, indaga-se sobre a possibilidade de formulá-los após o termino desta. Conforme pondera Leonardo Greco, a limitação temporal para os quesitos suplementares não pode ser rígida, visto que a necessidade de novas perguntas pode surgir em razão do próprio teor do laudo pericial.[23] Nesse sentido, o art. 477, § 1º, do CPC/2015 confere às partes a oportunidade de se manifestar sobre o laudo do perito no prazo comum de 15 (quinze) dias, ocasião na qual também poderão apresentar quesitos suplementares. Se os esclarecimentos prestados por escrito pelo perito não forem suficientes, a parte pode requerer ao juiz que o *expert* seja intimado a comparecer à audiência de instrução e julgamento, caso em que o requerente deve formular perguntas sob a forma de quesitos (art. 477, § 3º, do CPC/2015). Por fim, o art. 480 do CPC/2015 prevê a possibilidade de realização de nova perícia quando a matéria não estiver suficientemente esclarecida, devendo ser assegurado às partes, sob o mesmo raciocínio, o direito de apresentar novos quesitos. Percebe-se, portanto, que a parte possui diversas oportunidades para a apresentação de quesitos, mesmo após o início dos trabalhos periciais.

---

22 STJ, AgRg no AREsp 554.685/RJ, Rel. Ministro LUIS FELIPE SALOMÃO, QUARTA TURMA, julgado em 16/10/2014, DJe 21/10/2014.

23 GRECO, Leonardo. *Instituições de Processo Civil*. V. II. Rio de Janeiro: Forense, 2010. p. 282.

A resposta do perito aos quesitos suplementares pode ser prestada: (i) no próprio laudo, caso os quesitos suplementares sejam apresentados durante a diligência; (ii) por escrito, no prazo de 15 (quinze) dias após intimado pelo juízo (art. 477, § 2º, do CPC/2015); ou (iii) oralmente, na audiência de instrução e julgamento, desde que intimado com pelo menos 10 (dez) dias de antecedência da audiência (art. 477, §§ 3º e 4º, do CPC/2015).

9. A POSSIBILIDADE DE ESCOLHA CONSENSUAL DO PERITO

O Código de 2015 prevê, no seu art. 471, a possibilidade de as partes escolherem consensualmente o perito, contemplando mais uma hipótese de convenção processual.

O art. 190 do CPC/2015 já permite às "*partes plenamente capazes estipular mudanças no procedimento para ajustá-lo às especificidades da causa e convencionar sobre os seus ônus, poderes, faculdades e deveres processuais, antes ou durante o processo*", desde que o processo verse sobre direitos que admitam autocomposição. As exigências de plena capacidade das partes e de que os direitos envolvidos admitam autocomposição foram reproduzidas para a escolha consensual do perito. Contudo, não há sentido em impedir a eleição consensual do perito nas hipóteses em que a causa não possa ser resolvida por autocomposição. Trata-se de restrição absolutamente incompatível com o intuito do Código de prestigiar as convenções processuais entre as partes. A vedação a que os envolvidos transacionem sobre o direito em disputa não obsta a convenção entre eles para a adaptabilidade do procedimento.[24]

Observa Diogo Rezende de Almeida que a escolha do perito de comum acordo pelas partes, em substituição à nomeação judicial, já é permitida pelo direito argentino e possui a inegável vantagem de evitar a ocorrência de futuras impugnações.[25]

---

[24] Sobre o tema, v. BODART, Bruno Vinícius Da Rós. Simplificação e adaptabilidade no anteprojeto do novo CPC brasileiro. *In*: *O Novo Processo Civil Brasileiro – Direito em Expectativa*. Org.: Luiz Fux. Rio de Janeiro: Forense, 2011.

[25] ALMEIDA, Diogo Assumpção Rezende. *A prova pericial no processo civil – o controle da ciência e a escolha do perito*. Rio de Janeiro: Renovar, 2011. p. 164-165.

O perito consensualmente escolhido pelas partes não precisa ser inscrito no cadastro mantido pelo Tribunal ao qual o juiz da causa está vinculado (art. 156, § 1º, do CPC/2015). Afinal, a principal razão do cadastro é assegurar a competência técnica ou científica do profissional nomeado. A eleição do perito pelas partes demonstra que ambas reconhecem a competência do profissional eleito.

A convenção entre as partes para a escolha do perito pode ser formulada antes ou durante o processo, desde que não o façam após a nomeação de perito pelo juiz, o que normalmente ocorre na decisão de saneamento do processo (art. 357 do CPC/2015). Compete ao juiz o controle da validade da convenção, inclusive nos casos de inserção abusiva em contrato de adesão ou na hipótese em que uma das partes esteja em manifesta situação de vulnerabilidade, nos termos do art. 190, parágrafo único, do CPC/2015.

A remuneração do perito deve ser estipulada pelas próprias partes que o escolheram, devendo constar do requerimento formulado ao juízo o valor dos honorários, o momento do pagamento e a forma de rateio desse montante, nada impedindo que recaia apenas sobre uma delas. A matéria é totalmente remetida à livre manifestação de vontade das partes. Podem elas convencionar que uma adiantará os honorários e a sentença condenará o vencido a ressarci-la. É igualmente possível que ajustem o pagamento dos honorários por um dos contendores, sem a possibilidade de reaver o valor ao final do processo, ainda que saia vencedor aquele que adiantou a verba do perito. Por isso a importância de a matéria constar do requerimento dirigido ao magistrado, a fim de que este regule as verbas de sucumbência conforme o avençado.

Nada impede que o juiz determine a realização de nova perícia caso entenda insuficiente o laudo produzido pelo perito consensualmente escolhido, na forma do art. 480 do CPC/2015.

10. A REALIZAÇÃO DOS TRABALHOS DE PERÍCIA

A fim de resguardar o contraditório efetivo, que abrange o direito de postular em juízo provando, deve o juiz assegurar que as partes sejam intimadas da data e do local por ele designados ou indicados pelo perito para ter início o exame, a vistoria ou a avaliação. Para Luiz Fux, a falta de intimação nulifica a perícia, salvo se a parte nada arguir.[26] Sendo assim, a parte que alega a nulidade pela inobservância do dispositivo em apreço deve demonstrar a ocorrência de efetivo prejuízo, sob pena de validade da perícia realizada. Esta a pacífica jurisprudência do Superior Tribunal de Justiça.[27]

Ressalte-se que a intimação é das partes e não dos assistentes técnicos. Assim, compete às partes comunicar a data e o local de início da produção da prova aos assistentes técnicos. Nesse sentido decidiu o Superior Tribunal de Justiça: "*O art. 431-A do CPC [de 1973] é claro ao determinar a intimação das partes e não dos assistentes técnicos, cujo comparecimento deve ser providenciado pela parte que foi devidamente intimada acerca da realização da perícia*".[28] De qualquer forma, o art. 466, § 2º, do CPC/2015 atribui ao perito o dever de assegurar aos assistentes das partes o acesso e o acompanhamento das diligências e dos exames que realizar. Para tanto, deverá o *expert* do juízo efetuar comunicação com antecedência mínima de 5 (cinco) dias, devidamente comprovada nos autos.

O § 3º do art. 473 do CPC/2015 confere tanto ao perito quanto aos assistentes técnicos a prerrogativa de valer-se de todos os meios necessários para o desempenho de sua função. Assim, pode o perito ouvir testemunhas diretamente, efetuar registros fotográficos ou audiovisuais, requisitar documentos perante repartições públicas etc.

Quanto à possibilidade de o perito convocar outro expert para auxiliá-lo, existe forte controvérsia. A melhor interpretação é no sentido de que a designação do novo perito é ato privativo do juiz, na forma do art. 475 do CPC/2015, não sendo dado ao expert anteriormente nomeado, sponte propria, convocar o auxílio de outro profissional para realizar a perícia, ainda que de alta complexidade. Assim já

---

[26] FUX, Luiz. *Curso de Direito Processual Civil*. V. I. 4ª ed. Rio de Janeiro: Forense, 2008. p. 621.

[27] STJ, EREsp 1121718/SP, Rel. Ministro ARNALDO ESTEVES LIMA, CORTE ESPECIAL, julgado em 18/04/2012, DJe 01/08/2012.

[28] STJ, AgRg no REsp 1281427/MG, Rel. Ministro HUMBERTO MARTINS, SEGUNDA TURMA, julgado em 12/11/2013, DJe 20/11/2013.

decidiu o Superior Tribunal de Justiça.[29] A mesma Corte, no entanto, em precedente mais antigo, admitiu a possibilidade de perito contador convocar um geólogo para auxiliá-lo na elaboração do laudo, independentemente de designação do magistrado. A hipótese concreta dizia respeito a dissolução de sociedade em que a apuração de haveres envolvia a medição de jazidas de minério para a determinação de seu valor econômico.[30]

Segundo a redação do § 3º do art. 473 do CPC/2015, o perito e os assistentes técnicos podem solicitar documentos que estejam em poder da parte. A esse respeito, surge importante controvérsia sobre a existência de direito à não produção de prova contra si mesmo (*nemo tenetur se detegere*) no processo civil. No campo penal, o referido direito é inferido do art. 5º, LXIII, da Constituição, segundo o qual assiste ao preso a prerrogativa de permanecer calado. Já no processo civil, vigora a regra segundo a qual *"ninguém se exime do dever de colaborar com o Poder Judiciário para o descobrimento da verdade"* (art. 339 do CPC/1973 e art. 378 do CPC/2015).

A interpretação extensiva dessa regra para abranger um dever da parte produzir provas que lhe são desfavoráveis sempre foi matéria amplamente debatida. Assim, Leonardo Greco pontua que a proibição de autoincriminação *"no processo civil tem merecido severas críticas, pois viola o princípio da cooperação e pode constituir um obstáculo intransponível ao acesso à tutela jurisdicional do direito em favor de uma das partes ou de ambas, que ficam privadas da possibilidade de provar os fatos dos quais o seu direito decorre"*.[31]

O CPC/2015 afastou quaisquer dúvidas ao estabelecer, no seu art. 379, *caput*, a existência do direito da parte *"não produzir prova contra si própria"*. A extensão desse direito ao processo civil é medida defendida por diversos autores que analisam o tema à luz do ordenamento dos EUA, em especial sob a lógica da análise econômica

---

29 STJ, REsp 866.240/RS, Rel. Ministro CASTRO MEIRA, SEGUNDA TURMA, julgado em 22/05/2007, DJ 08/08/2007, p. 366.

30 STJ, REsp 217.847/PR, Rel. Ministro CASTRO FILHO, TERCEIRA TURMA, julgado em 04/05/2004, DJ 17/05/2004, p. 212.

31 GRECO, Leonardo. Instituições de Processo Civil. V. II. Rio de Janeiro: Forense, 2010. p. 150-151.

do Direito.[32] Tradicionalmente no Direito Estadunidense, protege-se o material coletado ou produzido por uma parte em preparação para uma disputa judicial, não assistindo à outra parte a prerrogativa de ter acesso a esse conteúdo – é a chamada work-product doctrine, reconhecida pela Suprema Corte daquele país desde o caso Hickman v. Taylor, de 1947, e posteriormente tipificada na Federal *Rule of Civil Procedure 26(b)(3). Há exceções à work-product protection, majoritariamen*te relacionadas com o sistema denominado discovery, em que a instrução probatória é confiada aos advogados das partes.[33]

Por tais razões, deve-se interpretar o art. 473, § 3º, do CPC/2015 no sentido de que a parte não é obrigada a atender à solicitação de documentos formulada pelo perito, aplicando-se nesses casos as regras de distribuição do ônus da prova previstas no art. 373 do CPC/2015. Ressalve-se, contudo, a possibilidade de ponderação da garantia contra a autoincriminação com outros princípios constitucionais, notadamente quando a matéria controvertida no processo envolver direitos indisponíveis. Caso a solicitação seja feita a terceiro, este não poderá se negar a entregar os documentos desejados pelo *expert*, pois "*todo terceiro tem o dever de colaborar com a justiça no descobrimento da verdade (CPC[/1973], art. 339) e, assim, também a prestação de depoimento ou a entrega de documento decorrem desse dever, não podendo o ordenamento jurídico criar escusa com fundamento no suposto direito de não se autoincriminar, sob pena de grave limitação à busca da verdade*".[34]

11. ELEMENTOS DO LAUDO PERICIAL

A controlabilidade da atividade pericial sempre foi matéria que afligiu doutrinadores e operadores do Direito. Com efeito, tão importante quanto a conclusão do laudo pericial é a adequada exposição

[32] Por todos: WICKELGREN, Abraham L. *A Right to Silence for Civil Defendants? In*: *Journal of Law, Economics and Organization*, v. 26, n. 1. p. 92–114.

[33] Sobre o tema, v. FRIEDENTHAL, Jack H.; KANE, Mary Kay; MILLER, Arthur R. *Civil Procedure*. 4ª ed. St. Paul: Thomson West, 2006. p. 408 e segs. FEER, Richard D. *Civil Procedure*. 2ª ed. New York: Aspen, 2009. p. 384 e segs.

[34] GRECO, Leonardo. *Instituições de Processo Civil*. V. II. Rio de Janeiro: Forense, 2010. p. 151.

do método empregado, dos elementos analisados pelo *expert* e dos motivos que o levaram a adotar tal ou qual orientação. Impossível de outro modo o exercício adequado do contraditório pelas partes, ficando estas reféns da "opinião de autoridade".

Firme nesse propósito, o art. 473 do CPC/2015 exige que o laudo pericial contenha a exposição do objeto da perícia; a análise técnica ou científica realizada pelo perito; a indicação do método utilizado, esclarecendo-o e demonstrando ser predominantemente aceito pelos especialistas da área do conhecimento da qual se originou; e resposta conclusiva a todos os quesitos apresentados pelo juiz, pelas partes e pelo órgão do Ministério Público. Além disso, exige-se do perito a apresentação de sua fundamentação em linguagem simples e com coerência lógica, indicando como alcançou suas conclusões. Mais ainda, veda-se que o *expert* ultrapasse os limites de sua designação ou emita opiniões pessoais que excedam o exame técnico ou científico do objeto da perícia.[35]

12. A ENTREGA DO LAUDO E O CONTRADITÓRIO

Conforme já afirmado anteriormente, deve o perito observar não apenas o prazo fixado pelo juiz para a entrega do laudo, mas também a antecedência mínima de 20 (vinte) dias em relação à audiência de instrução e julgamento para o protocolo do laudo em juízo. A inobservância do prazo pode gerar a substituição do perito (art. 468, II, do CPC/2015).

Após o protocolo do laudo em juízo, devem as partes ser intimadas para, querendo, manifestarem-se sobre ele no prazo comum de 15 (quinze) dias (art. 477, § 1º, do CPC/2015). Em homenagem ao princípio do contraditório, caso alguma das partes formule quesitos em sua manifestação, deverá ser ouvida a outra parte, no prazo que o juiz assinalar ou, em caso de omissão, em 5 (cinco) dias (art. 218, § 3º, do CPC/2015).

No mesmo prazo de 15 (quinze) dias após a intimação das partes, devem os assistentes técnicos apresentar seus respectivos pareceres.

---

35 Sobre o tema, v. ALMEIDA, Diogo Assumpção Rezende. *A prova pericial no processo civil – o controle da ciência e a escolha do perito*. Rio de Janeiro: Renovar, 2011. p. 173.

Ressalte-se que a intimação é dirigida apenas às partes, não aos assistentes técnicos. A jurisprudência do STJ é no sentido de que prazo para juntada de pareceres dos assistentes técnicos é preclusivo, não sendo admitida a juntada posterior, sob pena de desentranhamento.[36]

As partes também podem utilizar a oportunidade para requerer a substituição do perito, sob a alegação de que o laudo demonstrou faltar-lhe conhecimento técnico ou científico (art. 468, I, do CPC/2015). Acolhendo a alegação, deverá o juiz determinar a realização de nova perícia (art. 480 do CPC/2015).[37]

O perito tem o dever de prestar esclarecimentos sobre ponto suscitado por qualquer das partes, pelo juiz ou pelo órgão do Ministério Público. É obrigado ainda a esclarecer divergência em relação ao parecer do assistente técnico da parte. Vale lembrar que apenas após prestar todos os esclarecimentos necessários poderá ser expedido mandado de pagamento de toda a verba honorária ao perito (art. 465, § 4º, do CPC/2015).

Esses esclarecimentos devem ser prestados por escrito, no prazo de 15 (quinze) dias. Se não foram suficientes as informações veiculadas na manifestação escrita, será o perito intimado por meio eletrônico a comparecer à audiência de instrução e julgamento, com pelo menos 10 (dez) dias de antecedência, a fim de que preste esclarecimentos oralmente (art. 477, §§ 3º e 4º, do CPC/2015). Nesse caso, a parte deverá formular suas perguntas sob a forma de quesitos. Também o assistente técnico pode ser convocado a prestar esclarecimentos em audiência, da mesma forma.

---

36 STJ, AgRg no REsp 1155403/SP, Rel. Ministro SIDNEI BENETI, TERCEIRA TURMA, julgado em 19/02/2013, DJe 28/02/2013.

37 Sobre o tema, confira-se a seguinte ementa de acórdão do Superior Tribunal de Justiça: "*Trata-se de impugnação da qualidade técnica ou científica dos trabalhos apresentados pelo perito, e não da qualificação formal desse profissional. (...) Assim, a oportuna impugnação dos trabalhos do perito deve ser avaliada pelo julgador, pois não está sujeita àquela preclusão operada após a nomeação do expert não recusada pelas partes. Ao decidir, o juiz poderá substituir o perito ou, dada a complexidade da causa, mandar realizar uma nova perícia*" (REsp 1175317/RJ, Rel. Ministro RAUL ARAÚJO, QUARTA TURMA, julgado em 07/05/2013, DJe 26/03/2014).

13. A FUNDAMENTAÇÃO DA SENTENÇA E A PROVA PERICIAL

Como corolário do sistema do livre convencimento motivado, o juiz tem liberdade para dissentir das conclusões e valorações lançadas pelo perito, devendo, porém, explicitar as razões do seu dissenso. Também no caso de o juiz concordar com as conclusões do perito, deverá manifestar as particulares razões do seu convencimento, não sendo suficiente a mera e acrítica remissão *per relationem*.[38] Por isso, dispõe o art. 479 do CPC/2015: "*O juiz apreciará a prova pericial de acordo com o disposto no art. 371, indicando na sentença os motivos que o levaram a considerar ou a deixar de considerar as conclusões do laudo, levando em conta o método utilizado pelo perito*".

É prudente que o magistrado observe, na avaliação da perícia, os parâmetros previstos na Federal *Rule of Civil Procedure* 702 (b), (c) e (d), dos EUA, perquirindo se: (i) a perícia se baseou em fatos ou dados suficientes; (ii) a perícia foi produzida de acordo com princípios e métodos confiáveis; e (iii) o *expert* aplicou de forma confiável esses princípios e métodos aos fatos da causa.

Para que possa se desincumbir a contento de seu dever de motivação, deve o juiz zelar para que o perito se manifeste sobre todos os pontos suscitados pelas partes e pelos assistentes técnicos, exceto aqueles quesitos reputados impertinentes (art. 470, I, do CPC/2015).

Não poderá o magistrado utilizar o conhecimento técnico ou especializado particular, alheio ao Direito, que porventura detiver para fundamentar a sentença, sem respaldo no trabalho do *expert*, sob pena de violação ao contraditório e à boa-fé processual, na sua vertente de vedação à surpresa (art. 10º do CPC/2015).[39] Na mesma linha, dispõe

---

[38] COMOGLIO, Luigi Paolo. *Le prove civili*. 3 ed. Torino: UTET, 2010. p. 890.

[39] Assim já decidiu o Superior Tribunal de Justiça, em acórdão assim ementado: "*Em se tratando de matéria complexa, em que se exige o conhecimento técnico ou científico, a perícia deve ser realizada. O juiz, ainda que não esteja vinculado às conclusões do laudo pericial, não pode realizar os cálculos "de próprio punho". Isso porque, com a determinação da perícia, as partes terão a oportunidade de participar da produção probatória, com a nomeação de assistentes técnicos e a formulação de quesitos.* (...) *Assim, a realização da prova pericial, quando o fato a ser demonstrado exigir conhecimento técnico ou científico, é um direito da parte, não podendo o magistrado indeferi-la, ainda que possua*

o art. 375 do CPC/2015 que o "juiz aplicará as regras de experiência comum subministradas pela observação do que ordinariamente acontece e, ainda, as regras de experiência técnica, ressalvado, quanto a estas, o exame pericial".

14. A DESIGNAÇÃO DE NOVA PERÍCIA

Caso o juiz não se convença com o laudo produzido, pode determinar, de ofício ou a requerimento de qualquer das partes, a realização de nova perícia (art. 480 do CPC/2015). Nessa hipótese, deverá o magistrado permitir às partes a designação de novos assistentes técnicos e a apresentação de novos quesitos, se assim desejarem, intimando as partes na forma do art. 465, § 1º, do CPC/2015.

A segunda perícia pode ser realizada pelo mesmo perito que elaborou o primeiro laudo ou não, a critério do juiz. Normalmente, a substituição do perito para a realização da nova perícia ocorrerá quando a insuficiência do laudo decorrer da falta de conhecimento técnico ou científico do profissional (art. 468, I, do CPC/2015). Caso não sejam complexas as dúvidas geradas pela omissão ou inexatidão do primeiro laudo, a complementação pode ser feita sob a forma de esclarecimentos (art. 477, §§ 2º e 3º, do CPC/2015).

A primeira perícia permanece válida, ainda que determinada a realização de uma nova. Poderá o juiz adotar na sentença as conclusões lançadas no primeiro ou no segundo laudos. Poderá também combinar, fundamentadamente, conclusões de ambas as perícias ou refutar as duas. Tudo isso decorre do sistema do livre convencimento motivado ou da persuasão racional (art. 479 do CPC/2015).

---

capacitação técnica. (...) A esta conclusão se chega não apenas em decorrência do prestígio ao contraditório e ampla defesa, mas também da interpretação, feita a contrário senso, do art. 421, parágrafo único, I, do CPC [de 1973, equivalente ao art. 464, § 1º, I, do CPC/2015]. *Este dispositivo permite ao juiz indeferir a perícia quando "a prova do fato não depender, do conhecimento especial de técnico". Ora, se o magistrado pode indeferir a perícia quando a prova do fato não depender de conhecimento especial de técnico, pode-se dizer, então, que, quando a prova depender deste conhecimento, ela não poderá ser indeferida" (STJ, AgRg no AREsp* 184.563/RN, Rel. Ministro HUMBERTO MARTINS, SEGUNDA TURMA, julgado em 16/08/2012, DJe 28/08/2012).

No caso de ser reconhecida a nulidade da primeira perícia, a determinação da realização de uma nova não é uma faculdade, mas uma obrigação do juiz.[40]

15. CONSIDERAÇÕES FINAIS

À vista do panorama apresentado, pode-se concluir que o Código de Processo Civil de 2015 contempla importantes novidades sobre a prova pericial, em diversas frentes. Cabe mencionar, dentre outras, as seguintes virtudes do diploma: (i) preza pela qualidade dos profissionais que realizam a prova pericial, ao determinar o cadastramento dos *experts* perante o Tribunal; (ii) prestigia a controlabilidade do resultado da perícia, descrevendo os diversos elementos que o laudo deve conter; e (iii) valoriza a participação das partes, permitindo a escolha consensual do perito.

Incumbe aos profissionais jurídicos incorporar os objetivos do Código ao seu dia-a-dia, promovendo uma transformação cultural imprescindível à adequada efetividade das disposições aqui analisadas.

16. REFERÊNCIAS BIBLIOGRÁFICAS

ALMEIDA, Diogo Assumpção Rezende. *A prova pericial no processo civil* – o controle da ciência e a escolha do perito. Rio de Janeiro: Renovar, 2011.

ANSANELLI, Vincenzo. *La consulenza tecnica nel processo civile*: problemi e funzionalità. Milano: Giuffrè, 2011.

BODART, Bruno Vinícius Da Rós. *Simplificação e adaptabilidade no anteprojeto do novo CPC brasileiro. In: O Novo Processo Civil Brasileiro* – Direito em Expectativa. Org.: Luiz Fux. Rio de Janeiro: Forense, 2011.

COMOGLIO, Luigi Paolo. Le prove civili. 3 ed. Torino: UTET, 2010.

FEER, Richard D. *Civil Procedure*. 2 ed. New York: Aspen, 2009. p. 384 e segs.

FORNACIARI, Michele. *A proposito di prova testimoniale "valutativa". In: Rivista di diritto processuale*, n. 4-5, 2013, p. 1.004 e segs.

FRIEDENTHAL, Jack H.; KANE, Mary Kay; MILLER, Arthur R. *Civil Procedure*. 4 ed. St. Paul: Thomson West, 2006. p. 408 e segs.

---

[40] Em sentido análogo: COMOGLIO, Luigi Paolo. *Le prove civili*. 3 ed. Torino: UTET, 2010. p. 894.

FUX, Luiz. *Curso de Direito Processual Civil.* V. I. 4 ed. Rio de Janeiro: Forense, 2008.

GRECO, Leonardo. *Instituições de Processo Civil.* V. II. Rio de Janeiro: Forense, 2010.

MARENGO, Roberto. *L'expert evidence nei sistemi di common law. In: Rivista di Diritto Processuale,* Padova: CEDAM, v. 62, n. 3, p. 699-716, magg./giugno 2007.

MIRANDA, Francisco Cavalcanti Pontes de. *Comentários ao Código de Processo Civil.* 3 ed. V. IV. Rio de Janeiro: Forense, 1996.

MOCCI, Mauro. *La scelta del consulente tecnico d'ufficio nella prospettiva del giusto processo. In: Il giusto processo civile,* v. 7, 2, Napoli: Edizioni Scientifiche Italiane, 2012, p. 593-611.

MOREIRA, José Carlos Barbosa. Temas de Direito Processual. 9ª Série. São Paulo: Saraiva, 2007.

WICKELGREN, Abraham L. *A Right to Silence for Civil Defendants? In: Journal of Law, Economics and Organization,* v. 26, n. 1. p. 92–114.

6

OS PROCEDIMENTOS SIMPLIFICADOS E FLEXIBILIZADOS NO NOVO CPC

Fernando da Fonseca Gajardoni

1. MODELOS PROCEDIMENTAIS

Quanto à ordenação formal dos atos no processo (local na série e prazos), o modelo procedimental de um sistema varia conforme maior ou menor flexibilidade na aplicação destas regras ao caso concreto; se há liberdade ou não das partes e do juiz para modificarem essas regras, se afastando do modelo legal previamente previsto; se o regime preclusivo é tênue ou rigoroso, admitindo ou não o retorno a fase processuais já superadas no tempo.

Com base nisto, dois sistemas processuais são conhecidos e indicados pela doutrina no que toca ao procedimento: a) *sistema da legalidade das formas procedimentais;* b) *sistema da liberdade de formas procedimentais.*

No primeiro sistema, o lugar em que cada ato processual tem cabimento, bem como o prazo para sua prática, se encontra rigidamente pré-estabelecido em lei, podendo o desrespeito à prescrição legal implicar invalidade do próprio ato processual, do seu conjunto (do procedimento todo), ou do resultado do processo (da sentença). Este sistema tem por grande mérito a previsibilidade e a segurança que ofertam ao jurisdicionado, ciente da maneira como se desenvolverá o processo do início ao fim. Mas é burocrático e em muitas ocasiões implica a prática de atos processuais desnecessários ou inadequados à efetiva tutela dos direitos.

Já no segundo sistema não há uma ordem legal pré-estabelecida para a prática dos atos processuais, tampouco há disciplina legal dos prazos, competindo aos sujeitos do processo (ora às partes, ora ao juiz) determinar a cada momento qual o ato processual a ser praticado, bem como o tempo para tanto.

Não há sistemas totalmente puros, embora seja manifesta a preferência pelo primeiro deles e a preponderância das regras legais sobre o procedimento. A grande maioria dos modelos procedimentais – como o da até então vigente Lei de Ação Civil Pública (Lei n. 7.347/85) ou do próprio CPC/1973, ainda em vigor – tende ao sistema da legalidade das formas procedimentais, em que não é permitido às partes ou ao magistrado alterar a ordem ou o prazo para a prática de atos processuais na série.

2. PROCEDIMENTOS OU RITOS NO CPC/1973

Exatamente por conta da adoção do modelo da *legalidade das formas procedimentais* no CPC/1973, a doutrina nacional majoritária tem entendido que só a legislação pode promover a calibração dos procedimentos processuais às particularidades subjetivas e objetivas da causa. Por isto, ao Estado compete estabelecer normas que disciplinem os procedimentos levando em conta diversos fatores, que vão desde a busca por uma tutela jurisdicional mais célere até uma melhor proteção a determinados pessoas ou direitos que, pelo seu valor pecuniário ou social, demandam uma solução de melhor qualidade extrínseca e/ou intrínseca.

Com base nisso e visando esta adequação procedimental, o CPC/1973 criou, conforme o tipo de processo (conhecimento, execução e cautelar), variados procedimentos, assim classificados por puro expediente didático.

No *processo de conhecimento*, o sistema contemplou duas categorias procedimentais: os *procedimentos comuns* e os *procedimentos especiais*. Os primeiros subdividem-se em procedimentos ordinário e sumário (art. 272 do CPC/1973). Os segundos, em procedimentos especiais constantes do CPC/1973 (arts. 890 a 1.102c) e os constantes de legislação extravagante. A todos se aplicam subsidiariamente as regras do *procedimento comum* ordinário (art. 272, parágrafo único, do CPC/1973).

Já no *processo de execução*, embora o sistema não seja expresso, tampouco a doutrina faça esta classificação, encontramos, também, duas categorias de ritos: *os comuns e os especiais*. Integram o processo de execução de rito comum a execução para entrega de coisa (artigos 621 a 631 CPC/1973), a execução de obrigação de fazer e não fazer (artigos 632 a 645 CPC/1973) e a execução por quantia contra devedor solvente (artigos 646 a 729 CPC/1973). Já os procedimentos especiais da execução também se subdividem em procedimentos especiais constantes do CPC/1973 – execução contra a Fazenda Pública (arts. 730 e 731), execução de alimentos (arts. 732 a 735) e execução por quantia contra devedor insolvente (arts. 646 a 729 e 748 a 786-A) – e procedimentos especiais executivos de legislação extravagante (aqueles não contemplados no Código de Processo Civil), entre outros, a execução fiscal (Lei 6.830/1980) e a execução hipotecária do Decreto-lei 70/1966 e da Lei 5.741/1971.

O *processo cautelar* também tem os seus procedimentos. Ao lado das cautelares de *procedimento comum* (arts. 800 a 804 do CPC/1973) – nominadas (arts. 888 e 889 do CPC) ou inominadas (art. 798 do CPC) – há, ainda, as cautelares de *procedimento próprio ou especial* (arts. 813 a 887 do CPC/1973), que se diferenciam das primeiras, como todo procedimento especial, exatamente por se submeterem a trâmites específicos e que se revelam total ou parcialmente distintos dos comuns.

3. RAZÕES QUE INSPIRARAM A CRIAÇÃO DOS PROCEDIMENTOS ESPECIAIS

Para todos os tipos de processos, a criação de modelos rituais especiais resulta, ao menos em tese, de particularidades ligadas ao direito material ou a pessoa dos litigantes

Assim, por exemplo, o legislador, atento ao *diminuto valor do pedido*, criou o procedimento especial dos Juizados Especiais Cíveis Estaduais (Lei 9.099/1995), Federais (Lei 10.259/2001) e da Fazenda Pública (Lei 12.153/2009), onde impera a sumarização e informalidade procedimental; atento ao *interesse público* em jogo criou o procedimento especial da desapropriação (Decreto-lei 3.365/1941), com possibilidade de imissão do poder expropriante na posse do bem liminarmente; atento à tutela do próprio *direito à vida* criou o procedimento especial da ação de alimentos (Lei 5.478/1968), que permite a concessão de tutela antecipatória com requisitos muito mais tênues que os do art. 273 do CPC/1973; atento à *qualidade especial da partes* quadruplicou todos os prazos de reposta das Fazendas Públicas (art. 188 do CPC), bem como modelou um procedimento executivo por quantia específico contra o Estado (art. 730 CPC/1973); e atento, simplesmente, à *incompatibilidade lógica do procedimento comum com a execução coletiva*, criou o procedimento especial falimentar (Lei 11.101/2005).

Há alguns procedimentos especiais, entretanto, que apesar de previstos na legislação civil em vigor, efetivamente não tinham mais razão de existir, seja porque poderiam perfeitamente ser tutelados pelo procedimento comum (sem prejuízo algum ao direito ou das partes em litígio), seja porque, com a possibilidade, desde 1994, de concessão de liminares antecipatórias genéricas (art. 273 CPC/1973), não havia mais sentido para que continuassem especiais. Listem-se, como exemplos, os procedimentos especiais da ação de anulação de títulos ao portador (arts. 907 a 913 CPC/1973), da ação de nunciação de obra nova (arts. 934 a 940 CPC/1973), da ação de usucapião (arts. 941 a 945 CPC/1973), entre tantos outros.

Seja como for, de se reafirmar que como nosso sistema vigente é adepto da *legalidade das formas procedimentais*, prevalece atualmente o entendimento de que não é dado ao juiz, à míngua de previsão legal específica, ignorar os procedimentos especiais inutilmente previstos – deixando de aplicá-los conforme a constatação de falta de racionalidade lógica na sua criação – tampouco pode o magistrado, percebendo a ausência de tutela ritual adequado a determinado bem ou pessoa, adaptar ou criar procedimentos conforme as particularidades da causa.

4. OS PROCEDIMENTOS NO NOVO CPC (LEI 13.105/2015)

No Novo CPC são promovidas alterações profundas no regime procedimental do CPC/1973, com manifesta simplificação dos ritos e, principalmente, com uma tentativa de se mitigar, ao menos parcialmente, a adoção, pelo sistema, do *modelo da legalidade das formas procedimentais*, permitindo-se ao juiz e às partes, diante do déficit procedimental, a adaptação dos procedimentos às particularidades objetivas e subjetivas da causa (*flexibilização procedimental*).

5. A SIMPLIFICAÇÃO FORMAL E RITUAL NO NOVO CPC

Como um dos motes anunciados pela Comissão de Juristas encarregada da elaboração do Novo CPC era a *simplificação*, não parece estranho que um dos principais campos para o exercício desta tarefa fosse a seara dos procedimentos.

Afinal, é voz corrente no foro e na academia que os procedimentos do CPC/1973, de um modo geral, são lentos e burocráticos, sendo imperiosa, portanto, uma completa reestruturação para, sem renúncia aos direitos e garantias constitucionais, permitir que o processo alcance o maior resultado no menor tempo possível.

Por exemplo, sabe-se que o procedimento cognitivo sumário do CPC/1973 – apesar de ser um plenário rápido (GUILLÉN, 1953, p. 46) – acaba, no mais das vezes, por ser mais lento que o próprio procedimento ordinário (FIGUEIRA JR. e LOPES, 1997, p. 35), isto por conta da necessidade de pauta judicial livre para a realização de audiência de conciliação logo no início do procedimento (art. 277 e 278 do CPC/1973).

Sabe-se, também, que o modo formal – quase solene – do processamento de certos incidentes processuais (exceções de incompetência relativa, impugnação ao valor da causa, impugnação aos benefícios da justiça gratuita, etc.) e de demandas contrapostas (reconvenção), prejudica profundamente a tutela dos direitos (BEDAQUE, 2005, p. 417-433).

E, por fim, a quase nenhum operador jurídico é lícito negar que o excessivo número de procedimentos especiais cognitivos e cautelares – muitos deles, como já apontado, criados sem sentido lógico algum – acaba por confundir a própria presteza e efetividade da Justiça (ARAGÃO, 2004, p. 205).

Por isto o Novo CPC investe fundo na questão da simplificação formal e ritual do sistema, eliminando empecilhos puramente formais, sem sentido prático ou lógico, e reprojetando, com algumas melhorias, os ritos processuais, os quais doravante pretendem efetivamente servir ao que se prestam: garantir segurança, cadência e estrutura ao processo civil.

5.1. A substituição dos procedimentos cognitivos ordinário e sumário pelo procedimento comum.

O Novo CPC propõe – em boa hora – o fim dos procedimentos cognitivos *sumário* e *ordinário*, fundindo-os em uma figura única e híbrida denominada *procedimento comum*.

Cria-se, assim, um procedimento misto – doravante nominado simplesmente de *procedimento comum* (art. 318 CPC/2015) – com a tentativa de fusão do que havia de melhor nos dois procedimentos substituídos, potencializando-os, ainda, através de pequenos ajustes que podem – com o correspondente empenho dos operadores jurídicos e estruturação das unidades judiciárias – fazer com que os processos sejam concluídos rapidamente em 1º grau de jurisdição.

Ampliam-se as hipóteses de improcedência liminar do pedido (*julgamento antecipadíssimo do mérito*), para abarcar – além da prescrição e decadência (art. 332, § 1º, CPC/2015)– as situações de pretensões fundamentadas em matéria exclusivamente de direito e contrárias: a) a decisões do STF ou STJ, proferidas em julgamento de recursos repetitivos ou súmulas; b) a entendimento firmado em incidente de resolução de demandas repetitivas ou assunção de competência (art. 332 do CPC/2015); c) a enunciado de súmula do Tribunal de

Justiça sobre direito local. Lamentavelmente, foi excluída a hipótese atual de julgamento liminar de improcedência das causas repetidas em 1º grau (art. 285-A CPC/1973), algo que contraria o ideário sempre defendido pela doutrina (mas não pela comissão de juristas que apoiou os trabalhos junto à Câmara dos Deputados), de que é necessário o fortalecimento dos juízes de primeira instância.

Insere-se, logo na fase inicial do procedimento e antes da resposta do réu, uma audiência de conciliação – de comparecimento pseudo compulsório (sob pena de multa – art. 334, § 8º, CPC/2015) – a ser realizada por conciliadores e mediadores em pauta distinta da do juiz (art. 334 do CPC/2015), a qual só será dispensada se ambas as partes declararem expressamente seu desinteresse no ato; o autor na inicial e o réu nos 10 (dez) dias que antecedem a audiência (art. 334, § 4º, CPC/2015). Embora plenamente justificada a opção do Novo CPC – vez que experiências reais (Projeto de Gerenciamento de casos do TJ/SP) revelam o quão útil para os fins autocompositivos é a realização de audiência de conciliação/mediação, através de corpo de mediadores/conciliadores autônomos, logo no início do rito (GAJARDONI, ROMANO e LUCHIARI, 2007, p. 18/42) –, a realização de audiência a contragosto de uma das partes não parece ter sido a melhor opção, mormente porque violadora do princípio da autonomia da vontade (vetor máximo em tema de autocomposição).

Extingue-se a diferenciação inútil que existia entre a forma de argüição da incompetência absoluta e relativa existente no CPC/1973, a primeira por preliminar de contestação (art. 301, II, CPC/1973) e a outro por exceção ritual autônoma (arts. 112, 114 e 307 CPC/1973). Doravante ambas as incompetências poderão ser argüidas por preliminar de contestação (art. 64 do CPC/2015) – conforme, inclusive, já vem sido admitido por jurisprudência mais progressiva – simplificação esta que também foi estendida para os atuais incidentes autônomos de impugnação ao valor da causa (art. 261 CPC/1973) e impugnação dos benefícios da justiça gratuita (art. 6º da Lei 1.060/50), os quais se farão, da mesma forma, em preliminar de contestação (art. 337, III e XIII, CPC/2015).

Permite-se ao réu no novo *procedimento comum* – tanto quanto hoje já é permitido para o procedimento sumário (art. 278, § 1º,

CPC/1973) e para alguns procedimentos especiais (*v.g.* art. 922 CPC/1973) – a possibilidade de formular reconvenção na própria contestação, independentemente de petição autônoma (art. 343 do CPC/2015). Lamentavelmente, não se suprimiu, de vez, a figura da reconvenção (como era a ideia originária do art. 326 do projeto aprovado originariamente no Senado), relegando o instituto para a história do processo civil brasileiro.

Aliás, pelo seu vasto conteúdo (exceções de incompetência, pedido contraposto, etc.), a contestação – a ser apresentada, regra geral, no prazo de 15 (quinze) dias a contar do insucesso da audiência de conciliação (art. 335 do CPC/2015) – deveria ser renominada no CPC/2015 para *resposta*, nomenclatura muito mais adequada para indicar o que ela realmente representa (DUARTE, 2011).

Permite-se a emenda da inicial após a contestação – em verdadeira manobra de salvamento do processo – nos casos em que alegada ilegitimidade passiva (art. 338 CPC/2015), dando-se fim à rara figura existente no CPC/1973 da nomeação à autoria (art. 62 e ss. do CPC/1973); extingue-se a declaratória incidente, passando-se as questões prejudiciais a serem alcançadas pela coisa julgada independentemente de provocação da parte (art. 503 CPC/2015); faculta-se ao advogado – a bem da aceleração dos procedimentos – promover diretamente, pelo correio, a intimação do advogado da outra parte (art. 269, § 1º, do CPC/2015), algo que, apesar do avanço, ainda é pouco frente à experiência do direito comparado que permite, inclusive, a citação extrajudicial da parte; reduz-se o prazo em quádruplo da Fazenda Pública (art. 188 do CPC/1973) para o dobro – diminuição compensada pela nova regra de que na contagem dos prazos só se contarão os dias úteis (art. 219 do CPC/2015) , com duvidoso ganho na celeridade processual (art. 183 do CPC/2015); condiciona, na esteira do que já semelhantemente ocorre no processo do trabalho, a oitiva das testemunhas arroladas ao comparecimento espontâneo ou à prévia a intimação extrajudicial (art. 455 e §§ do CPC/2015); extingue-se a audiência preliminar do atual art. 331 do CPC/1973, obviamente compensada pela audiência inaugural de conciliação, admitindo-se, todavia, a designação de audiência para fins de saneamento compartilhado em casos de maior complexidade (art. 357, § 3º, CPC/2015); permite-se a realização de perícias extrajudiciais em determinadas hipóteses (art. 472 do CPC/2015); entre tantos outras pequenas inovações com grande impacto no procedimento processual, especialmente no tempo.

De se lamentar, apenas, que haja no Novo CPC regra a determinar o julgamento dos processos por ordem cronológica de conclusão (art. 12 do CPC/2015). Apesar das inúmeras exceções legais constantes do próprio dispositivo (§ 2º) – as quais nunca serão suficientes frente a riqueza das situações do foro – fato é que todos os ganhos procedimentais havidos com a simplificação formal e ritual dantes alinhavados podem ser perdidos quando se determina que processos mais simples tenham que ficar na fila aguardando o julgamento de casos mais complexos. Fico eu a pensar um caso de simples alvará para liberação de valores salariais deixados por pessoa morta, que aguardará dias ou meses o julgamento de um inventário mais complexo, ou talvez de uma ação de improbidade administrativa de 16 volumes. Regra sem nexo e sem lógica, que depõe contra o princípio insculpido no art. 5º, LXXVIII, da CF (GAJARDONI, 2015).

Lamentável, também, a supressão da boa regra que havia nos artigos 296 e 325, parágrafo único, do projeto do Senado, no sentido de que para todas as causas não regidas por *procedimento especial*, a petição inicial e a contestação (art. 325, parágrafo único, do projeto originariamente votado no Senado) já devessem vir acompanhadas com o rol de testemunhas não superior a 05 (cinco). Acabou ficando na lei a regra de o rol deverá ser apresentado no prazo de 15 (quinze) dias a partir do saneamento (art. 357, § 4º, do CPC/2015). A utilização da regra do atual procedimento sumário (arts. 276 e 278 CPC/1973) eliminaria uma etapa morta atualmente existente no procedimento ordinário (arrolamento de testemunhas – art. 407 do CPC/1973). E permitiria às partes, ainda na fase postulatória, se precaverem quanto à idoneidade das testemunhas para fins de futura contradita em audiência, algo que, efetivamente, potencializa a garantia constitucional da ampla defesa.

5.2. O fim dos procedimentos especiais cautelares.

Conforme já postulávamos em sede acadêmica (MEDINA, CALDAS e GAJARDONI, 2010, p. 143), extinguiram-se os procedimentos cautelares típicos ou nominados (arts. 813 a 888 CPC/1973) – *não a tutela cautelar como apressadamente têm apontado alguns* – adotando-se a regra no sentido de que basta à parte a demonstração do *fumus boni iuris* e do perigo de ineficácia da prestação jurisdicional (*periculum in mora*) para que a providência pleiteada seja deferida, seja qual for sua natureza (cautelar ou satisfativa). Ou seja, tutelas conservativas, sem exceção, são apreciadas e deferidas à luz do poder geral de cautela do juiz.

Deu-se, também, cabo à autonomia procedimental das cautelares incidentais – algo que já não mais fazia sentido após o advento do art. 273, § 7º, do CPC/1973 – conservando, apenas, o procedimento cautelar autônomo para as medidas cautelares antecedentes (art. 303 do CPC/2015).

Reorganizaram-se as tutelas sumárias – com enormes vantagens didáticas e procedimentais – dividindo-as nas modalidades de *tutela de urgência* (cautelar e satisfativa) – sempre fundada no *periculum in mora* – e *tutela da evidência* (art. 294 e ss. do CPC/2015).

Conforme exposição de motivos do anteprojeto, deixou-se "*clara a possibilidade de concessão de tutela de urgência e de tutela à evidência. Considerou-se conveniente esclarecer de forma expressa que a resposta do Poder Judiciário deve ser rápida não só em situações em que a urgência decorre do risco de eficácia do processo e do eventual perecimento do próprio direito. Também em hipóteses em que as alegações da parte se revelam de juridicidade ostensiva deve a tutela ser antecipadamente (total ou parcialmente) concedida, independentemente de periculum in mora, por não haver razão relevante para a espera, até porque, via de regra, a demora do processo gera agravamento do dano. Ambas essas espécies de tutela vêm disciplinadas na Parte Geral, tendo também desaparecido o livro das Ações Cautelares. As tutelas de urgência e da evidência podem ser requeridas antes ou no curso do procedimento em que se pleiteia a providência principal. Não tendo havido resistência à liminar concedida, o juiz, depois da efetivação da medida, extinguirá o processo, conservando-se a eficácia da medida concedida, sem que a situação fique protegida pela coisa julgada. Impugnada a medida, o pedido principal deve ser apresentado nos mesmos autos em que tiver sido formulado o pedido de urgência*".

5.3. *A extinção de inúmeros procedimentos especiais cognitivos*

Com propriedade, muitos procedimentos especiais foram extintos pelo Novo CPC, vez que não havia mesmo razão lógica ou jurídica para que continuassem a existir, ainda mais quando no anteprojeto do Novo CPC se permitia – em disposição que, posteriormente, foi objeto de parcial alteração no substitutivo do Senado (art. 118, V) – ao juiz calibrar o procedimento conforme as particularidades da causa (*flexibilização procedimental*) (art. 107, V, do projeto originariamente votado no Senado).

De fato, conforme lançado na exposição de motivos do anteprojeto, "*já não se podia afirmar que a maior parte desses procedimentos era efetivamente especial, vez que as características que, no passado, serviram para lhes qualificar desse modo, após as inúmeras alterações promovidas pela atividade de reforma da legislação processual, deixaram de lhes ser exclusivas. Vários aspectos que, antes, somente se viam nos procedimentos ditos especiais, passaram, com o tempo, a se observar também no procedimento comum*".

Deu-se fim à ação de anulação e substituição de títulos ao portador (arts. 907 e ss. CPC/1973). Primeiro, porque, como regra, a emissão de títulos ao portador não é admitida no sistema (Lei 8.021/1990 e art. 907 do CC/02). E segundo, pois já era plenamente possível a obtenção da posse do título ou sua anulação e substituição através do procedimento comum, inclusive de modo liminar (art. 273 do CPC/1973 e art. 294 e ss. do CPC/2015). Assim, não havia mesmo nenhuma especialidade, seja do ponto de vista das partes, seja do direito material, a justificar a manutenção deste procedimento especial no sistema.

O procedimento especial da ação de usucapião de imóveis (art. 941 e ss. CPC/1973) é extinto, com a criação do procedimento edital, como forma de comunicação dos atos processuais, por meio do qual se provocam todas as pessoas incertas a intervir na medida de seus interesses (art. 259 do CPC/2015). Não fazia sentido a manutenção do rito especial da usucapião, vez que após a fase de citação o feito passava mesmo a seguir o rito comum. A única particularidade mesmo era a citação dos confrontantes e dos terceiros interessados, algo devidamente suprido com o procedimento edital no CPC/2015.

Com a mudança, todas as ações de usucapião, inclusive as regidas por lei própria (art. 14 da Lei 10.257/2001), passarão a ter o rito comum, vez que extintos os ritos especial e sumário do CPC/1973.

Manteve-se no Novo CPC a ação de exigir contas (art. 915 CPC/1973 e art. 550 do CPC/2015), que por conta do procedimento bifásico demanda mesmo um procedimento diverso do comum. Foi extinta, entretanto, a ação de dar contas, com regência atual pelo art. 916 do CPC. A opção foi desacertada. Era conveniente a manutenção da natureza dúplice da ação de dar contas, com possibilidade de declaração de saldo credor e favor da parte demandada independentemente de pedido. Como não mais haverá regência especial da medida, a natureza dúplice do procedimento de dar contas pode restar comprometida pela impossibilidade de aplicação art. 552 do CPC/2015 (atual art. 918 do CPC/1973), o que é preocupante. Melhor que se tivesse mantido junto aos procedimentos especiais tal medida.

5.4. A manutenção, realocação e inserção de novos procedimentos especiais cognitivos

Por outro lado foram mantidos no Novo CPC os procedimentos especiais mais úteis e que, em razão de particularidades relacionadas às partes ou ao direito debatido, ou mesmo da incompatibilidade lógica de serem tutelados pelo procedimento comum (procedimentos especiais infungíveis), mereciam mesmo uma tutela procedimental diferenciada: a ação de consignação em pagamento, a ação de prestação de contas, a ação de divisão e demarcação de terras particulares, inventário e partilha, embargos de terceiro, habilitação, restauração de autos, homologação de penhor legal e ações possessórias.

O Novo CPC, adequadamente, realocou os procedimentos especiais que sobejaram no livro que trata do processo de conhecimento (livro I da parte especial), já que apesar de possuírem certa carga cautelar e executiva, indubitavelmente, têm preponderante carga cognitiva. Corrige-se, com isto, uma grave falha do CPC/1973, que criara um livro autônomo para o tratamento dos procedimentos especiais (livro IV), como se fossem processos especiais distintos do processo de conhecimento.

Não houve, de um modo geral, alterações impactantes nos procedimentos especiais preservados, mas apenas mudanças pontuais. A destacar, apenas, o procedimento especial de dissolução parcial de sociedade – que no modelo ainda vigente segue as regras do CPC/39 (art. 1218, VII, CPC/1973 c.c. 655 e ss. do CPC/39) – o qual foi completamente aperfeiçoado e reinserido entre os procedimentos especiais constantes da legislação que, doravante, se verá em vigor (art. 599 e ss. CPC/2015).

Transferiu-se a disciplina da oposição (art. 56 e ss. do CPC/1973) para junto aos procedimentos especiais (art. 682 e ss. CPC/2015), mudança de duvidosa utilidade prática ou teórica, especialmente porque desprovida de qualquer alteração nas regras gerais.

Perdeu-se uma fantástica oportunidade de simplificar o procedimento do inventário/arrolamento (art. 982 e ss. do CPC/1973 e art. 610 e ss. do CPC/2015), certamente um dos mais lentos, burocráticos e dispendiosos procedimentos em curso no Judiciário brasileiro. Poderia o código projetado ter ousado um pouco mais e extrajudicializado, de vez, o procedimento do arrolamento, tornando *obrigatória* a sua realização na esfera extrajudicial.

Inseriu-se no Novo CPC, todavia, um capítulo próprio para disciplinar – de modo bem genérico, diga-se –, o processamento das ações de família (693 do CPC/2015), basicamente para incentivar a prática da conciliação/mediação, inclusive determinando que o réu seja citado sem cópia da inicial (o que torna o dispositivo um dos primeiros a ser objeto de possível afirmação de inconstitucionalidade).

5.5. A ressurreição (nova roupagem) de alguns procedimentos especiais

5.5.1. Ação de depósito

Desde que o STF declarou a inconstitucionalidade da prisão civil de depositário infiel, o contrato e a ação de depósito (art. 627 e ss. do CC/2002) perderam seu prestígio. Sem a possibilidade de ser cominada a prisão para aquele que não deposita, no prazo legal, a coisa ou o seu equivalente em dinheiro, o manejo da ação de depósito do CPC/1973 (art. 901 e ss.) foi substituído pelo da execução do contrato (título extrajudicial). Como a ação de depósito, sem a possibilidade de prisão do depósito infiel, costuma não alcançar a tutela específica desejada (entrega da coisa), a execução direta do valor do bem depositado e perdido acaba por abreviar a eventual (e improvável) obtenção das perdas e danos, tornando desnecessária a própria previsão da ação de depósito – ao menos tal como regulada atualmente – entre os procedimentos especiais do CPC.

Boa parte desta ineficácia da ação de depósito no pós súmula vinculante n. 25 se deve à inexistência, no CPC/1973, de dispositivo que permita ao juiz a rápida apreensão do bem depositado, antes do julgamento da ação de depósito. Não há, como há no DL 911/69 (busca e apreensão de bens alienados fiduciariamente) e no art. 1.071 do CPC/1973 (busca e apreensão de bens vendidos com reserva de domínio), permissão legal para a tutela imediata da evidência do inadimplemento, autorizando que, antes da citação do depositário e independentemente do risco de desvio ou destruição da coisa depositada (periculum in mora), se determine a sua imediata busca e apreensão e a entrega nas mãos do credor/depositante. Para que isso ocorra no regime do CPC/1973, é indispensável que o depositante comprove o risco de desvio ou destruição da coisa depositada, na forma do art. 273, I, do CPC/1973 (tutela antecipada de urgência).

Essa diferenciação de tratamento entre credores resguardados pela garantia fiduciária ou reserva de domínio, e outros credores de obrigações de entrega, nunca convenceu. Pese a diferença material entre as situações, não há diferença, do ponto de vista lógico, entre quem aliena fiduciariamente bem em garantia ou com reserva de domínio, e aquele que recebe coisa em depósito: todos têm a obrigação legal de entrega no caso de inadimplemento do financiamento ou do contrato de depósito. Não há justificativa jurídica, portanto, para que o processo seja eficiente e funcional para alguns credores de obrigação de entrega (geralmente instituições financeiras) e não seja para outros.

O Novo CPC, corretamente, suprime o ineficaz procedimento especial da ação depósito (art. 901 e ss. CPC/1973), amputado que já estava da prisão pela infidelidade do depósito (súmula vinculante n. 25). Mas, paradoxalmente, faz renascer como a Fênix, mais forte, a ação de depósito, agora pelo rito comum.

Estabelece o art. 311, III, do CPC/2015 que a tutela da evidência será concedida, independentemente da demonstração de perigo de dano ou de risco ao resultado útil do processo, quando se tratar de pedido reipersecutório fundado em prova documental adequada do contrato de depósito. Nestes casos, será decretada, liminarmente, a ordem de entrega do objeto custodiado, sob cominação de multa.

O dispositivo recupera o prestígio do depósito. Dota-se a tutela processual do depositante de maior eficácia, através de instrumento processual bastante hábil, equivalente à busca e apreensão do DL 911/69 ou do art. 1.071 do CPC/1973. Desde que haja prova documental do contrato de depósito (a prova literal referida no art. 902 do CPC/1973), possibilita-se a imediata retomada da coisa. E indo até mais além do que o DL 911/69, estabelece que a ordem de entrega do bem (busca e apreensão) se dará, inclusive, sob a cominação de multa (astreinte).

Tem-se se aqui – como já se tinha na busca e apreensão do DL 911/69 e no art. 1.071 do CPC/1973 –, típico caso de tutela da evidência (ou do direito provável), a dispensar qualquer perquirição sobre risco de desvio ou destruição da coisa pelo depositário. O direito se mostra tão evidente ante a prova do depósito que, pela lógica do Sistema, não faz sentido privar o autor de tutela imediata (embora ainda dependente de confirmação na sentença final). Com a ordem liminar de busca e apreensão do bem, distribui-se de modo mais justo o tempo do processo, fazendo com que aquele que aparenta não ter razão (o depositário infiel) acabe por suportá-lo.

Trata-se de excelente inovação do Novo CPC. Ressuscita-se a ação de depósito em nova roupagem, fora dos procedimentos especiais. E permite-se que, doravante, as partes contratem o depósito cientes de que, em caso de descumprimento da obrigação de entrega, há uma resposta imediata do sistema processual para o inadimplemento.

5.5.2. Ação monitória

A ação monitória, incorporada ao Código de Processo Civil vigente no ano de 1995 (lá se vão quase 20 anos), não produziu os efeitos esperados, sendo que sequer, com o devido e merecido respeito, fez jus a toda produção doutrinária e jurisprudencial ao seu derredor.

O insucesso da ação monitória é tributável a diversos fatores: a) à nossa cultura de litigiosidade, que não tem a isenção das custas e honorários como indutores suficientes ao cumprimento espontâneo da obrigação (artigo 1.102-C, § 1o, do CPC/1973); b) à possibilidade de uma moratória pela via judicial, decorrente da própria demora no processamento e na decisão dos embargos ao mandado monitório; c) ao fato de que a sentença dos embargos à ação monitória, tal qual modelada pelo CPC/1973, desafia recurso de apelação dotado de efeito suspensivo (art. 520 do CPC/1973); e d) à possiblidade de apresentação, para os casos de conversão *ex vi legis* do mandado monitório em título executivo judicial (art. 1.102-C do CPC/1973), dos embargos pelo devedor sem limitação do âmbito de cognição (tal como se se tratasse de execução de título executivo extrajudicial) (OLIVEIRA JR. e GAJARDONI, 2015).

Em nossa experiência, sem pretensão de universalizar a percepção, a fracassada ação monitória do CPC/1973 obstaculiza a efetiva satisfação do direito, inclusive pelas diferentes e variadas discussões doutrinárias e jurisprudenciais que o procedimento suscita. Uma breve pesquisa no site do STJ com o tema "ação monitória", apontará milhares de julgados relacionados ao instituto (alguns de somenos importância prática).

No novo Código, a ação monitória quase ficou pelas beiradas. Ela foi suprimida em várias fases do trâmite legislativo e só na fase final do tramitar tornou ao texto legal.

Não havíamos ficado ressentidos com a eliminação da ação monitória nas versões iniciais do Novo CPC. Tampouco entusiasmados com seu reingresso, ainda que: a) aumentado seu escopo para abranger todo e qualquer tipo de obrigação; e b) admitida a possibilidade de a prova escrita ser constituída por prova oral produzida antecipadamente (artigo 700, § 1º, do CPC/2015).

Nada obstante, o desalento inicial com a ação monitória foi superado pelo conjunto da obra, isto é, pelas potencialidades da técnica frente ao processo comum estruturado no texto aprovado do Novo CPC.

Sem saber ao certo se as alterações implementadas foram voluntariosas, ao fim e ao cabo das discussões legislativas, a nova ação monitória, na perspectiva do credor, passou a apresentar duas vantagens sobre o procedimento comum: a) um atalho ritual; e b) a produção de sentença dotada de eficácia imediata.

Na nova ação monitória, diferente do procedimento comum, o réu já é citado para pagamento, com a possibilidade de oposição dos embargos monitórios (artigos 701 e 702 do CPC/2015), sem que se realize a audiência prévia de conciliação (artigo 334 do CPC/2015), esta que protrai, ainda adiante, o momento para apresentação de defesa (artigo 335 do CPC/2015).

Logo, o credor pode utilizar da ação monitória para abreviar o procedimento de cobrança dos seus créditos.

Demais disso, e com resultado prático muito mais relevante, a ação monitória resultará em provimento jurisdicional imediatamente eficaz, não submetido ao efeito suspensivo automático da apelação (*ope legis*).

Durante a tramitação do Novo CPC, muito se discutiu a respeito de tornarem as sentenças imediatamente eficazes, passíveis de serem coarctadas somente por decisão do órgão recursal (efeito suspensivo *ope iudicis*).

Porém – infelizmente –, prevaleceu a perversa lógica atual do sistema (art. 520 do CPC/1973), como retratado no artigo 1012 do CPC/2015, conquanto tal dispositivo expresse a possibilidade da sentença produzir imediatamente seus efeitos nas "hipóteses previstas em lei" (artigo 1012, § 1o).

Ocorre que o artigo 702, § 4o, do Novo CPC, diferente do atual artigo 1.102-C do CPC/1973, determina que os embargos monitórios somente suspendem a ação monitória até o julgamento de primeiro grau, de modo que, rejeitados os embargos monitórios, também por aplicação do § 8o do artigo 702 do Novo CPC, o título executivo judicial resta formado, prosseguindo-se imediatamente o cumprimento de sentença, com a possibilidade de atribuição de efeito suspensivo pelo órgão ad quem (artigo 1012, § 3o).

A apelação, consequentemente, não será dotada de efeito suspensivo automático e, raciocínio diverso, com as vênias de estilo, erigiria uma manifesta contradição no novo sistema processual.

Posta assim a questão, a ação monitória do Novo CPC apresenta-se como técnica processual diferenciada de inegável valor, tanto por abreviar seu rito, quanto e, principalmente, por não ficar automaticamente suspensa pelo início da fase recursal. Talvez agora, possa ela justificar parte das expectativas que animaram sua incorporação no ordenamento pátrio em 1995.

6. FLEXIBILIZAÇÃO E DÉFICIT PROCEDIMENTAL NO NOVO CPC

A mais interessante (e polêmica) proposta procedimental apresentada pela Comissão responsável pela elaboração do Novo CPC, entretanto, tinha a ver com a expressa adoção, em nosso sistema, do *princípio da adequação formal* ou, como temos preferido, do princípio (ou padrão) da *flexibilização* (judicial) *do procedimento* (GAJARDONI, 2008).

De fato, conforme letra do art. 107, V, do anteprojeto original do Novo CPC, elaborado pela Comissão de Juristas nomeada pelo Senado, o juiz dirigirá o processo conforme as disposições da lei, incumbindo-lhe "*adequar as fases e os atos processuais às especificações do conflito, de modo a conferir maior efetividade à tutela do bem jurídico, respeitando sempre o contraditório e a ampla defesa*".

Tal norma ainda era complementada pela redação do art. 151, § 1º, do anteprojeto, a dispor que "*quando o procedimento ou os atos a serem realizados se revelarem inadequados às peculiaridades da causa, deverá o juiz, ouvidas as partes e observados o contraditório e a ampla defesa, promover o necessário ajuste*".

Se por um lado aplaudiu-se a norma proposta sob o fundamento de que, com isto, os procedimentos passariam a ser adequados às particularidades subjetivas e objetivas do conflito (e não o contrário) – inclusive tornando desnecessária a previsão exaustiva e dilargada de procedimentos especiais (linha, aliás, seguida pelo Novo CPC) – por outro se encontrou forte crítica (e resistência) da comunidade jurídica com a ampliação dos poderes do juiz na condução do procedimento; com o risco de que, operacionalizada a flexibilização, fosse perdido o controle do curso processual (da previsibilidade), principal fator para a preservação, desde a descoberta do país, do modelo da rigidez formal.

6.1. Procedimento rígido como regra de ordem pública

Diz a doutrina corrente que as normas de direito processual, como regra, são de ordem pública e cogentes, especialmente se tratantes de forma ou de prazos, sendo a dispositividade a mais absoluta exceção (MIRANDA, 1939, p. 50/51).

E assim é porque o procedimento, no direito processual eminentemente publicístico como o atual, atende, sobretudo, a interesses públicos. Não foi instituído, como regra, para favorecer ou para beneficiar as partes, tampouco para contemplar a comodidade de alguma delas. O interesse envolvido na criação de procedimentos, especialmente de cunho, sumário ou especial, parece, sobretudo, atender a um reclamo estatal em extrair da função jurisdicional, do trabalho jurisdicional mesmo, um rendimento maior. Portanto o procedimento ou o rito não é objeto possível de convenção das partes, de transigência ou de renúncia delas, mesmo que ambas e também o juiz estejam completamente concordes quanto a isto (PASSOS, 1983, p. 31).

Decorre daí não haver como a parte ou juiz, conforme sua conveniência pessoal, dispor de um rito, de um procedimento, que não foi criado para eles, mas sim para a atuação de uma função soberana do Estado. Este é o modelo seguido pelo CPC/1973 vigente.

6.2. Procedimento rígido como fator de segurança e previsibilidade do sistema

Desde Montesquieu (1973, l. 29) já se ouve referência de que "as formalidades da justiça são necessárias à liberdade", pois, sem elas, não há como se controlar a atividade judicial, evitar o arbítrio e tampouco se permitir um processo com julgamento justo.

Por isto, o legislador, no intuito de dar ordem, clareza, precisão e segurança de resultados às atividades processuais, bem como de salvaguardar os direitos das muitas pessoas interessadas nelas, alçou algumas exigências técnicas a regras legais e subordinou a eficácia dos atos processuais à observância dos requisitos de forma (LIEBMAN, 1985, p. 225).

Entre as funções deste formalismo nominado procedimento estaria a de se emprestar previsibilidade ao processo e de disciplinar o poder do juiz, atuando como garantia de liberdade contra o arbítrio dos órgãos que exercem o poder do Estado (OLIVEIRA, 1997, p. 6/7).

Tais regras procedimentais, para cumprirem seu papel eminentemente garantista – ao menos de acordo com a doutrina dominante – devem ser rígidas, pois a realização do procedimento deixada ao simples querer do juiz, de acordo com as necessidades do caso concreto, acarretaria a possibilidade de desequilíbrio entre o poder judicial e o direito das partes, além de risco à celeridade.

Por isto, os atos processuais que compõem o rito processual, de acordo com referida parte da doutrina, devem estar previstos expressamente e em lei, pois a previsibilidade e a anterioridade do procedimento é que conferem à decisão judicial os penhores de legalidade e legitimidade, sendo dele requisitos inafastáveis (DINAMARCO, 1996, p. 127).

6.3. Flexibilizando a rigidez do procedimento sem perder a previsibilidade e segurança do sistema

O desenvolvimento dos atos processuais não é livre e espontâneo, senão regrado e organizado em preceitos predeterminados. São as normas de procedimento as que submetem a disciplina do processo, sinalizando os preceitos a utilizar, estabelecendo a ordem das atuações, medindo em unidades de tempo sua direção. Todas estas regras são técnicas, quer dizer, vêm concebidas em função de sua utilidade para o processo.

Exatamente por isto "a experiência aconselha mudá-las quando sua utilização torna estéril e dissipa os fins do processo" (MENDES, 1986, p. 340). Sendo as regras de procedimento preestabelecidas como garantia, estas normas não podem substantivar-se, quer dizer, converter-se em fim próprio por si mesmo. Isso conduz ao formalismo, defeito que deve ser firmemente rechaçado por converter em fim o que não é mais do que um meio.

Ocorre que pela índole do nosso sistema procedimental rígido, as normas do procedimento, ***como regra***, só podem ser adaptadas à adequada tutela do direito material ***por força de disposição legal***, cujo processo legislativo demanda espera incompatível com a ânsia pela tutela adequada.

Isto porque a relação entre justiça e forma criou a ilusão de que a legalidade e a rigidez do procedimento são sinônimas de previsibilidade e de segurança jurídica, sem o que haveria margem para o arbítrio.

Todavia, partindo do pressuposto de que a segurança jurídica reside na previsibilidade das ações futuras e de suas conseqüências, é possível ser evitado o arbítrio independentemente das regras procedimentais estarem estabelecidas em norma cogente e pretérita.

Para que as regras procedimentais tenham seu poder ordenador e organizador, coibindo o arbítrio judicial, para que promovam a igualdade das partes e emprestem maior eficiência ao processo, tudo com vistas a incentivar a justiça do provimento judicial, *basta que sejam de conhecimento dos litigantes antes de sua implementação no curso do processo*, sendo de pouca importância a fonte de onde provenham (GAJARDONI, 2007, p. 85).

Ou seja, sendo as variações rituais implementadas apenas após a participação das partes sobre elas em pleno contraditório útil, não se vê como a segurança jurídica seja abalada, já que o desenvolvimento do processo está sendo regrado e predeterminado judicialmente, o que o faz previsível.

O estabelecimento de regras procedimentais por lei genérica impede as adequações rituais conforme o direito material a ser objeto de tutela, o que ocasiona (como no nosso sistema até então vigente) a proliferação de dezenas de procedimentos especiais, também incapazes de se adaptarem às circunstâncias do litígio em si. Pois em uma sociedade moderna, os conflitos pululam em uma velocidade não acompanhada simultaneamente por alterações legislativas e implementação de ritos especiais.

Este é o motivo pelo qual a absoluta rigidez formal é regra estéril e que dissipa os fins do processo, que é o de oferecer em cada caso, processado individualmente e conforme suas particularidades, a tutela mais justa. A preocupação do processo há de se ater aos resultados, e não com formas pré-estabelecidas e engessadas com o passar dos séculos.

Não se nega que certo rigor formal é a espinha dorsal do processo, e que seria impensável o processo sem determinada ordem de atos e paralela distribuição de poderes entre os sujeitos. *O que não parece certo é vincular a fonte de emissão destas regras exclusivamente à norma cogente, ou estabelecer que só assim há previsibilidade, conseqüentemente segurança aos contendores*, como se o juiz fosse um ser inanimado incapaz de ordenar adequadamente o rito processual (BEDAQUE, 2005, p. 41, 67 e 104/108).

O juiz, investido por critérios estabelecidos na Constituição Federal, é também agente político do Estado, portador de seu poder, inexistindo, portanto, razão para enclausurá-lo em cubículos formais dos procedimentos, sem liberdade de movimentos e com pouquíssima liberdade criativa (DINAMARCO, 1995, p. 129).

Ademais, as variações procedimentais implementadas por determinação judicial poderão ser controladas pela finalidade, pelo contraditório obrigatório e pela motivação, o que deveria ocorrer, inclusive, no âmbito recursal (pese a previsão do CPC projetado da irrecorribilidade das interlocutórias).

6.4. Flexibilização procedimental e condicionamentos

A regra da flexibilização é utilizada apenas em caráter subsidiário. Não havendo nuance a justificar a implementação de alguma variação procedimental, o processo deverá necessariamente seguir o rito fixado em lei, mantendo, assim, a previsibilidade e a segurança que se espera do procedimento processual.

Por isto, algum critério, ainda que mínimo, deve haver para que possa ser implementada a variação ritual, ainda que, criticavelmente, não tenha o anteprojeto da comissão de juristas disciplinado isto. Do contrário, as partes e o juiz não saberão para onde o processo vai e nem quando ele vai acabar.

Além da excepcionalidade, três são os condicionamentos para que se operacionalize a flexibilização (GAJARDONI, 2007, p. 88/95):

a) *Finalidade*. Três situações mais específicas autorizarão a variação. (1) A primeira delas – a mais comum – ligada ao direito material: toda vez que o instrumento predisposto pelo sistema não for apto à tutela eficaz do direito reclamado, possível a variação ritual. É o que ocorre com ampliação de prazos rigidamente fixados em lei para garantir a defesa, com a ampliação da fungibilidade de meios em favor da tutela dos direitos, entre outras situações práticas. (2) A segunda relacionada com a higidez e utilidade dos procedimentos, isto é, com a possibilidade de dispensa de alguns empecilhos formais irrelevantes para a composição do *iter* dos processos, que de todo modo atingirá seu escopo sem prejuízo das partes. Com efeito, o juiz, no caso concreto, deverá verificar a idoneidade da exigência formal, desprezando-a caso não haja lógica para a imposição legal havida por mero culto à forma. Exemplificativamente, é o que se dá com a inversão da ordem de produção de provas (art. 452 do CPC). A precedência do exame pericial à colheita da prova oral, além de gerar a realização de dispendiosa perícia para aferição do dano em momento anterior à comprovação do próprio dever de indenizar, não se justifica do ponto de vista finalístico, já que não há razão lógica para esta precedência. Ouvir o perito na mesma audiência em que se ouvirão as partes e as testemunhas, é tecnocracia incompatível com a possibilidade de ser designado posteriormente novo ato para esta finalidade. (3) Finalmente, a terceira situação que autoriza a variação ritual tem relação com a condição da parte. Nada impede que o juiz, a bem da proteção do hipossuficiente e equilíbrio dos contendores, altere o procedimento para a composição de uma igualdade processual e material consoante os valores constitucionais. É o que ocorre com a superação de regras rígidas de preclusão em favor do necessitado cuja defesa técnica e gratuita não seja adequada. Ou que o juiz, a vista do requerimento conjunto e consensual dos litigantes, permita a variação do procedimento, *v.g.*, autorizando a ampliação de prazo rigidamente estabelecido em lei.

b) *Contraditório útil*. O princípio do contraditório não se esgota na ciência bilateral dos atos do processo e na possibilidade de influir nas decisões judiciais, mas faz também depender da participação das partes a própria formação dos procedimentos e dos provimentos judiciais, seja através de manifestação prévia, seja pela ampla possibilidade de recorrer das decisões que alteram o procedimento. Logo, se não se pode tomar as partes de surpresa sob pena de ofensa ao princípio do contraditório, eventual alteração procedimental não prevista no *iter* estabelecido legalmente depende da plena participação delas (preventiva ou repressivamente), até para que as etapas do procedimento sejam previsíveis. E isto só será possível se o julgador propiciar às partes efetiva oportunidade para se manifestarem sobre a inovação, pois, ainda que não estejam de acordo com a flexibilização do procedimento, a participação efetiva dos litigantes na formação desta decisão é o bastante para se precaverem processualmente, inclusive valendo-se de recursos para reparar eventuais iniqüidades. Portanto, no âmbito da flexibilização dos procedimentos, toda vez que for adequada a inversão da ordem, inserção ou exclusão de atos processuais abstratamente previstos, a ampliação dos prazos rigidamente fixados, ou outra medida que escape do padrão legal, indispensável a realização de contraditório, preferencialmente preventivo, desde que útil aos fins colimados pela variação ritual, garantindo-se sempre aos litigantes o pleno exercício do feixe de garantias advindas do devido processo constitucional (contraditório, ampla defesa, etc.).

c) *Motivação*. Derradeiramente, o último requisito para a implementação das variações rituais é a necessidade de fundamentação da decisão que altera o *iter* legal, condição esta que não diverge, por força de disposição constitucional (art. 93, IX, da CF), da sistemática adotada para toda e qualquer decisão judicial. Trata-se de imposição de ordem política e afeta muito mais ao controle dos desvios e excessos cometidos pelos órgãos jurisdicionais inferiores na condução do processo do que propriamente à previsibilidade ou a segurança do sistema. É na análise da fundamentação que se afere em concreto a imparcialidade do juiz, a correção e justiça dos próprios procedimentos e decisões nele proferidas.

6.5. *A mitigação da regra da flexibilização procedimental pelo juiz e a flexibilização procedimental voluntária no Novo CPC*

Quando divulgado o texto do anteprojeto do Novo CPC pela comissão de juristas responsável pela sua elaboração, a comunidade jurídica, em especial os advogados, viram com extremo receio e desconfiança os dispositivos que permitiam a flexibilização judicial do procedimento (art. 107, V e 151, § 1º, do anteprojeto do Novo CPC). Diziam, como já tivemos oportunidade de afirmar, que com a ampliação dos poderes do juiz na condução do procedimento, haveria risco de que, operacionalizada a flexibilização, fosse perdido o controle do curso processual (da previsibilidade), principal fator para a preservação do modelo da rigidez formal.

Este receio, contudo – não temos dúvida alguma em afirmar – se deveu a três fatores. Primeiro, ao *absoluto desconhecimento* dos críticos do alcance da regra da flexibilização procedimental (princípio da adequação formal) – inclusive no âmbito do direito comparado (art.6° de 547 do vigente CPC/Português) – e dos condicionamentos para sua aplicação. Segundo, à *má compreensão do espírito do Novo CPC*, no sentido de extinguir modelos procedimentais (sumário e especial) exatamente porque estaria permitida a calibração do rito no caso concreto. E terceiro, à *precária redação dos dispositivos* que trataram do tema no texto do anteprojeto de Novo CPC da comissão de juristas, os quais autorizaram a flexibilização através de cláusulas *extremamente* abertas; que não condicionavam a adequação formal a requisitos mínimos que pudessem garantir a previsibilidade e a segurança das partes; e que não acalentavam o espírito daqueles que – com certa razão frente ao texto projetado – se rebelaram contra a inovação proposta.

Exatamente por conta destes fatores, e em busca de um consenso político necessário frente ao curto tempo de tramitação do anteprojeto e dos pouquíssimos debates que se fizeram à luz do texto da comissão de juristas, que o Senador Valter Pereira, no relatório do substitutivo ofertado pelo Senado, vaticinou: "os dois pontos do projeto mais criticados nas audiências públicas que se realizaram, bem como nas propostas apresentadas pelos Senadores e também pelas diversas manifestações que nos chegaram, são a 'flexibilização procedimental' (art. 107, V, e art. 151, §1°, do projeto) e a possibilidade de alteração da causa de pedir e do pedido a qualquer tempo, de acordo com as regras do art. 314 do projeto. *Dando voz à ampla discussão instaurada por aqueles dispositivos, entendemos ser o caso de mitigar as novas regras. Assim, no substitutivo, a flexibilização procedimental, nas condições que especifica, limita-se a duas hipóteses: o aumento de prazos e a inversão da produção dos meios de prova*".

Conseqüentemente, a regra da *flexibilização procedimental* foi mitigada na versão do Novo CPC aprovada na 1ª votação do projeto no Senado e mantida nas demais fases do tramitar legislativo, passando o novo o dispositivo tratante do tema (art. 139, VI, do CPC/2015) a admitir apenas duas hipóteses de adaptação do rito pelo juiz – ampliação de prazos e alteração da ordem de produção provas – esta última, inclusive, sem sentido algum de constar do dispositivo, já que a autorização já está em outro dispositivo do projeto (art. 361 do CPC/2015).

Eis a redação do dispositivo aprovado: Art. 139 da Lei 13.105/2015. "*O juiz dirigirá o processo conforme as disposições deste Código, incumbindo-lhe: VI – dilatar os prazos processuais e alterar a ordem de produção dos meios de prova adequando-os às necessidades do conflito, de modo a conferir maior efetividade à tutela do direito*".

Foi autorizado, por outro lado, que as partes promovam a adaptação ritual em escala bem mais ampla que o juiz (*flexibilização voluntária do procedimento*), posto que foi inserido, durante o tramitar do projeto na Câmara, disposição inovadora (mas de duvidoso alcance prático), no sentido de que "*versando o processo sobre direitos que admitam autocomposição, é lícito às partes plenamente capazes estipular mudanças no procedimento para ajustá-lo às especificidades da causa* e convencionar sobre os seus ônus, poderes, faculdades e deveres processuais, antes ou durante o processo" (art. 190 do CPC/2015).

Ou seja, embora a flexibilização do procedimento pelo juiz esteja autorizada em poucas hipóteses (ampliação de prazos e inversão da ordem de produção de provas), as partes tem autorização para, em sendo capazes e o direito em debate autocomponível, negociarem o rito, ampliando ou diminuindo prazos, suprimindo ou inserindo atos processuais na série, adotando rito diverso do legal e abstratamente previsto, etc.

7. CONCLUSÃO

Diante de todo o exposto, a conclusão esperada não podia ser outra se não a de que o saldo do Novo CPC no tocante à reformulação dos procedimentos é positivo. Alguns avanços e aperfeiçoamentos para poucos retrocessos (*v.g.*, a regra da ordem cronológica de julgamento dos processos do art. 12 do CPC/2015).

A única ressalva que se faz, é a relativa à mitigação da regra da flexibilização procedimental (art. 139, VI, do CPC/2015).

Afinal, a *flexibilização do procedimento* pelo juiz é regra conforme as garantias constitucionais do processo, sendo inovação elogiável e bastante razoável do ponto de vista da dogmática e da práxis processual. Deveria viger em plenitude no Brasil, conforme, aliás, ocorre nos sistemas processuais mais modernos (Alemanha e Portugal).

8. REFERÊNCIAS BIBLIOGRÁFICAS

ARAGÃO, Egas Moniz de. Reforma processual: 10 anos. *Revista do Instituto dos Advogados do Paraná*. Curitiba, n. 33, p. 201-215, dez. 2004.

BEDAQUE, José Roberto dos Santos. *Efetividade do processo e técnica processual*: tentativa de compatibilização. 2005. Tese (Titular de Direito Processual Civil) - Faculdade de Direito, Universidade de São Paulo, São Paulo, 2005.

CHIOVENDA, Giuseppe. *Instituições de direito processual civil*. 2. ed. Tradução de Guimarães Menegale. São Paulo: Saraiva, 1969, v. 1.

DINAMARCO, *A instrumentalidade do processo*. 5. ed. São Paulo: Malheiros, 1996.

FAIRÉN GUILLÉN, Victor. *El juidicio ordinário e los plenários rápidos*. Barcelona: Bosch, 1953.

FIGUEIRA JR., Joel Dias; LOPES, Maurício Antonio Ribeiro. *Comentários à Lei dos Juizados Especiais Cíveis e Criminais*, 2. ed., São Paulo: Revista dos Tribunais, 1997, p. 35-36.

GAJARDONI, Fernando da Fonseca. *Flexibilização procedimental*: um novo enfoque para o estudo do procedimento em matéria processual. São Paulo: Atlas, 2007.

__________. *Técnicas de aceleração do processo*. Franca: Lemos e Cruz, 2003.

__________. O novo CPC e o fim da gestão da justiça. *Jota*. 12.2014. Disponível em: http://jota.info/o-novo-cpc-e-o-fim-da-gestao-na-justica. Acesso em 04.04.2015.

GAJARDONI, Fernando da Fonseca, ROMANO, Michel Betenjane; e LUCHIARI, Valéria Ferioli Lagrasta. O gerenciamento do processo. In: GRIONVER, Ada Pellegrini; WATANABE, Kazuo; e LAGRASTA, Caetano (coord.). *Mediação e gerenciamento do processo:* revolução na prestação jurisdicional. São Paulo: Atlas, 2008, p. 18-42.

LIEBMAN, Enrico Tulio. *Manual de direito processual civil*. 2. ed. Tradução e notas de Cândido Rangel Dinamarco. Rio de Janeiro: Forense, 1985. v. 1.

MEDINA, José Miguel Garcia; ARAÚJO, Fábio Caldas; GAJARDONI, Fernando da Fonseca. Procedimentos cautelares e especiais. 2 ed. São Paulo: RT, 2010.

MENDES, Francisco Ramoz. *Derecho procesal civil*. 3. ed. Barcelona: Bosch, 1986.

MIRANDA, Francisco Cavalcanti Pontes de. *Comentários ao Código de Processo Civil* (1939). 2. ed. Rio de Janeiro: Revista Forense, 1958. t. 1.

MONTESQUIEU. *O espírito das leis*. São Paulo: Abril Cultural, 1973.

OLIVEIRA, Carlos Alberto Alvaro de. *Do formalismo no processo civil*. São Paulo: Saraiva, 1997.

OLIVEIRA JR., Zulmar Duarte de. Novo CPC e a sobrevivência da exceção de incompetência relativa. Disponível em: http://zulmarduarte.blogspot.com/2011/03/novo-cpc-e-sobrevivencia-da-excecao-de.html. Acesso em: 05 abr 2011.

OLIVEIRA JR., Zulmar Duarte de; GAJARDONI, Fernando da Fonseca. A ressurreição da ação monitória. Jota. Disponível em: http://jota.info/ressureicao-da-acao-monitoria-novo-cpc. Acesso em 09.04.2015.

PASSOS, José Joaquim Calmon de. *Comentários ao Código de Processo Civil*. 4. ed. Rio de Janeiro: Forense, 1983. v. 3.

_________. Teoria geral dos procedimentos especiais. *In*: FARIAS, Cristiano Chaves de e DIDIER JR., Fredie (coord.). *Procedimentos especiais cíveis – legislação extravagante*. São Paulo: Saraiva, 2003.

7

PRINCÍPIO DO RESPEITO AO AUTORREGRAMENTO DA VONTADE NO PROCESSO CIVIL

Fredie Didier Jr.

SUMÁRIO: 1. Nota do autor. 2. Notas sobre a relação entre a liberdade e o processo. 3. O princípio do respeito ao autorregramento da vontade no processo civil.

1. NOTA DO AUTOR

Este brevíssimo ensaio tem um único propósito: demonstrar a existência, no Direito Processual Civil brasileiro, do princípio do respeito ao autorregramento da vontade.

O objetivo é alertar aos estudiosos, inicialmente, da importância de inseri-lo no rol das normas fundamentais do processo civil, ao lado de outras normas clássicas (contraditório, devido processo legal etc.).

Em seguida, visa-se alcançar os operadores do Direito, a quem cabe a tarefa de concretizar e efetivar esse princípio.

O novo Código de Processo Civil trouxe muitas novidades. Quase todas elas são explícitas, decorrentes de previsões normativas expressas. Há, porém, novidades implícitas, que alteram o sistema em seus fundamentos.

Esta é uma delas.

2. NOTAS SOBRE A RELAÇÃO ENTRE A LIBERDADE E O PROCESSO

A liberdade é um dos principais e mais antigos direitos fundamentais (art. 5º, *caput*, CF/1988).

O direito fundamental à liberdade possui conteúdo complexo. Há a liberdade de pensamento, de crença, de locomoção, de associação etc. No conteúdo eficacial do direito fundamental à liberdade está o direito ao autorregramento: o direito que todo sujeito tem de regular juridicamente os seus interesses, de poder definir o que reputa melhor ou mais adequado para a sua existência; o direito de regular a própria existência, de construir o próprio caminho e de fazer escolhas. Autonomia privada ou autorregramento da vontade é um dos pilares da liberdade e dimensão inafastável da dignidade da pessoa humana.

O autorregramento da vontade se define como um complexo de poderes que podem ser exercidos pelos sujeitos de direito, em níveis de amplitude variada[1], de acordo com ordenamento jurídico. Do exercício desse poder, concretizado nos atos negociais, resultam, após a incidência da norma jurídica, situações jurídicas[2] (gênero do qual as relações jurídicas são espécie).

Pode-se localizar o poder de autorregramento da vontade em quatro zonas de liberdade[3]: a) liberdade de negociação (zona das negociações preliminares, antes da consumação do negócio); b) liberdade de criação (possibilidade de criar novos modelos negociais atípicos que mais bem sirvam aos interesses dos indivíduos); c) liberdade de estipulação (faculdade de estabelecer o conteúdo do negócio); d) liberdade de vinculação (faculdade de celebrar ou não o negócio).

O Direito Processual Civil, embora ramo do Direito Público, ou talvez exatamente por isso, também é regido por essa dimensão da liberdade[4]. O princípio da liberdade também atua no processo, produzindo um subprincípio: o *princípio do respeito ao autorregramento da vontade no processo*.

---

1 Como salienta Oliveira Ascensão, "A autonomia privada nunca é absoluta. Sempre houve restrições ao seu exercício." (ASCENSÃO, José de Oliveira. *Direito Civil – Teoria Geral*. Coimbra: Coimbra, 1999, p. 78, v. II.).

2 Assevera Mario Segni: "La caracteristica del negozio nell'essere lo strumento con il quale il privato esercita il potere di dettare un'autonoma sistematizacione della propria situazione giuridica" (SEGNI, Mario. *Autonomia Privata e Valutazione Legale Tipica*. Padova: CEDAM, 1972, p. 115).

3 ASCENSÃO, José de Oliveira. *Direito Civil – Teoria Geral*. Coimbra: Coimbra, 1999, p. 78-80, v. II.

4 GAJARDONI, Fernando Fonseca. *Flexibilização procedimental*. São Paulo: Atlas, 2008, p. 215.

É certo que esse princípio não tem, no Direito Processual Civil, a mesma roupagem dogmática com que se apresenta, por exemplo, no Direito Civil. Por envolver o exercício de uma função pública (a jurisdição), a negociação processual é mais regulada e o seu objeto, mais restrito[5]. Isso, porém, não diminui a sua importância, muito menos impede que se lhe atribua o merecido destaque de ser um dos princípios estruturantes do direito processual civil brasileiro, uma de suas *normas fundamentais*[6].

Não há razão para minimizar o papel da liberdade no processo, sobretudo quando se pensa a liberdade como fundamento de um Estado Democrático de Direito e se encara o processo jurisdicional como método de exercício de um poder. Há, na verdade, uma tendência de ampliação dos limites da autonomia privada na regulamentação do processo civil[7].

O princípio do devido processo legal deve garantir, ao menos no ordenamento jurídico brasileiro, o exercício do poder de autorregramento ao longo do processo. *Um processo que limite injustificadamente o exercício da liberdade não pode ser considerado um processo devido. Um processo jurisdicional hostil ao exercício da liberdade não é um processo devido, nos termos da Constituição brasileira.*

---

5 "Afinal, se o processo judicial não é apenas *coisa das partes*, são elas as destinatárias da tutela jurisdicional e são os seus interesses que a decisão judicial diretamente atinge, e, através deles, os seus fins últimos, embora remotos e abstratos, de tutela do interesse geral da coletividade, do bem comum e da paz social". (GRECO, Leonardo. "Os atos de disposição processual – primeiras reflexões". *Revista Eletrônica de Direito Processual*. Disponível em www.revistaprocessual.com, 2007, v. 1, p. 8.)

6 "Há que se trabalhar com a autonomia das partes não mais no sentido privatístico clássico, mas, sim, dentro de uma perspectiva constitucional e de uma teoria dos direitos fundamentais que autoriza e ao mesmo tempo impõe limites às manifestações de vontade" (GODINHO, Robson Renault. Reflexões sobre os poderes instrutórios do juiz: o processo não cabe do "Leito de Procusto". *Revista de Processo*. São Paulo: RT, 2014, n. 235, p. 87).

7 CAPONI, Remo. "Autonomia privata e processo civile: gli accordi processuali". *Civil Procedure Review*, v. 1, n. 2, 2010, p. 44, disponível em www.civilprocedurereview.com, consultado em 16.04.2014; "Autonomia privada e processo civil: os acordos processuais". Pedro Gomes de Queiroz (trad.) *Revista de Processo*. São Paulo: RT, 2014, n. 228, p. 362; CADIET, Loïc. "Los acuerdos procesales en derecho francés: situación actual de la contractualización del processo y de la justicia en Francia". *Civil Procedure Review*, v. 3, n. 3, p. 4-6, disponível em www.civilprocedurereview.com, consultado em 21.04.2014.

É curioso, e um tanto contraditório, como processualistas estufam o peito para falar em democratização do processo, defendendo técnicas de facilitação do acesso à justiça, p. ex., e, simultaneamente, ignoram o papel da liberdade, pilar da democracia, no processo. Discurso que afasta a liberdade do ambiente processual tem ranço autoritário. Processo e liberdade convivem. Liberdade não é nem pode ser palavra maldita na Ciência do Direito Processual e no próprio Direito Processual Civil[8].

Defender o autorregramento da vontade no processo não é necessariamente defender um processo estruturado em um modelo *adversarial*. O respeito à liberdade convive com a atribuição de poderes ao órgão jurisdicional, até mesmo porque o poder de autorregramento da vontade no processo não é ilimitado, como, aliás, não o é em nenhum outro ramo do direito. Se não existe autonomia da vontade ilimitada nos demais ramos do Direito, não faria sentido que logo no Direito Processual Civil ela aparecesse[9].

---

8 "Chega a ser intrigante a dificuldade com que a doutrina trabalha a noção de participação das partes no processo, como se houvesse uma ruptura ontológica com a concepção 'liberal' e qualquer tentativa de recrudescer o protagonismo das partes macularia todo o monumento técnico construído no século XX. Essa crença na absoluta publicização do processo resultou em uma espécie de trauma cultural. [...] A autonomia privada – não é exagerado afirmar – vem recebendo no processo civil estatal uma intolerância automática, uma resistência irrefletida ou uma indiferença constante, como se, ao iniciar o processo, as partes renunciassem à liberdade jurídica. [...] a crença na onisciência e na onipotência do julgador, além de discutível ideológica e metodologicamente, pode levar à exclusão do diálogo no processo, alijando as partes da necessária participação para que seja construída a decisão final. Isso demonstra que um discurso de efetividade do processo pode significar, na verdade, uma ditadura mal disfarçada, inaugurando uma nova 'fase' da ciência processual, em que o processo deixa de ser *coisa das partes* e praticamente passa a ser uma *coisa sem partes*. Não se propõe uma omissão judicial, mas, sim, um retorno das partes ao processo. As conquistas que advieram com a publicização do processo tornam a cena madura para a convivência natural com uma efetiva participação dos litigantes, que, embora desiguais, não devem ser tratados como inimputáveis e muito menos o juiz deve agir como se estivesse municiado com uma espécie de 'poder geral de curatela'". (GODINHO, Robson Renault. *Convenções sobre o ônus da prova – estudo sobre a divisão de trabalho entre as partes e os juízes no processo civil brasileiro*. Tese de doutoramento. São Paulo: PUC, 2013, p. 30, 66 e 205).

9 "O instituto do negócio jurídico não consagra a faculdade de 'querer' no vácuo, como apraz afirmar a certo individualismo, que ainda não foi estirpado da

A lei cuida, inclusive, de proteger os incapazes e os vulneráveis (art. 190, CPC) e de proibir certas negociações (p. ex.: não cabe acordo sobre competência absoluta do órgão jurisdicional). *A mediação legislativa é indispensável para delimitar a extensão da autonomia da vontade no processo.*

O modelo cooperativo de processo (art. 6º, CPC) caracteriza-se exatamente por articular os papéis processuais das partes e do juiz, com o propósito de harmonizar a eterna tensão entre a liberdade individual e o exercício do poder pelo Estado. O processo cooperativo nem é processo que ignora a vontade das partes, nem é processo em que o juiz é um mero espectador de pedra.

3. O PRINCÍPIO DO RESPEITO AO AUTORREGRAMENTO DA VONTADE NO PROCESSO CIVIL

O *princípio do respeito ao autorregramento da vontade no processo* visa, enfim, à obtenção de um ambiente processual em que o direito fundamental de autorregular-se possa ser exercido pelas partes sem restrições irrazoáveis ou injustificadas[10]. De modo mais simples, esse princípio visa tornar o processo jurisdicional um espaço propício para o exercício da liberdade.

O direito de a parte, ora sozinha, ora com a outra, ora com a outra e com o órgão jurisdicional, disciplinar juridicamente as suas

---

hodierna dogmática", acrescentando que a "errônea mitologia da vontade" celebra a "omnipotência da vontade individual (a qual, de facto, no foro interno da consciência não encontra limites extrínsecos); e dessa maneira induz a desconhecer os múltiplos limites sociais e jurídicos da autonomia privada" (BETTI, Emilio. *Teoria Geral do Negócio* Jurídico. Tomo I. Fernando Miranda (trad.). Coimbra: Coimbra, 1969, p. 107 e 118-119). Confira-se, ainda, MELLO, Marcos Bernardes de. *Teoria do Fato Jurídico: plano da validade*. 7ª ed. São Paulo: Saraiva, 2006, capítulo XII; PRATA, Ana. *A Tutela Constitucional da Autonomia* Privada. Coimbra: Almedina, 1982, capítulo 1; DUQUE, Marcelo Schenk. *Direito Privado e Constituição:* drittwirkung *dos direitos fundamentais. Construção de um modelo de convergência à luz dos contratos de consumo*. São Paulo: RT, 2013, p. 150 e segs.

10 Sobre o exame das limitações infraconstitucionais aos direitos fundamentais, SILVA, Virgílio Afonso da. *Direitos fundamentais – conteúdo essencial, restrições e eficácia*. 2ª ed. São Paulo: Malheiros, 2010; NOVAIS, Jorge Reis. *As Restrições aos Direitos Fundamentais não Expressamente Autorizadas pela Constituição*. 2ª ed. Coimbra: Coimbra Editora, 2010.

condutas processuais é garantido por um conjunto de normas, *subprincípios* ou *regras*, espalhadas ao longo de todo o Código de Processo Civil. A vontade das partes é relevante e merece respeito. *Há um verdadeiro microssistema de proteção do exercício livre da vontade no processo.*

A doutrina costuma apontar a coerência como uma qualidade indispensável ao Direito (às decisões e à Ciência Jurídica, também). A coerência entre duas normas revela-se, também, quando ambas podem ser justificadas com base em um mesmo princípio ou em um mesmo conjunto de princípios que estejam hierarquicamente em nível superior. Ou seja: é preciso que essas duas normas "façam sentido", "em virtude de serem racionalmente relacionadas como um conjunto instrumental ou intrinsecamente voltado para a realização de alguns valores comuns"[11]. Define-se a coerência, aqui, como uma relação de justificação (de argumentação) entre duas normas[12].

O novo CPC consagra, no particular, um sistema coerente e que reforça a existência de um princípio comum a diversas outras normas: o princípio do respeito ao autorregramento da vontade no processo civil.

Alguns exemplos.

O CPC é estruturado de modo a estimular a solução do conflito por autocomposição: *a)* dedica um capítulo inteiro para regular a mediação e a conciliação (arts. 165-175); *b)* estrutura o procedimento de modo a pôr a tentativa de autocomposição como ato anterior ao oferecimento da defesa pelo réu (arts. 334 e 695); *c)* permite a homologação judicial de acordo extrajudicial de qualquer natureza (art. 515, III; art. 725, VIII); *d)* permite que, no acordo judicial, seja incluída matéria estranha ao

---

11 MacCORMICK, Neil. *Retórica e o Estudo do Direito.* Conrado Hübner Mendes e Marcos Paulo Veríssimo (trad.) Rio de Janeiro: Elsevier, 2008, p. 252. Nesse sentido, MICHELON, Claudio. "Princípios e coerência na argumentação jurídica". *Direito e interpretação – racionalidades e instituições.* Ronaldo Porto Macedo Jr. e Catarina Helena Cortada Barbieri (org.). São Paulo: Saraiva, 2011, p. 267; ÁVILA, Humberto. *Teoria dos princípios.* 12ª ed. São Paulo: Malheiros Ed., 2011, p. 136; MITIDIERO, Daniel. *Cortes superiores e cortes supremas – do controle à interpretação, da jurisprudência ao precedente.* São Paulo: RT, 2013, p. 86.

12 MICHELON, Claudio. "Princípios e coerência na argumentação jurídica". *Direito e interpretação – racionalidades e instituições.* Ronaldo Porto Macedo Jr. e Catarina Helena Cortada Barbieri (org.). São Paulo: Saraiva, 2011, p. 267.

objeto litigioso do processo (art. 515, §2º); *e)* permite acordos processuais (sobre o processo, não sobre o objeto do litígio) atípicos (art. 190).

O sistema do direito processual civil brasileiro é, enfim, estruturado no sentido de estimular a autocomposição. Não por acaso, no rol das normas fundamentais do processo civil, estão os §§2º e 3º do art. 3º do CPC: "§ 2º O Estado promoverá, sempre que possível, a solução consensual dos conflitos. § 3º A conciliação, a mediação e outros métodos de solução consensual de conflitos deverão ser estimulados por juízes, advogados, defensores públicos e membros do Ministério Público, inclusive no curso do processo judicial".

Trata-se de clara manifestação da "invasão da ideia de consensualidade"[13] no direito público, de que o direito processual civil é espécie.

A autocomposição é uma das formas de exercício do poder de autorregramento. O prestígio que ela possui no CPC, conforme se vê dos §§ do art. 3º, evidencia e concretiza o princípio do respeito ao poder de autorregramento.

Mesmo assim, respeita-se a vontade das partes de não resolver o litígio por autocomposição (art. 334, §4º, I, CPC).

II) É a vontade da parte que delimita o objeto litigioso do processo (arts. 141 e 490, CPC) e do recurso (arts. 1.002 1.013, CPC). Não por outra razão, o §2º do art. 322 do CPC determina que a postulação deva ser interpretada de acordo com a boa-fé, exatamente como se deve fazer em relação aos atos jurídicos de um modo geral (art. 113, Código Civil). Como se sabe, ato jurídico é ato voluntário.

III) O CPC prevê um número bem significativo de *negócios processuais típicos*, tais como: a eleição negocial do foro (art. 63); o negócio tácito de que a causa tramite em juízo relativamente incompetente (art. 65); escolha consensual de mediador, conciliador ou câmara privada de mediação ou conciliação (art. 168); o calendário processual (art. 191, CPC); a renúncia ao prazo (art. 225); o acordo para a suspensão do processo (art. 313, II); a renúncia tácita à convenção de arbitragem (art. 337, §6º); o adiamento negociado da audiência (art. 362, I, CPC); o saneamento consensual (art. 357, §2º); a convenção sobre ônus da prova (art. 373, §§3º e 4º); a escolha consensual do

---

13 ANDRADE, Érico. "As novas perspectivas do gerenciamento e da 'contratualização' do processo". *Revista de Processo*. São Paulo: RT, 2011, n. 193, p. 175.

perito (art. 471); desistência da execução ou de medida executiva (art. 775); a desistência do recurso (art. 998); a renúncia ao recurso (art. 999); a aceitação da decisão (art. 1.000) etc.

IV) O CPC prevê uma cláusula geral de negociação processual[14], que permite a celebração de negócios jurídicos processuais *atípicos*, uma vez preenchidos os pressupostos do *caput* do art. 190. Dessa cláusula geral surge o *subprincípio da atipicidade da negociação processual*, a mais importante concretização do *princípio do respeito autorregramento da vontade no processo civil* e, por isso, o exemplo mais evidente da densidade normativa que esse mesmo princípio possui no direito brasileiro[15]. O tema merece um ensaio avulso, a ser feito em outro momento.

V) A consagração do princípio da cooperação (art. 6º, CPC) é, também, uma demonstração clara de valorização da vontade no processo. Não por acaso a doutrina costuma relacioná-lo ao fenômeno da "contratualização" do processo[16]. O princípio da cooperação também merece um ensaio avulso.

VI) A arbitragem, no direito brasileiro, é bastante prestigiada (Lei n. 9.307/1996). O processo arbitral é, fundamentalmente, um processo negociado. As partes podem definir a organização do processo, bem como a sua estrutura. Além de, obviamente, escolher o órgão jurisdicional que decidirá o conflito.

---

14 Conforme salientou Pedro Henrique Nogueira, "Se a solução do litígio é benéfica a própria concretização da pacificação, nada mais justo do que permitir aos litigantes, inclusive quando não seja possível a resolução da própria controvérsia em si, ao menos disciplinarem a forma do exercício das suas faculdades processuais, ou até mesmo delas dispor" (NOGUEIRA, Pedro Henrique Pedrosa. A cláusula geral do acordo de procedimento no projeto do novo CPC (PL 8.046/2010). In: FREIRE, Alexandre *et al*. (org.). *Novas Tendências do Processo Civil – Estudos sobre o Projeto do Novo Código de Processo Civil*. Salvador: Juspodivm, 2014, p. 17).

15 Remo Caponi defende a adoção de solução semelhante (regulamentação negocial atípica do processo), como uma "proposta radical" para o direito italiano (CAPONI, Remo. "Autonomia privata e processo civile: gli accordi processuali". *Civil Procedure Review*, v. 1, n. 2, 2010, p. 49, disponível em http://www.civilprocedurereview.com/busca/baixa_arquivo.php?id=19m consultado em 16.04.2014; "Autonomia privada e processo civil: os acordos processuais". Pedro Gomes de Queiroz (trad.) *Revista de Processo*. São Paulo: RT, 2014, n. 228, p. 366.).

16 CADIET, Loïc. "Los acuerdos procesales en derecho francés: situación actual de la contractualización del processo y de la justicia en Francia", cit., p. 18, disponível em www.civilprocedurereview.com, consultado em 21.04.2014.

8

O PAPEL DA JURISPRUDÊNCIA NO NOVO CÓDIGO DE PROCESSO CIVIL

Humberto Theodoro Júnior

SUMÁRIO: 1 – A valorização da jurisprudência e o sistema de súmulas. 2 – Jurisprudência e normas principiológicas e enunciadoras de cláusulas gerais. 3 – Características do sistema sumular. 4 – A posição do novo CPC sobre a força normativa da jurisprudência. 5 – Decisões e súmulas vinculantes e não vinculantes. 6 – Regras a serem cumpridas pelos tribunais a respeito das respectivas jurisprudências. 7 – Publicidade e alteração da jurisprudência.

1. A VALORIZAÇÃO DA JURISPRUDÊNCIA E O SISTEMA DE SÚMULAS

Num país tradicionalmente estruturado no regime do *civil law*, como é o nosso, a jurisprudência dos tribunais não funciona como fonte primária ou originária do direito. Na interpretação e aplicação da lei, no entanto, cabe-lhe importantíssimo papel, quer no preenchimento das lacunas da lei, quer na uniformização da inteligência dos enunciados das normas (regras e princípios) que formam o ordenamento jurídico (direito positivo). Com esse sistema o direito processual prestigia, acima de tudo, a segurança jurídica, um dos pilares sobre que assenta, constitucionalmente, o Estado Democrático de Direito.

Para que essa função seja bem desempenhada, vem sendo implantado, de longa data, o critério de sumular, principalmente, nos tribunais superiores, os entendimentos que, pela reiteração e uniformidade, assumem a capacidade de retratar a jurisprudência consolidada a respeito de determinados temas.

Inicialmente, as súmulas jurisprudenciais foram adotadas sem força vinculativa, mas com evidente autoridade para revelar os posicionamentos exegéticos pretorianos (CPC/1973, art. 479). Com o passar do tempo o fenômeno ingressou, mais profundamente, no ordenamento jurídico, atingindo nível de verdadeira fonte normativa complementar, já que a Constituição, por meio da emenda nº 45, de 2004, criou a chamada *súmula vinculante,* como fito de submeter todos os tribunais e juízes, bem como a administração pública, às decisões reiteradas do STF sobre matéria constitucional Passaram, assim, a coexistir duas modalidades de súmula: as *vinculantes* e as *não vinculantes.* As primeiras, com força de lei, e as segundas, como indicativas da jurisprudência dominante no STF, no STJ e nos demais Tribunais do país.

Mesmo, porém, as súmulas não vinculantes tiveram seu papel muito ampliado, uma vez que reformas do direito processual as adotaram como fator decisivo para simplificar e agilizar os julgamentos sumários em primeiro grau de jurisdição (sentenças *prima facie*)[1] e as decisões monocráticas dos relatores, em grau de recurso, nos tribunais[2].

---

1 CPC/1973: "Art. 285-A. Quando a matéria controvertida for unicamente de direito e no juízo já houver sido proferida sentença de total improcedência em outros casos idênticos, poderá ser dispensada a citação e proferida sentença, reproduzindo-se o teor da anteriormente prolatada". Segundo entendimento do STJ, "A aplicação do art. 285-A do CPC, mecanismo de celeridade e economia processual, supõe alinhamento entre o juízo sentenciante, quanto à matéria repetitiva, e o entendimento cristalizado nas instâncias superiores, sobretudo junto ao Superior Tribunal de Justiça e Supremo Tribunal Federal" (STJ, 4ª T., REsp 1.109.398/MS, Rel. Min. Luís Felipe Salomão, ac. 16.06.2011, DJe 01.08.2011. No mesmo sentido: STJ, 3ª T., REsp. 1.225.227/MS, Rel. Min. Nancy Andrighi, ac. 28.05.2013, DJe 12.06.2013; STJ, 2ª T., REsp 1.279.570/MG, Rel. Min. Mauro Campbell Marques, ac. 08.11.2011, DJe 17.11.2011). Essa orientação foi transformada em condição expressa do julgamento *prima facie* de mérito pelo NCPC (art. 332). Ou seja: o juiz, de acordo com o aludido direito positivo legal, fica autorizado a julga improcedente o pedido, liminarmente e sem citação do réu, se o pleito contrariar enunciado de Súmula do STF, do STJ ou do Tribunal de Justiça, ou ainda, acórdão ou entendimento firmados em incidente de resolução de demandas de recursos repetitivos.

2 Entre os casos em que o art. 557 do CPC/1973 permitia ao relator negar seguimento ou dar provimento a recurso figurava, entre outros, aqueles em que

2. JURISPRUDÊNCIA E NORMAS PRINCIPIOLÓGICAS E ENUNCIADORAS DE CLÁUSULAS GERAIS

Se a jurisprudência sempre foi influente no campo da intervenção do direito positivo, seu papel assume proporções muito maiores diante dos ordenamentos jurídicos materiais de nossos dias. É que a lei, de tempos a esta parte, tem se ocupado em escala sempre crescente de incorporar princípios éticos e suas normas, aproximando em grande volume regras jurídicas de preceitos e valores morais. Com isso, tornaram-se bastante frequentes enunciados legais que contêm cláusulas gerais e que positivam normas principiológicas.

Ora, princípios e cláusulas gerais que os adotam correspondem a normas jurídicas flexíveis e incompletas, em razão de seu conteúdo muito genérico e impreciso, e por inocorrência da explicitação dos efeitos e sanções que podem decorrer da respectiva infração. Em face de semelhante postura legislativa, é natural que caiba à jurisprudência, na sua força criativa complementar, estabelecer na sequência das demandas julgadas o melhor e mais adequado entendimento acerca da inteligência da cláusula geral e dos limites necessários de sua in terpretação, bem como de seus efeitos práticos, diante de cada caso.

Com efeito, pode-se, sem dificuldade, reconhecer que, num quadro como o ora apontado, só a jurisprudência dos tribunais, coerente e estável – o que se busca alcançar principalmente por meio do regime dos enunciados sumulares –, terá condições de resguardar a segurança jurídica e a confiança das ideologias pessoais, e na confusão da justiça programada pela norma legal com a justiça concebida no íntimo de seu puro subjetivismo.

3. CARACTERÍSTICAS DO SISTEMA SUMULAR

O sistema uniformizador da jurisprudência adotado entre nós, é bom esclarecer, não é exatamente o mesmo dos *precedentes*, observado nos países regidos pelo *common law*. Na tradição anglo-saxônica o confronto se dá entre casos, ou seja, o precedente se impõe quando o

---

ocorria o contrates com súmulas ou jurisprudência dominante do STF e do STJ, Essa orientação continua prevalecendo no novo CPC (art. 932, IV e V).

novo caso a ser resolvido seja igual a outro anteriormente julgado por tribunal, no respeitante a seus elementos essenciais.

Mantém-se, no novo Código brasileiro, a tradição do regime de súmulas, com o qual o direito positivo nacional, inclusive no plano constitucional, já se acha familiarizado, e que, à evidência, não é o mesmo do direito anglo-saxônico.

Nesse sentido, está determinado por nosso novo CPC que, uma vez verificado o estabelecimento de jurisprudência qualificada como dominante, entre seus julgamentos, os tribunais brasileiros "editarão enunciados de súmula", com observância dos pressupostos fixados no regimento interno (art. 926, § 1º).

Esses enunciados procuram reproduzir a tese que serviu de fundamento ao entendimento dominante no tribunal acerca de determinado problema jurídico. Não é o *caso* em sua inteireza e complexidade que o enunciado sumulado reproduz, mas apenas a *ratio decidendi* em que os precedentes se fundamentarem.

4. A POSIÇÃO DO NOVO CPC SOBRE A FORÇA NORMATIVA DA JURISPRUDÊNCIA

O novo CPC dispensou grande atenção ao fenômeno jurisprudencial, por reconhecer a relevante influência político-institucional que a interpretação e aplicação do direito positivo pelos órgãos judiciais exercerem sobre a garantia fundamental de segurança jurídica, em termos de uniformização e previsibilidade daquilo que vem a ser o efetivo ordenamento jurídico vigente no país.

Entretanto, para que essa função seja efetivamente desempenhada, a primeira condição exigível é que os tribunais velem pela coerência interna de seus pronunciamentos. Por isso, o novo CPC dedica tratamento especial ao problema da valorização da jurisprudência, dispondo, em primeiro lugar, que "os tribunais devem *uniformizar* sua jurisprudência e mantê-la estável, íntegra e coerente" (art. 926, *caput*).

A súmula, nessa ordem de ideias, reproduz, abstrata e genericamente, a tese de direito que se tornou constante ou respectiva numa sequência de julgamentos. O tribunal não legisla primariamente, mas ao aplicar, no processo, as normas do direito positivo, determina o sentido e alcance que lhes corresponde, segundo a experiência de sua atuação sobre os casos concretos.

Não corresponde, a súmula, a uma reprodução global do precedente (isto é, do caso ou casos anteriores julgados). Nela se exprime o enunciado que uniforme e repetitivamente tem prevalecido na interpretação e aplicação pretoriana de determinada norma do ordenamento jurídico vigente. Uma vez, porém, que os tribunais não se pronunciam abstratamente, seus julgados sempre correspondem a apreciação de casos concretos, cujos elementos são fatores importantes na elaboração da norma afinal aplicada à solução do objeto litigioso. Assim, embora o sistema de súmulas não exija a identidade dos casos sucessivos, não pode deixar de levar em conta a situação fático-jurídica que conduziu à uniformização da tese que veio a ser sumulada.

É importante, pois, que ao editar enunciados de súmula, o tribunal procure ater-se às "circunstâncias fáticas" em que os casos paradigmas foram resolvidos (art. 926, § 2º). Em outras palavras, a súmula, em regra identificará a *ratio decidendi,* que serviu de fundamento dos diversos casos que justificaram o enunciado representativo da jurisprudência sumulada. Como a causa de decidir envolve necessariamente questões de direito e de fato, também as súmulas haverão de retratar esses dois aspectos nos seus enunciados. É preciso considerar que dentro de um julgado se desenvolvem vários tipos de raciocínio e argumento. Não são todavia, todos eles que se revestem da qualidade de precedente jurisprudencial passível de figurar em enunciado de súmula ou de assumir a categoria de jurisprudência dominante. Apenas a tese nuclear que conduziu à conclusão do decisório de acolhimento ou rejeição da pretensão deduzida em juízo, é que merece o tratamento de *fundamento* da decisão judicial. Os argumentos laterais que esclarecem e ilustram o raciocínio do julgador não se inserem no terreno da *ratio decidendi.* Configuraram apenas *obter dicta,* e, nessa categoria, não merecem o tratamento de fundamento jurídico do julgado. Figuram apenas como *motivo* e não como *causa* de decisão. É nesse sentido que a lei dispõe não fazerem coisa julgada "os *motivos,* ainda que importantes para determinar o alcance da parte dispositivo da sentença" (art. 469, I, do CPC/1973, reproduzido no art. 504, I, do novo CPC.

É dessa forma que a contribuição normativa da jurisprudência – harmonizando os enunciados abstratos da lei como as contingências dos quadros fáticos sobre os quais tem de incidir –, será realmente útil para o aprimoramento da aplicação do direito positivo, em clima de garantia do respeito aos princípios da *legalidade,* da *segurança jurídica,* da *proteção,* da *confiança* e da *isonomia.* Até mesmo a garantia de um processo de duração razoável e orientado pela maior celeridade na obtenção da solução do litígio (CF, art. 5º, LXXVIII) resta favorecida quando a firmeza dos precedentes jurisprudenciais permite às partes antever, de plano, o destino certo e previsível da causa.

São esses, enfim, os princípios constitucionais que, aplicados em conjunto e segundo os critérios da proporcionalidade e razoabilidade, se prestam a sustentar o regime da uniformização jurisprudencial da incidência do direito positivo, na composição dos litígios.

5. DECISÕES E SÚMULAS VINCULANTES E NÃO VINCULANTES

Há dois graus de força normativa atribuída à jurisprudência, segundo a sistemática prestigiadora da uniformização pretoriana da interpretação e aplicação do direito positivo: (i) as hipóteses em que a jurisprudência vincula todos os julgamentos futuros que envolvam a mesma tese normativa (*i.é,* a mesma *ratio decidendi*); e (ii) aquelas em que o Código preconiza a observância dos precedentes judiciais, sem, entretanto obrigar que juízes e tribunais se sujeitem a submeter-se inflexivelmente a aplicá-los em suas decisões.

Quando a jurisprudência é vinculante, a sua infringência enseja *reclamação* da parte prejudicada ao tribunal que deferiu o respectivo enunciado, o qual promoverá o necessário para que a força de sua jurisprudência seja restabelecida e respeitada. Se os precedentes não gozam de tal força, a parte, inconformada com sua inobservância, terá de impugnar a decisão pelas vias recursais ordinárias ou extraordinárias, para tentar escapar da opção de julgador, se for o caso de esta não se apoiar em razão de direito suficiente.

A sujeição dos juízes e tribunais à jurisprudência dos órgãos jurisdicionais superiores, dar-se-á com observância da seguinte *gradação hierárquica*, traçada pelo art. 927 do NCPC, ou seja, todos os órgãos judiciais observarão:

> I – *As decisões do Supremo Tribunal Federal pronunciadas em controle concentrado de constitucionalidade* (CF, art. 10 § 2º), caso em que a força vinculante decorre imediatamente do aresto definitivo, sem necessidade de inserção em enunciado de súmula[3].
>
> II – *Os enunciados de Súmula vinculante,* editados pelo STF, como prevê o art. 103-A da CF, a respeito de decisões reiteradas sobre matéria constitucional[4].
>
> III – *Os acórdãos em (i) incidente de assunção de competência, (ii) ou de resolução de demandas repetitivas e (iii) em julgamento de recursos extraordinário e especial repetitivos* (aqui, também, não há necessidade de súmulas, embora possam elas existir). O efeito vinculante decorre da própria natureza do julgamento[5], cuja função é legalmente a de estabelecer enunciado de tese a prevalecer nos vários casos iguais ao paradigma[6].

---

3 Art. 102. "Compete ao Supremo Tribunal Federal, precipuamente, a guarda da Constituição, cabendo-lhe: III – julgar, mediante recurso extraordinário, as causas decididas em única ou última instância, quando a decisão recorrida: § 2º as decisões definitivas de mérito, proferidas pelo Supremo Tribunal Federal, nas ações diretas de inconstitucionalidade e nas ações declaratórias de constitucionalidade produzirão eficácia contra todos e efeito vinculante, relativamente aos demais órgãos do Poder Judiciário e à administração pública direta e indireta, nas esferas federal, estadual e municipal". (Redação dada pela Emenda Constitucional nº 456, de 2004).

4 Art. 103-A. "O Supremo Tribunal Federal poderá, de ofício ou por provocação, mediante decisão de dois terços dos seus membros, após reiteradas decisões sobre matéria constitucional, aprovar súmula que, a partir de sua publicação na imprensa oficial, terá efeito vinculante em relação aos demais órgãos do Poder Judiciário e à administração pública direta e indireta, nas esferas federal, estadual e municipal, bem como proceder à sua revisão ou cancelamento, na forma estabelecida em lei". (Incluído pela Emenda Constitucional nº 45, de 2004).

5 Para os fins do CPC, "considera-se julgamento de casos repetitivos a decisão proferida em: I – incidente de resolução de demandas repetitivas; II – recursos especial e extraordinário repetitivos. Parágrafo único. O julgamento de casos repetitivos tem por objeto questão de direito material ou processual" (NCPC, art. 928).

6 1) NCPC: "Art. 947. É admissível a assunção de competência quando o julgamento de recurso, de remessa necessária ou de processo de competência originária envolver relevante questão de direito, com grande repercussão social, sem repetição em múltiplos processos (...) § 3º. O acórdão proferido em assunção

IV – *Os enunciados das súmulas do Supremo Tribunal Federal em matéria constitucional e do Superior Tribunal de Justiça em matéria infraconstitucional* (nesse caso, trata-se de súmulas comuns, despidas de força vinculante)[7].

V – *A orientação do plenário ou do órgão especial aos quais estiverem vinculados. In casu,* também não se exige a existência de enunciado de súmula. Basta que a tese de direito tenha sido a *ratio decidendi* de acórdão emanado do plenário ou do órgão especial que faça suas vezes (CF, art. 93, XI). Não ocorre, porém, a força vinculante da orientação, de modo que, embora seja recomendável a observância pelos órgãos judiciais inferiores, o desvio de entendimento a caso verificado não ensejará reclamação ao tribunal cuja orientação não se acolheu.

6. REGRAS A SEREM CUMPRIDAS PELOS TRIBUNAIS A RESPEITO DAS RESPECTIVAS JURISPRUDÊNCIAS

O primeiro dever imposto aos tribunais é o de uniformizar sua jurisprudência e de mantê-la estável, íntegra e coerente (art. 926, *caput*), de modo a permitir a edição de enunciados de súmula correspondentes a sua jurisprudência dominante (art. 926, § 1º). Sempre, pois, que se estabeleça alguma divergência interna, deverão ser acionados os mecanismos legais e regimentais destinados a promover a uniformização jurisprudencial. E uma fez fixada a tese uniformizadora,

---

de competência vinculará todos os juízes e órgãos fracionários, exceto se houver revisão de tese". 2) NCPC: "Art. 985. Julgado o incidente, a tese jurídica será aplicada: I – a todos os processos individuais ou coletivos que versem sobre idêntica questão de direito e que tramitem na área de jurisdição do respectivo tribunal, inclusive àqueles que tramitem nos juizados especiais do respectivo estado ou região; II – aos casos futuros que versem idêntica questão de direito e que venham a tramitar no território de competência do tribunal, salvo revisão na forma do art. 986. § 1º. Não observada a tese adotada no incidente, caberá reclamação". 3) Também no caso de recursos especial e extraordinário repetitivos, a tese assentada no julgamento do caso paradigma se aplicará, necessariamente, aos demais recursos que versem sobre idêntica controvérsia (NCPC, arts. 1.039 e 1.040).

7 Para o STF, a súmula (não vinculante) não é lei, de sorte que sua violação não autoriza ação rescisória (STF, Pleno, AR 1.049/GO, Rel. Min. Moreira Alves, ac. 09.02.1983, RTJ 107/19). Igual tese prevalece no STJ (1ª Seção, AR 433/SP, Rel. Min. Demócrito Reinaldo, ac. 31.10.1995, RSTJ 84/31).

as opiniões minoritárias abster-se-ão de insistir nos entendimentos vencidos, enquanto não sobreviver fato novo relevante para justificar a reabertura do debate.

Diante do regime de valorização da autoridade dos procedentes jurisprudenciais, os juízes e tribunais quando decidirem de acordo com ele (*i.é.* com observância dos padrões preconizados pelo art. 927), terão de observar o seguinte:

> Cumprirão o disposto no art. 10. Vale dizer, caso o debate processual ainda não abordou o precedente visado pelo juiz, ter-se-á de resguardar o contraditório, ensejando às partes oportunidade de se manifestar, previamente, a respeito do fundamento contido na tese jurisprudencial que se pretenda aplicar ao julgamento da causa (NCPC, art. 927, § 1º).
>
> Deverão cumprir, também, o previsto no art. 489, § 1º, ou seja, não se limitarão a invocar precedente ou enunciado de súmula, mas haverão de identificar seus fundamentos determinantes e demonstrar que o caso sob julgamento se ajusta àqueles fundamentos (NCPC, art. 927, § 1º).
>
> Tendo a parte invocado enunciado de súmula, jurisprudência ou precedente, o juiz somente poderá se recusar a observá-los, mediante demonstração da existência de distinção no caso em julgamento, ou da superação do entendimento (NCPC, art. 927, § 1º, c/c art. 489, § 1º, VI).

7. PUBLICIDADE E ALTERAÇÃO DA JURISPRUDÊNCIA

Cumpre aos tribunais dar publicidade a seus precedentes. Para facilitar seu conhecimento e melhor alcançar sua compreensão, serão eles organizados por questão jurídica decidida e sua divulgação dar-se-á, preferencialmente, na rede municipal de computadores (NCPC, art. 927, § 5º).

A jurisprudência dominante, mesmo quando sumulada, não se torna imutável. Algumas cautelas, todavia, deverão ser adotadas, principalmente quando se cuida de alterar teses reduzidas a anunciadas de súmula ou resultantes de julgamento de casos repetitivos. Assim é que:

a) O tribunal poderá promover audiências públicas, ou recorrer à participação de pessoas, órgãos ou entidades que possam contribuir para a rediscussão da tese sumulada ou assentada em casos repetitivos (art. 927, § 2º).

b) Admite-se que o tribunal possa modular os efeitos da alteração no interesse social e no de segurança jurídica, na hipótese de modificação de jurisprudência dominante do STF e dos Tribunais Superiores, ou quando oriunda de julgamento de casos repetitivos (art. 927, § 3º).

c) A modificação de enunciado de súmula, de jurisprudência pacificada ou de tese adotada em julgamento de casos repetitivos observará a necessidade de fundamentação adequada e específica, em respeito aos princípios da segurança jurídica, da proteção da confiança e da isonomia (art. 927, § 4º).

9

A DEFENSORIA PÚBLICA NO CPC DE 2015: REAFIRMAÇÃO DA ESSENCIALIDADE CONSTITUCIONAL DA INSTITUIÇÃO

José Augusto Garcia de Sousa

1. INTRODUÇÃO

Ao tempo da edição do Código de Processo Civil de 1973 (doravante CPC/1973, para simplificar), raros eram os brasileiros que já tinham ouvido falar em Defensoria Pública, ou expressão similar. Ela atuava em poucos Estados e de forma bastante precária. Onde existia, a autonomia mostrava-se reduzida ou nenhuma. Veja-se por exemplo o antigo Estado da Guanabara (que perdurou até 1975). O cargo de defensor público era o posto inicial da carreira do Ministério Público da Guanabara, significando uma espécie de estágio para o que realmente importava. O defensor, então, era *promovido* a promotor substituto.

Marco decisivo para o fortalecimento da Defensoria Pública foi a Constituição de 1988, que a definiu como "instituição essencial à função jurisdicional do Estado". Dentro da ordem constitucional, timbrada pelo apreço aos direitos fundamentais e pela busca da redução das desigualdades, restou confiada à Defensoria uma tarefa colossal: a prestação de assistência jurídica integral e gratuita – muito mais abrangente do que a tradicional assistência judiciária, já bastante extensa sozinha – à grande massa de necessitados da nossa sociedade.

Várias emendas constitucionais valorizaram a instituição. As Emendas 45/2004, 69/2012 e 74/2013 asseguraram considerável autonomia a todas as Defensorias brasileiras (a primeira referiu-se às Defensorias estaduais; a segunda, à Defensoria do Distrito Federal; a terceira, à Defensoria da União). Já a Emenda 80/2014 especificou melhor as funções institucionais – por meio de uma nova redação ao *caput* do art. 134 da Constituição – e determinou que, no prazo máximo de oito anos, houvesse defensores em todas as unidades jurisdicionais do país.

No plano infraconstitucional, a Lei Complementar 80/1994 organizou a Defensoria Pública da União, do Distrito Federal e dos Territórios, bem como prescreveu normas gerais para as Defensorias estaduais. Em 2009, essa lei orgânica foi amplamente modificada pela Lei Complementar 132, que deu à instituição perfil mais arrojado e democrático, tornando-a uma autêntica agência nacional de defesa dos direitos fundamentais, voltada para quem mais sente falta deles – as pessoas carentes.

O tratamento dado à Defensoria pelo Código de Processo Civil de 2015 (doravante CPC/2015) acompanha bem o progresso por ela alcançado nas últimas décadas. Além de um título específico (arts. 185 a 187), vê-se a atuação institucional em inúmeros dispositivos, aí incluída a participação no incidente de resolução de demandas repetitivas (art. 977, III), uma das maiores novidades do novo Código. Qualquer comparação que se faça entre o CPC/1973 e o CPC/2015 não poderá deixar de dedicar um tópico à Defensoria. Ausente em 1973, a instituição ganha papel expressivo na sistemática de 2015.

Eis aí, portanto, a grande marca do CPC/2015 no tocante à Defensoria Pública: em sintonia com a Constituição, o novo estatuto processual civil reafirma a essencialidade da instituição (inevitável em um país que ainda convive com imensas desigualdades, além de afrontas cotidianas aos mais elementares direitos). Vale desde logo a ressalva que nem tudo são flores: conforme se verificará, há inovações que não considero felizes. De toda sorte, o saldo parece positivo.

É justamente sobre esse encontro entre a codificação processual civil e a Defensoria Pública constitucional que o presente trabalho versará, tendo por referência o título do CPC/2015 atinente à instituição (arts. 185 a 187).

Antes porém da análise direta do CPC/2015, fazem-se proveitosos alguns esclarecimentos sobre figuras muito ligadas à atuação da Defensoria. É o que se verá a seguir.

2. ASSISTÊNCIA JURÍDICA, ASSISTÊNCIA JUDICIÁRIA E GRATUIDADE DE JUSTIÇA: DISTINÇÕES IMPORTANTES E UM PROPÓSITO COMUM

Conforme já dito, a Constituição de 1988 confiou à Defensoria Pública o mister da assistência jurídica integral e gratuita aos necessitados (art. 5º, LXXIV c/c art. 134, *caput*), que inclui em seu bojo a assistência judiciária, mas vai muito além. Enquanto a assistência judiciária diz respeito à atividade técnica de patrocinar causas e defender interesses em juízo, a assistência jurídica envolve também muitas atuações antes e fora do processo judicial – não raro o evitando –, a exemplo da educação em direitos, da orientação (consultoria) jurídica, da resolução de conflitos por meios alternativos e da defesa em processo administrativo. Esta é uma primeira distinção relevante a respeito das atribuições constitucionais da Defensoria.

Cumpre aduzir que, apesar dessa diferença de amplitude entre as assistências judiciária e jurídica, ambas irmanam-se pelo propósito de dar efetividade ao princípio maior do acesso substancial à justiça, sendo a Defensoria Pública o instrumento de que se vale o Estado para prover um direito fundamental tipicamente social, que demanda ações positivas, e não meras abstenções.

E a figura da gratuidade de justiça (ou justiça gratuita)? Em que se estrema das assistências jurídica e judiciária?

A gratuidade significa isenção de pagamento, que pode ocorrer não só judicialmente, mas também no tocante a emolumentos devidos a notários ou registradores. Aliás, é mera questão terminológica tratar como gratuidade de justiça, ou não, essa isenção relativa a despesas extrajudiciais. Em essência, cuida-se do mesmo fenômeno que está presente na gratuidade estritamente processual. O CPC/2015, em seu art. 98, § 1º, IX, traz como item compreendido na gratuidade de justiça "os emolumentos devidos a notários ou registradores em decorrência da prática de registro, averbação ou qualquer outro ato notarial necessário à efetivação de decisão judicial ou à continuidade de processo judicial no qual o benefício tenha sido concedido", caminho que já era trilhado pela jurisprudência[1].

Em termos bem simples, portanto, assistência – tanto a judiciária como a jurídica – implica prestação de um serviço, comportamento ativo; gratuidade, por seu turno, traduz-se em isenção de pagamento, ato de abstenção. Trata-se de noções inconfundíveis. Sem embargo, ainda são muito baralhadas entre nós, até mesmo em cortes superiores. Espera-se que o quadro se altere com o advento do CPC/2015, que faz uso da terminologia correta.

A propósito do que acabei de dizer, parte da doutrina especializada vê na expressão "assistência jurídica integral e gratuita", presente no inciso LXXIV do art. 5º da Constituição brasileira, mais uma incidência da habitual confusão entre assistência jurídica e gratuidade de justiça. Teria o constituinte misturado indevidamente os termos.

Não subscrevo a crítica. O direito fundamental previsto pelo inciso LXXIV do art. 5º da Constituição pode ser entendido, sem qualquer inconveniente, como direito à assistência *lato sensu*, abarcando a

---

1 Ilustrativamente, confira-se o AgRg no RMS 24.557, rel. Min. Castro Meira, 2ª Turma do STJ, julgamento unânime em 07/02/13.

assistência em senso estrito (prestação de uma atividade, um serviço) e a gratuidade de justiça. Dessa forma, fica claro que não só a assistência jurídica propriamente dita está tutelada constitucionalmente, mas também o direito à gratuidade, inclusive no que tange a despesas extrajudiciais, compreensão muito relevante para o acesso à justiça. Em abono a tal posição, vale lembrar que os direitos fundamentais devem merecer, sempre que possível, interpretação expansiva.

3. O PAPEL ATRIBUÍDO À DEFENSORIA PÚBLICA PELO CPC/2015

Já podemos partir para a apreciação direta do CPC/2015. O art. 185 cuida da destinação institucional: "A Defensoria Pública exercerá a orientação jurídica, a promoção dos direitos humanos e a defesa dos direitos individuais e coletivos dos necessitados, em todos os graus, de forma integral e gratuita."

A redação do art. 185 do CPC/2015 guarda sintonia com o art. 134, *caput*, da Constituição (modificado pela Emenda 80/14), que é naturalmente mais analítico, reportando-se ao perfil geral da instituição: "A Defensoria Pública é instituição permanente, essencial à função jurisdicional do Estado, incumbindo-lhe, como expressão e instrumento do regime democrático, fundamentalmente, a orientação jurídica, a promoção dos direitos humanos e a defesa, em todos os graus, judicial e extrajudicial, dos direitos individuais e coletivos, de forma integral e gratuita, aos necessitados, na forma do inciso LXXIV do art. 5º desta Constituição Federal."

Nas seções seguintes, buscarei dissecar, com a indispensável concisão, o conteúdo do art. 185 do CPC/2015.

3.1 Quem são os necessitados assistidos pela Defensoria?

Subjacente ao enunciado do art. 185, acha-se uma das maiores polêmicas da atualidade a respeito da atuação da Defensoria Pública. A saber: qual o exato endereçamento subjetivo das atribuições institucionais? Apenas necessitados sob o prisma econômico podem ser assistidos pela Defensoria?

A maioria dos autores divide em típicas e atípicas as funções da Defensoria Pública, caracterizando-se as atípicas pela desvinculação à condição econômica da parte assistida. Assim, admite-se de longa data que pessoas não necessitadas sob o prisma econômico possam ser amparadas pela Defensoria. Ocorre que o rol das atribuições atípicas era considerado bastante limitado. Aludia-se, basicamente, às hipóteses da curadoria especial e da defesa penal, ambas envolvendo valores muito caros à ordem jurídica – o princípio do contraditório no primeiro caso e o *jus libertatis* no segundo.

Uma série de fatores cevou o entendimento favorável à ampliação das funções da Defensoria, entre eles: a) a ascensão das vertentes social e coletiva do processo civil[2]; b) o reforço da tutela dos direitos fundamentais, inclusive em uma dimensão objetiva; c) e a própria transformação da realidade[3].

A Lei Complementar 132/09 veio abonar claramente o entendimento extensivo. Além de encarecer a atuação coletiva, impôs à Defensoria, por exemplo, "a defesa dos interesses individuais e coletivos da criança e do adolescente, do idoso, da pessoa portadora de necessidades especiais, da mulher vítima de violência doméstica e familiar e de outros grupos sociais vulneráveis que mereçam proteção especial do Estado", bem como a atuação "na preservação e reparação dos direitos de pessoas vítimas de tortura, abusos sexuais, discriminação ou qualquer outra forma de opressão ou violência" (respectivamente, incisos XI e XVIII do art. 4º da LC 80/94, acrescentados pela LC 132/09).

Positivou-se assim orientação proveniente do Supremo Tribunal Federal: "[a] Constituição Federal impõe, sim, que os Estados prestem assistência judiciária aos necessitados. Daí decorre a atribuição mínima compulsória da Defensoria Pública. Não, porém, o impedimento a que os seus serviços se estendam ao patrocínio de outras

---

2 O fenômeno foi assinalado de modo magistral por José Carlos Barbosa Moreira em Tendências contemporâneas do direito processual civil, *Temas de direito processual: terceira série*, São Paulo: Saraiva, 1984.

3 A propósito do assunto, escrevi O destino de Gaia e as funções institucionais da Defensoria Pública: ainda faz sentido a visão individualista a respeito da instituição?, *Revista de Direito do Estado*, nº 14, abr./jun. 2009.

iniciativas processuais em que se vislumbre interesse social que justifique esse subsídio estatal"[4].

O CPC/2015 manteve essa tendência ampliativa?

Os dispositivos do CPC/2015 relativos à Defensoria não enfrentam a polêmica de forma direta, o que de resto não lhes cabia mesmo fazer. Sem embargo, o novo CPC contempla atuações bastante abrangentes para a instituição. Em especial: a) participação obrigatória em ações possessórias com grande número de réus e que envolvam pessoas hipossuficientes (arts. 554, § 1º, e 565, § 2º); b) legitimidade para dar início aos feitos de jurisdição voluntária (art. 720); c) legitimidade para provocar o incidente de assunção de competência (art. 947, § 1º); d) legitimidade para requerer a instauração do incidente de resolução de demandas repetitivas (art. 977, III). Além disso, cumpre ao juiz, "quando se deparar com diversas demandas individuais repetitivas, oficiar o Ministério Público, a Defensoria Pública e, na medida do possível, outros legitimados (...) para, se for o caso, promover a propositura da ação coletiva respectiva" (art. 139, X).

O conjunto dessas previsões normativas não deixa qualquer dúvida. Também o CPC/2015 prestigiou o alargamento das funções institucionais da Defensoria Pública, em atenção sobretudo à necessidade de se proporcionar a mais dilatada cobertura a valores relevantes da nossa ordem jurídica, no espírito da fundamentação do Supremo Tribunal Federal na referida ADI-MC 558/RJ.

3.2 Orientação jurídica

A primeira tarefa atribuída à Defensoria Pública pelo art. 185 do CPC/2015 é a orientação jurídica. O mesmo encargo está previsto no art. 134, *caput*, da Constituição e no art. 4º, I e III, da lei orgânica nacional da Defensoria (Lei Complementar 80/94).

A relevância da orientação jurídica aos necessitados, no Brasil, soa evidente. Ao mesmo tempo em que a lei se presume conhecida por todos, a educação pública deixa muito a desejar e a taxa de analfabetismo funcional segue alarmante. Como resultado dessa grande

---

4 ADI-MC 558/RJ, Pleno, rel. Min. Sepúlveda Pertence, julg. unânime, na parte que aqui interessa, em 16/08/91.

contradição substancial, aspectos básicos do ordenamento são ignorados pela população pobre, fazendo com que o conhecimento geral da lei assuma contornos de desvairada ficção.

Vale a ponderação de que o incremento da orientação jurídica, pela Defensoria, não serve necessariamente ao propósito geral de reduzir a sobrecarga da nossa Justiça civil. É certo que informação traz luz, e isso pode diminuir desinteligências e subtrair lides. Por outro lado, porém, a orientação jurídica tem o potencial de gerar muitas novas demandas, pois as pessoas tomam consciência de que têm direitos e passam a lutar por eles. De qualquer forma, ainda que haja de fato o risco da elevação do número de causas, não se pode dispor de uma ênfase cada vez maior nessa tarefa de orientação jurídica aos necessitados, extremamente cara ao princípio da igualdade.

3.3 Solução consensual de conflitos

Além da orientação jurídica, também a solução consensual de conflitos é vista como importante componente da assistência jurídica aos necessitados. O art. 185 do CPC/2015, ao listar as incumbências da Defensoria, menciona a orientação jurídica, mas não a resolução consensual de conflitos. A lacuna não gera qualquer prejuízo, vez que o mesmo CPC/2015, no seu capítulo inicial, referente às normas fundamentais do processo civil, prescreve que "[a] conciliação, a mediação e outros métodos de solução consensual de conflitos deverão ser estimulados por magistrados, advogados, defensores públicos e membros do Ministério Público, inclusive no curso do processo judicial" (art. 3º, § 3º).

Em sua prática cotidiana, a Defensoria sempre investiu muito em tais métodos consensuais. Refletindo essa tradição, a Lei Complementar 80/94 reza expressamente que é *prioritária*, no rol das funções institucionais, a promoção da solução extrajudicial dos litígios, "por meio de mediação, conciliação, arbitragem e demais técnicas de composição e administração de conflitos" (art. 4º, II).

Acrescente-se que a positivação da legitimidade da Defensoria Pública para a ação civil pública, através da Lei 11.448/07, teve um desdobramento notável. De modo automático, por força do art. 5º,

§ 6º, da Lei 7.347/85, a Defensoria ganhou legitimidade, também, para a realização de termos de ajustamento de conduta. E eles rapidamente se multiplicaram no seio da instituição, produzindo resultados talvez até mais expressivos do que as ações civis públicas intentadas[5].

3.4 Promoção dos direitos humanos

Continuando na análise do art. 185 do CPC/2015, cuide-se brevemente da promoção dos direitos humanos, atribuição que também foi destacada no art. 134, *caput*, da Constituição e no art. 1º da Lei Complementar 80/94 (com redação da LC 132/09). No âmbito da legislação orgânica da Defensoria, ademais, "a prevalência e efetividade dos direitos humanos" tornou-se um dos objetivos magnos da instituição, figurando entre as respectivas funções "a difusão e a conscientização dos direitos humanos, da cidadania e do ordenamento jurídico", bem como "representar aos sistemas internacionais de proteção dos direitos humanos" (respectivamente, arts. 3º-A, III, e 4º, incisos III e VI, da LC 80/94, todos inseridos pela LC 132/09).

Evidentemente, não há espaço, aqui, para tratar da fecunda dogmática dos direitos humanos. Basta dizer que a eles se costuma atribuir dimensão suprapositiva, além de uma íntima relação com a dignidade da pessoa humana. Só essas características já deixam entrever a existência de fortes elos entre os direitos humanos e as atribuições da Defensoria. Vale declinar alguns desses elos.

Em primeiro lugar, verifica-se a existência de atribuições institucionais voltadas por completo à proteção de pessoas que tiveram direitos humanos profundamente violados, como é o caso da "mulher vítima de violência doméstica e familiar" e das vítimas em geral de "tortura, abusos sexuais, discriminação ou qualquer outra forma de opressão ou violência" (art. 4º, XI e XVIII, da LC 80/94).

Além disso, cabe à Defensoria Pública, muito comumente, defender pessoas que, apesar de malvistas pela sociedade – até porque

---

5 Sobre os termos de ajustamento e as ações civis públicas da instituição debruçou-se o *I Relatório Nacional de Atuações Coletivas da Defensoria Pública: um estudo empírico sob a ótica dos 'consumidores' do sistema de justiça*, coord. de José Augusto Garcia de Sousa, Brasília, ANADEP, 2013.

podem ter ofendido direitos humanos alheios –, continuam titulares, à evidência, de direitos humanos inalienáveis, a começar pelo respeito à dignidade. É o exemplo dos presos, dos jovens passíveis de medidas socioeducativas, dos moradores de rua, dos viciados em crack. Nessa situação, o trabalho da Defensoria torna-se inegavelmente mais espinhoso, em virtude do seu caráter contramajoritário. Na perspectiva dos direitos humanos, porém, tais atuações são muito valiosas, em função mesmo das dificuldades que as cercam. Afinal, não é tão penoso efetivar os direitos humanos de um *bonus pater familias*; duro mesmo é materializar os direitos humanos daquelas pessoas que são estigmatizadas por largos setores da sociedade.

E mais. Funciona a debilidade econômica dos assistidos pela Defensoria, na feliz imagem de Amélia Soares da Rocha[6], como uma espécie de ímã, atraindo várias outras vulnerabilidades, inclusive a vulnerabilidade perante a lei – que o pobre frequentemente ignora ou então não consegue assimilar, o mesmo se podendo dizer, na mão inversa, da lei em relação ao pobre. Nesse contexto, pode ser necessário questionar a ordem positivada, o que se consegue por meio de uma argumentação calcada nos direitos humanos. Assim, até mesmo razões pragmáticas aproximam os defensores públicos e os direitos humanos.

O já mencionado *I Relatório Nacional de Atuações Coletivas* revela inúmeras iniciativas da Defensoria direcionadas à efetividade dos direitos humanos. Para ficar em apenas um exemplo, cite-se ação civil pública proposta pela Defensoria Pública sergipana em face do Estado de Sergipe, na comarca de Pirambu. A causa de pedir: não estava sendo fornecida comida aos presos custodiados na delegacia local, que só podiam contar, pasme-se, com alimentação que fosse eventualmente trazida por familiares. Na decisão que concedeu a liminar, para que houvesse três refeições por dia, salientou o juiz "que a Constituição Federal não prevê a pena de fome"[7]. Dessa forma, a ação da Defensoria socorreu o próprio direito de comer dos presos, um direito humano que, embora elementar, estava sendo denegado pelo poder público.

---

6 Amélia Soares da Rocha, *Defensoria Pública: fundamentos, organização e funcionamento*. São Paulo: Atlas, 2013, p. 5.

7 *I Relatório Nacional de Atuações Coletivas da Defensoria Pública...*, cit., p. 67.

3.5 Defesa dos direitos individuais dos necessitados

Prossegue o art. 185 do CPC/2104 mencionando a atuação mais usual da Defensoria Pública, a defesa dos direitos individuais dos necessitados.

Traço importante da defesa individual prestada pela Defensoria é a desnecessidade de procuração. Melhor dizendo, a procuração, instrumento de um contrato privado, mostra-se incompatível com o regime da Defensoria Pública, que é baseado, obviamente, em princípios publicísticos, entre eles o da impessoalidade (art. 37, *caput*, da Constituição). Dentro de um vínculo público-estatutário, onde sobressai o princípio da impessoalidade, não faz sentido algum falar em procuração, muito menos em substabelecimento. Bem por isso, os arts. 44, XI, 89, XI, e 128, XI, da Lei Complementar 80/94, que têm redação idêntica, estabelecem como prerrogativa dos defensores públicos, em todas as esferas federativas, "representar a parte, em feito administrativo ou judicial, independentemente de mandato, ressalvados os casos para os quais a lei exija poderes especiais".

A contrario sensu, seria indispensável a procuração nos casos em que a lei exige poderes especiais (art. 105, segunda parte, do CPC/2015)? Em absoluto. Não obstante a redação deficiente da LC 80/94, entende-se largamente que é invencível a incompatibilidade das figuras da procuração e do mandato com o regime público da Defensoria. Assim, para as manifestações que dependam de poderes especiais, como por exemplo a transação, a parte deve assinar juntamente com o defensor, ou então, não sendo possível a assinatura conjunta, deve o defensor colher uma autorização específica para o ato.

Algo muda com o CPC/2015? Decerto que não. O CPC/2015 não se pronuncia a respeito, dirigindo-se os seus arts. 104 e 105 aos advogados privados. A matéria segue regulada pela lei orgânica da Defensoria Pública, que é lei complementar, não podendo ser alterada por lei ordinária.

Ainda em relação à função institucional de defesa dos direitos individuais dos necessitados, observe-se que também pessoas jurídicas podem ser patrocinadas pela Defensoria Pública, desde que apresentem hipossuficiência. Temos aí função institucional indiscutivelmente típica, que em nada se aparta da defesa das pessoas naturais necessitadas.

Porém, há uma diferença na questão da gratuidade de justiça concernente às pessoas jurídicas. De acordo com o art. 99, § 3º, do CPC/2015, "[p]resume-se verdadeira a alegação de insuficiência deduzida exclusivamente por pessoa natural". Dessa forma, o CPC/2015 absorveu o entendimento sumulado do Superior Tribunal de Justiça, no sentido de que "[f]az jus ao benefício da justiça gratuita a pessoa jurídica com ou sem fins lucrativos que demonstrar sua impossibilidade de arcar com os encargos processuais" (enunciado n. 481). Ao contrário portanto das pessoas naturais, cuja afirmação de carência se presume verdadeira, as pessoas jurídicas devem provar a sua falta de recursos para obterem a gratuidade.

3.6 Defesa dos direitos coletivos dos necessitados

Ao aludir à função da Defensoria Pública de defesa dos direitos coletivos dos necessitados, o art. 185 do CPC/2015 incluiu-se na longa história da consolidação da legitimidade coletiva para a instituição, legitimidade esta que recentemente ganhou estatura constitucional (Emenda n. 80, de 2014). É de se perguntar todavia: na ambiência normativa do CPC/2015 poderá ser exercitada, concretamente, a legitimidade coletiva da Defensoria?

Sim. É certo que a regulação específica da ação civil pública e demais ações coletivas continuará a cargo da legislação extravagante. No entanto, o CPC/2015 introduziu figuras que encerram inegável dimensão coletiva, em especial três figuras já citadas acima, quais sejam, a ação possessória multitudinária, o incidente de assunção de competência e o incidente de resolução de demandas repetitivas. Em todos os casos, a atuação da Defensoria Pública em nome próprio – que não se confunde com a tarefa de representação das partes – foi prevista pelo CPC/2015 (respectivamente, arts. 554, § 1º, e 565, § 2º; 947, § 1º; e 977, III).

Portanto, no próprio âmbito de incidência do CPC/2015, a Defensoria poderá exercitar a sua legitimidade coletiva, observadas logicamente as balizas postas pela nossa ordem jurídica para esse tipo de atuação institucional. Três, a propósito, são as hipóteses gerais que autorizam a atuação coletiva da Defensoria, a saber: a) os interesses em jogo pertencem a uma comunidade formada exclusivamente por pessoas carentes do ponto de vista econômico (uma hipótese relativamente rara nos dias de hoje, pluralistas e inclusivos); b) a causa coletiva envolve também pessoas não carentes economicamente, mas seu resultado pode "beneficiar grupo de pessoas hipossuficientes" (art. 4º, VII, da LC 80/94); c) a demanda não versa necessariamente sobre interesses típicos de pessoas pobres, porém estão presentes outras espécies de vulnerabilidade cuja defesa se reveste de considerável interesse social (ADI-MC 558, julgado referido em outro tópico).

3.7 Em todos os graus

Quase terminando a abordagem do art. 185 do CPC/2015, veja-se a previsão de que a Defensoria Pública opere "em todos os graus", inerente ao caráter integral da assistência jurídica a ser prestada pela instituição. No contexto processual, o mais intuitivo é enxergar na expressão uma referência a todos os graus de jurisdição – incluídas aí as defesas perante o Supremo Tribunal Federal, o Superior Tribunal de Justiça e os tribunais superiores da Justiça especializada –, embora em doutrina a expressão ganhe largueza maior, abraçando as mais variadas instâncias, inclusive as internacionais[8].

Quanto à atuação junto ao Supremo Tribunal Federal e ao Superior Tribunal de Justiça, a pouca clareza da legislação orgânica da Defensoria Pública, no particular, fomentou a seguinte dúvida: nas causas provenientes da Justiça estadual, as Defensorias correspondentes podem atuar ou a tarefa estaria reservada à Defensoria Pública da União?

A mesma discussão existe na seara do Ministério Público, e a jurisprudência do Supremo Tribunal Federal e do Superior Tribunal de Justiça vai-se encaminhando no sentido de permitir a atuação das entidades estaduais, o que resguarda a autonomia federativa e se mostra vantajoso sob o prisma da estratégia processual perante as cortes superiores, cujo planejamento encontra condições mais favoráveis para se desenvolver na esfera de um só ramo federativo. Por outro lado, o entendimento não arranha o importante princípio da unidade da

8 Conforme Amélia Soares da Rocha, *Defensoria Pública...*, cit., p. 127.

Defensoria Pública, devendo-se entender que cada especialização da Defensoria Pública possui sua própria unidade[9].

3.8 Assistência integral

Na parte final do art. 185 do CPC/2015, reproduz-se a fórmula cunhada pela Constituição de 1988 no seu art. 5º, LXXIV: a assistência desempenhada pela Defensoria Pública há de ser "integral e gratuita".

Em primeiro lugar, fale-se rapidamente da questão da assistência "integral" aos necessitados. O termo impõe à Defensoria um desafio hercúleo, sobretudo em um país como o nosso, superlativo não só na extensão geográfica, mas também na escala da denegação de justiça sofrida historicamente pelos nacionais carentes.

Para que a prometida integralidade não se transforme em miragem, devem ser amplas as atribuições da Defensoria Pública, proporcionando caminhos diversos – e que podem ser articulados – para a realização dos objetivos institucionais. No atual estágio de desenvolvimento da Defensoria, as suas funções são de fato amplas. É o que demonstra o próprio art. 185 do CPC/2015: as atribuições institucionais materializam-se tanto judicialmente quanto extrajudicialmente; têm caráter preventivo ou, ao contrário, prestam-se à processualização dos conflitos; trabalham com direitos individuais e coletivos; servem a pessoas naturais e jurídicas, além de comunidades difusas; estendem-se a todos os graus e instâncias.

A respeito do assunto, não pode deixar de ser citado o § 2º do art. 4º da Lei Complementar 80/94: "As funções institucionais da Defensoria Pública serão exercidas inclusive contra as Pessoas Jurídicas de Direito Público." Houvesse alguma limitação perante tais pessoas jurídicas, de integralidade não se poderia cogitar. E notadamente a Defensoria Pública da União quase não teria razão para existir.

---

9 Consoante as lições de Frederico Rodrigues Viana de Lima, *Defensoria Pública,* 3. ed., Salvador: Juspodivm, 2014, p. 98.

3.9 Assistência gratuita

Por derradeiro, em relação ao art. 185 do CPC/2015, aborde-se a questão da assistência gratuita, traço inafastável da atuação da Defensoria Pública, instituição estatal direcionada aos que não possuem condições de pagar advogado particular.

O art. 185 menciona a gratuidade relativa à assistência da Defensoria, e não a gratuidade de justiça (tratada nos arts. 98 a 102 do mesmo Código), valendo repisar que, embora vizinhas, as duas questões têm contornos próprios.

De ordinário, a pessoa pobre defendida pela Defensoria nada pagará, evidentemente, pela assistência pública, e terá deferida também a gratuidade de justiça. Mas como assistência e gratuidade de justiça não se confundem, esse arranjo habitual poderá não se confirmar. Quem decide se a parte faz jus ou não à gratuidade de justiça é o órgão jurisdicional competente. Já o juízo relativo à assistência é feito, dentro de sua autonomia, pela Defensoria Pública. Por essa razão, uma parte pode ter indeferida a gratuidade e mesmo assim continuar assistida pela Defensoria, pagando custas judiciais. Pertence à Defensoria, insista-se, a responsabilidade de aferir o direito à assistência gratuita nos atendimentos por ela prestados[10].

4. AS PRERROGATIVAS INSTITUCIONAIS DO PRAZO EM DOBRO E DA INTIMAÇÃO PESSOAL NO CPC/2015

Passemos agora ao plano das prerrogativas institucionais. O art. 186 do CPC/2015, *caput* e parágrafos, focaliza duas das mais importantes prerrogativas dos membros da Defensoria Pública, a intimação pessoal e o prazo em dobro, positivadas há mais de duas décadas pela Lei 7.871/89 (que alterou o art. 5º, § 5º, da Lei 1.060/50). Na legislação orgânica, os arts. 44, I, 89, I, e 128, I, da LC 80/94 tratam da matéria nas esferas, respectivamente, das Defensorias da

---

[10] Neste sentido, enfaticamente, Cleber Francisco Alves, *Justiça para todos! Assistência jurídica gratuita nos Estados Unidos, na França e no Brasil*, Rio de Janeiro: Lumen Juris, 2006, p. 285; e Diogo Esteves e Franklyn Roger Alves da Silva, *Princípios institucionais da Defensoria Pública*, Rio de Janeiro: Forense, 2014, p. 110-116.

União, do Distrito Federal e dos Estados, apresentando idêntica – e tortuosa – redação (dada pela LC 132/09): "receber, inclusive quando necessário, mediante entrega dos autos com vista, intimação pessoal em qualquer processo e grau de jurisdição ou instância administrativa, contando-se-lhes em dobro todos os prazos".

Vejamos como tais prerrogativas institucionais foram tratadas pelo CPC/2015.

4.1 Amplitude objetiva do prazo em dobro

Verificamos logo acima que a legislação orgânica da Defensoria Pública prevê a contagem em dobro para "todos" os prazos. Veio a prevalecer, a respeito, o entendimento de que a duplicação se refere aos prazos eminentemente processuais, não se estendendo aos prazos prescricionais ou decadenciais. Desse modo, não podem ser dobrados, por exemplo, os prazos para a propositura de ação rescisória e a impetração de mandado de segurança. Por outro lado, a dobra é permitida em relação aos prazos para a oposição de embargos à execução e impugnação, bem como para a propositura da ação principal depois do deferimento de medida cautelar, esta última uma hipótese bastante polêmica[11].

A redação do art. 186, *caput*, do CPC/2015 reforça o entendimento dominante, pois garante a dobra de prazo em todas as "manifestações processuais" da Defensoria[12]. Resta definitivamente descartada, assim, a possibilidade de utilização da prerrogativa com relação a prazos de natureza material. Da mesma forma, não pode haver contagem em dobro para prazos concernentes a atos da parte, ainda que assistida pela Defensoria, como é o caso do prazo de 15 dias para o pagamento voluntário de débito exequendo (art. 523, *caput*, do CPC/2015).

Ao mesmo tempo, fortalece o art. 186, *caput*, a ideia de que, no círculo das manifestações genuinamente processuais da Defensoria, a regra quase absoluta é a concessão do prazo em dobro, por força da lei

---

[11] Confira-se a propósito, a favor do prazo em dobro, o STJ no REsp 275.803, 4ª Turma, rel. Min. Aldir Passarinho Jr., rel. para acórdão Ruy Rosado de Aguiar, julg. por maioria em 17/04/01, com dois votos vencidos, publ. 13/08/01.

[12] "Art. 186. A Defensoria Pública gozará de prazo em dobro para todas as suas manifestações processuais."

e independentemente de qualquer requerimento. Isso vale, por exemplo, para a atuação da Defensoria na curadoria especial (CPC/2015, art. 72, par. único). O fato de se tratar de atribuição institucional dita atípica não impede minimamente a concessão do prazo em dobro[13]. Afinal, essa prerrogativa não leva em conta a categorização da atuação institucional, mas sim as notórias dificuldades que tem a Defensoria para arrostar, com razoável padrão de qualidade, uma demanda verdadeiramente avassaladora, sem que possa declinar de qualquer causa. Por acaso o defensor que oficia como curador especial está menos sobrecarregado? Pode recusar a tarefa? Sendo negativas as duas respostas, e não se devendo restringir onde o legislador não restringiu – a não ser que militem para tanto razões muito fortes –, fica ainda mais nítida, com o CPC/2015, a aplicabilidade da prerrogativa do prazo em dobro às manifestações da Defensoria no exercício da curatela especial.

E o prazo para contestação? Pelo que vimos acima, seria igualmente dobrado. Ou não? No próximo tópico, falarei a respeito.

Encaixe-se neste tópico, ainda, breve comentário sobre o § 4º do art. 186, segundo o qual "[n]ão se aplica o benefício da contagem em dobro quando a lei estabelecer, de forma expressa, prazo próprio para a Defensoria Pública". Regra similar encontra-se nos títulos reservados ao Ministério Público (art. 180, § 2º) e à Advocacia Pública (art. 183, § 2º). Pelo menos no que concerne ao CPC/2015, não se vê qualquer disposição que fixe prazo próprio para a Defensoria, prevalecendo sempre, portanto, a contagem dobrada dos prazos processuais.

4.2 Dobra-se o prazo da contestação? Sempre?

Merece um tópico separado a discussão sobre a dobra do prazo de contestação. Antes porém de enfrentar a questão, é preciso lembrar que, na sistemática do CPC/2015, o réu, no procedimento comum, é citado para comparecer a uma audiência de conciliação ou de mediação, na qual as partes devem estar acompanhadas por seus advogados ou defensores públicos (art. 334, § 9º), só depois disso se iniciando o

---

[13] Conforme STJ, REsp 15.703, 5ª Turma, rel. Min. Assis Toledo, julg. unânime em 18/12/91, publ. em 17/02/92.

prazo para a contestação, caso infrutífera a tentativa de composição consensual (art. 335, I). Esta é a regra. Entretanto, nas causas que não admitem autocomposição, a audiência não deve sequer ser designada (art. 334, § 4º, II), podendo então o prazo da contestação ter como referência a diligência citatória (art. 335, III, c/c art. 231).

Tornando à questão da prerrogativa da Defensoria Pública, diga-se que o prazo para contestar se mostra inteiramente submetido ao regime do direito processual, o que indicaria a necessidade de aplicação irrestrita da prerrogativa do prazo em dobro. No entanto, existem peculiaridades relevantes a considerar na hipótese (vista logo acima) em que o prazo da contestação está conectado diretamente à citação, como sucede no procedimento ordinário do CPC/1973. O prazo é realmente processual, mas a Defensoria ainda não está nos autos quando ele se inicia. Deferir o prazo em dobro de maneira incondicionada poderia então proporcionar fraudes processuais – o réu, após perder o prazo da contestação, buscaria atendimento na Defensoria, aproveitando-se do fato de que a própria lei não impõe critérios rígidos para a aferição da hipossuficiência. Isso atentaria contra a boa-fé e também aviltaria a Defensoria, usada como tábua de salvação por litigantes maliciosos.

O que fazer então? Preservar o prazo em dobro mas ao mesmo tempo facilitar expedientes pouco leais? Ou afugentar a má-fé à custa da prerrogativa do prazo em dobro? Sob a égide do CPC/1973, surgiu solução que, embora desprovida de base legal estrita, foi endossada por muitos julgados[14]. A saber: admite-se o prazo em dobro, com a condição todavia de que venha aos autos, *no prazo simples*, uma petição do réu comunicando a sua representação pela Defensoria Pública e a consequente utilização das prerrogativas institucionais. Parece-me uma solução criativa e equilibrada, ponderando de maneira satisfatória os valores em jogo. Ela deve ser recepcionada pelo regime do CPC/2015, valendo a ressalva de que seu uso será muito menos corriqueiro, dada a regra da realização da audiência de conciliação ou de mediação entre a citação e a eventual contestação.

---

[14] No STJ, confira-se o REsp 401.979, 6ª Turma, rel. Min. Paulo Gallotti, julg. unânime em 19/09/02, publ. em 11/11/02.

Na sistemática de 2015, em suma, se a Defensoria Pública já estiver no processo, pelo réu, quando o prazo da contestação se iniciar, este será contado em dobro, de maneira incondicionada; caso contrário, nas hipóteses residuais do art. 335, III, o prazo poderá ser contado em dobro, mas para tanto deverá ser apresentada petição, no prazo simples, comunicando a representação pela Defensoria.

Aduza-se que o entendimento que acabei de expor ganha força em virtude da inovação contida no art. 341, par. único, do CPC/2015, qual seja, a inaplicabilidade ao defensor público, em todas as atuações – e não somente na curatela especial –, do ônus da impugnação especificada dos fatos. Ou seja, a fórmula da negação geral poderá ser adotada por toda e qualquer contestação elaborada pela Defensoria. Se assim é, parece evidente que a prerrogativa do prazo em dobro, no que diz respeito às contestações, não merece qualquer ampliação.

4.3 Ao ensejo da generalização da dispensa da impugnação especificada: inovação pouco inspirada

Não se perca a oportunidade de criticar a inovação acima mencionada. É certo que ainda há Defensorias funcionando precariamente no Brasil. Contudo, a dispensa do ônus da impugnação especificada é daquelas medidas pretensamente compensatórias que pioram ainda mais a situação, podendo até contaminar Defensorias bem estruturadas. Em um Código que prestigia o contraditório e a cooperação, os esforços devem ser no sentido de que todos os réus possam apresentar a melhor defesa possível, e não apenas um simulacro de defesa. Além de empobrecer o diálogo processual e dificultar a correta resolução da lide, a contestação por negativa geral tem, na prática, eficácia bastante reduzida, contribuindo muito pouco para uma real paridade de armas. Deveria, pois, ficar confinada aos casos em que é indispensável, notadamente quando há intervenção da curadoria especial. Eis aí, positivamente, um ponto em que o CPC/2015 não trouxe avanço, mas sim retrocesso.

Antes de seguir, um esclarecimento. Como se vê ao longo do texto, simpatizo com a maior parte das normas sensíveis às dificuldades estruturais da Defensoria Pública e preocupadas com as repercussões no tocante aos destinatários dos serviços da instituição. Quanto à dispensa do ônus da impugnação especificada, no entanto, a mesma simpatia não é possível: os custos dessa inovação são muito altos e os benefícios, diminutos.

4.4 Extensão subjetiva do prazo em dobro

O § 3º do art. 186 do CPC/2015 estende o prazo em dobro "aos escritórios de prática jurídica das faculdades de Direito reconhecidas na forma da lei e às entidades que prestam assistência jurídica gratuita em razão de convênios firmados com a Defensoria Pública".

Não se trata de extensão inédita. Quando as prerrogativas da intimação pessoal e do prazo em dobro surgiram, em 1989, previu-se que elas seriam usufruídas pelo defensor público "ou por quem exerça cargo equivalente" (art. 5º, § 5º, da Lei 1.060, com redação da Lei 7.871/89). Naquele tempo, porém, a realidade era bem diferente. Muitos Estados não tinham instituído ainda as suas Defensorias, como era o próprio caso de São Paulo, onde a assistência jurídica aos necessitados se atribuía à Procuradoria do Estado, que ficava então com a intimação pessoal e o prazo em dobro. Mas onde a Defensoria já estivesse funcionando, somente a ela eram conferidas as prerrogativas.

O tempo passou e hoje temos a Defensoria Pública funcionando no plano federal e em quase todos os Estados brasileiros. A jurisprudência, por seu turno, firmou-se no sentido de restringir as prerrogativas, notadamente a do prazo em dobro, aos membros da Defensoria[15], só excepcionalmente autorizando algum tipo de extensão.

Nesse contexto, o § 3º do art. 186 do CPC/2015 significa realmente uma novidade, igualando, no que diz respeito à prerrogativa do prazo em dobro, as entidades que prestam assistência jurídica aos necessitados. É positiva tal equiparação? Pensando na parte carente, creio que sim. Sem embargo, é oportuno ressaltar que a prerrogativa fora conferida originalmente à Defensoria Pública (ou a quem exercesse cargo equivalente) porque, em razão da sua natureza jurídica e da sua missão constitucional, ela está jungida ao imperativo da indeclinabilidade de causas, não podendo recusar "clientes", por mais

[15] A propósito, o AgRg no AI 242.160, STF, 1ª Turma, rel. Min. Dias Toffoli, julg. unânime em 28/02/12, publ. 10/04/12.

atolada que esteja. As demais entidades prestadoras de assistência jurídica, ainda que funcionando eventualmente em condições materiais pouco satisfatórias, não estão sujeitas à indeclinabilidade. Portanto, sem desmerecer a equiparação promovida pelo § 3º do art. 186, não se pode deixar de perceber que o tratamento diferenciado apresenta justificação idônea.

Especificamente em relação "aos escritórios de prática jurídica das faculdades de Direito reconhecidas na forma da lei", vale dizer que alguns deles têm bastante tradição na prestação de assistência aos carentes. É o caso do escritório do Centro Acadêmico XI de Agosto, da Faculdade de Direito da Universidade de São Paulo - USP, que por sinal já obteve, bem antes do CPC/2015, julgados lhe estendendo a prerrogativa do prazo em dobro[16].

Por fim, quanto "às entidades que prestam assistência jurídica gratuita em razão de convênios firmados com a Defensoria Pública", assinale-se que a redação do dispositivo pode gerar dúvidas. No caso por exemplo de existir convênio entre a Defensoria e a OAB para a prestação de assistência judiciária suplementar, como ocorre em São Paulo, os advogados recrutados pela OAB contarão com a prerrogativa do prazo em dobro? Penso que não. O § 3º do art. 186 não deve ser interpretado de forma ampliativa. Nesse tipo de convênio firmado entre Defensoria e OAB, não se pode dizer que seja esta a prestadora da assistência jurídica. Prestadores são os advogados, que atuam com grande autonomia, recebendo em contrapartida os seus próprios honorários. Não está presente, à evidência, a organicidade reclamada implicitamente pela norma em debate.

4.5 Intimação pessoal

Consoante já enfatizado, a intimação pessoal e o prazo em dobro são prerrogativas históricas da Defensoria Pública, sempre juntas no plano normativo. Curiosamente, essas prerrogativas-irmãs recebem tratamento assimétrico do art. 186 do CPC/2015. Enquanto o prazo em dobro é enunciado como autêntica prerrogativa no *caput*, pouco

---

16 Neste sentido, consulte-se o REsp 1.106.213, 3ª Turma, rel. Min. Nancy Andrighi, julg. unânime em 25/10/11, publ. 07/11/11.

destaque se dá à intimação pessoal, posta no § 1º como simples marco inicial do prazo relativo à Defensoria[17]. Reforçando a assimetria, o § 3º (visto acima) estende o prazo em dobro a outras entidades, não se fazendo o mesmo com a intimação pessoal.

Na verdade, a intimação pessoal significa muito mais do que um simples começo de prazo, ainda mais dentro de um diploma normativo como o CPC/2015, que sublima o princípio do contraditório. A intimação pessoal constitui prerrogativa vital da Defensoria, mais até do que o prazo em dobro. Dado o enorme volume de trabalho dos defensores públicos, se não houvesse a intimação pessoal praticamente se inviabilizariam as atribuições institucionais.

A intimação pessoal torna possível, portanto, a participação e a influência das pessoas representadas em juízo pela Defensoria Pública, bem como a dela própria, quando atua em nome próprio. E não se trata apenas da cientificação de atos processuais aos quais corresponderão prazos. Evidenciando o reducionismo do § 1º do art. 186 do CPC/2015, há intimações desligadas de qualquer início de prazo, como é o exemplo da intimação referente à inclusão de processo da Defensoria em pauta de julgamento colegiado, permitindo o comparecimento do defensor público e a realização de sustentação oral, ato componente, conforme o Supremo Tribunal Federal, do "estatuto constitucional do direito de defesa"[18].

E como se dá a intimação pessoal da Defensoria? Segundo o art. 183, § 1º, do CPC/2015, a que faz referência expressa o § 1º do art. 186, ora em análise, a intimação pessoal se faz por "carga, remessa ou meio eletrônico".

Quando os autos são de papel, "físicos", o ideal é que sejam remetidos à Defensoria, materializando a "entrega dos autos com vista" contemplada na legislação orgânica da instituição. Sem a entrega dos autos, vale pouco a intimação pessoal. Qualquer defensor que oficia perante órgão judicial é chamado a se manifestar em dezenas de processos semanalmente, quando não centenas. Como caçar tantos

17 "§ 1º O prazo tem início com a intimação pessoal do defensor público, nos termos do art. 183, § 1º."

18 HC 97.797, 2ª Turma, rel. Min. Celso de Mello, julg. unânime em 15/09/09, publ. 09/10/09.

autos nos cartórios judiciários para deles colher os subsídios necessários a uma adequada manifestação processual? Percebe-se neste ponto, aliás, uma boa vantagem do processo eletrônico: com a intimação vem, automaticamente, a visualização – conquanto ainda bastante imperfeita – de todas as peças dos autos.

No que concerne à intimação por meio eletrônico, interessa consultar os arts. 270, par. único, e 246, § 1º, do CPC/2015, o primeiro dispositivo vinculando Ministério Público, Defensoria Pública e Advocacia Pública à obrigação ordenada no segundo, qual seja, "manter cadastro junto aos sistemas de processo em autos eletrônicos, para efeito de recebimento de citações e intimações".

A propósito das intimações eletrônicas, sustentam Diogo Esteves e Franklyn Roger Alves Silva que a figura da presunção de intimação, decorrido o prazo de 10 dias do aparecimento da intimação no portal (art. 5º, § 3º, da Lei 11.419/06, mantida pelo CPC/2015), "é totalmente incompatível com a prerrogativa da intimação pessoal da Defensoria", acrescentando os autores que "[e]ventual desídia do Defensor Público em não acessar em tempo razoável as intimações deverá ser solucionada na esfera administrativa da Instituição, mas nunca impondo-se a presunção de intimação"[19]. Divirjo da bem fundamentada opinião. A prerrogativa da intimação pessoal é muito importante para a Defensoria, mas foi moldada para o processo de papel. Com o advento do processo eletrônico, há de sofrer os necessários ajustes. Um deles, fora de dúvida, é a admissão da figura da presunção, sem a qual se inviabiliza o sistema. Neste sentido, reza expressamente a Lei 11.419/06: "As intimações feitas na forma deste artigo, inclusive da Fazenda Pública, serão consideradas pessoais para todos os efeitos legais" (art. 5º, § 6º).

Mais uma questão importante acerca do tema da intimação pessoal diz respeito às decisões proferidas em audiência, presente o defensor público. Para que o respectivo prazo recursal se abra, é necessário que haja intimação pessoal do defensor, com entrega dos autos, em data posterior à audiência? Antes do CPC/2015, havia controvérsia

[19] Diogo Esteves e Franklyn Roger Alves Silva, *Princípios institucionais da Defensoria Pública*, cit., p. 563.

a respeito. O Superior Tribunal de Justiça chegou a afirmar a necessidade[20]. Mas a discussão deve cessar, à vista do art. 1.003, § 1º, do CPC/2015: "Os sujeitos previstos no *caput* [advogados, sociedade de advogados, Advocacia Pública, Defensoria Pública e Ministério Público] considerar-se-ão intimados em audiência quando nesta for proferida a decisão."

Por último, saliente-se que a falta de intimação pessoal da Defensoria é causa de nulidade, conforme reconhecem inúmeros julgados dos nossos tribunais, incluídas as cortes superiores. É preciso ressalvar, no entanto, que o ato viciado pode eventualmente convalidar, cumprindo alegar a irregularidade na primeira oportunidade que se oferecer ao prejudicado[21].

4.6 Ato processual que depende de providência ou informação da parte patrocinada

Mostra-se salutar a disposição inovadora do § 2º do art. 186 do CPC/2015, autorizando a intimação pessoal da própria parte patrocinada pela Defensoria, a ser promovida judicialmente, "quando o ato processual depender de providência ou informação que somente por ela possa ser realizada ou prestada"[22].

Aqui, não se vislumbra qualquer privilégio indevido da Defensoria Pública, mas apenas o reconhecimento das peculiaridades do seu mister, imerso em uma realidade bastante desafiadora, em que a falta de recursos dos assistidos se conjuga com as carências estruturais da própria instituição, persistentes e potencializadas pela alta carga de trabalho.

Não bastasse, a relação entre a Defensoria e seu assistido é muito diferente, sob o ponto de vista jurídico, da que une os advogados a seus clientes. A primeira é de natureza público-estatutária, caracterizada pela

---

20 REsp 1.190.865, 3ª Turma, rel. Min. Massami Uyeda, julg. unânime em 14/02/12, publ. 01/03/12.

21 Neste sentido, HC 94.277, STF, 1ª Turma, rel. Min. Ricardo Lewandowski, julg. unânime em 03/02/09, publ. 27/02/09.

22 "§ 2º A requerimento da Defensoria Pública, o juiz determinará a intimação pessoal da parte patrocinada quando o ato processual depender de providência ou informação que somente por ela possa ser realizada ou prestada."

impessoalidade e sujeita à regra da indeclinabilidade de causas; já a segunda é de natureza privada, *intuitu personae* e guiada pela liberdade de contratação.

Tudo somado, é intuitivo que a comunicação entre a Defensoria e seus assistidos carentes pode ser bloqueada por muitos ruídos, e é inevitável que isso ocorra com uma frequência muito maior do que entre os advogados e seus clientes, apesar dos esforços para melhorar as condições estruturais da instituição.

Nesse contexto, busca o § 2º do art. 186 evitar que os direitos das partes representadas pela Defensoria sejam postos em risco pelos problemas de comunicação referidos. No que tange aos atos processuais dependentes de providência ou informação que somente pela própria parte possa ser realizada ou prestada, é natural que tenha mais chances de chegar a bom termo a intimação promovida pelo Poder Judiciário, dono de recursos superiores aos da Defensoria. Claro, portanto, é o espírito social da norma em tela, que rende homenagem ao princípio da isonomia substancial.

Uma repercussão expressiva do § 2º do art. 186 poderia tocar à intimação do devedor para cumprir a sentença nos casos de obrigação de pagar quantia certa, sob pena de multa de dez por cento e honorários advocatícios no mesmo percentual (art. 523, § 1º, do CPC/2015). A jurisprudência que se consolidou a respeito do assunto, antes do CPC/2015, minimizou as particularidades da relação – pública – entre a Defensoria e seus assistidos, acabando por concluir que a intimação para cumprir a sentença pode ser feita "na pessoa do defensor público", assim como ocorre com os advogados, não sendo o caso de intimação do próprio assistido[23].

Mas não se faz necessária a incidência da regra geral do § 2º do art. 186 do CPC/2015 para superar a jurisprudência hoje dominante. No título do cumprimento de sentença, afinal, há disposição específica no mesmo sentido da regra geral, ambas indicando a necessidade de intimação da parte patrocinada pela Defensoria. A norma específica é o art. 513, § 2º, II, do CPC/2015, que determina seja o devedor

[23] STJ, REsp 1.032.436, 3ª Turma, rel. Min. Nancy Andrighi, julg. unânime em 04/08/11, publ. 15/08/11.

intimado *pessoalmente* para cumprir a sentença, por carta com aviso de recebimento, quando representado pela Defensoria Pública. Já na hipótese de o devedor possuir advogado constituído nos autos, é na pessoa deste, pelo Diário da Justiça, que se dará a intimação para o cumprimento de sentença (art. 513, § 2º, I), salvo se o requerimento respectivo só acontecer após um ano do trânsito em julgado da sentença (art. 513, § 4º).

5. A RESPONSABILIZAÇÃO CIVIL DO MEMBRO DA DEFENSORIA PÚBLICA NO CPC/2015

Chegamos à estação derradeira do trabalho. Reza o art. 187 do CPC/2015: "O membro da Defensoria Pública será civil e regressivamente responsável quando agir com dolo ou fraude no exercício de suas funções."

O CPC/2015 instituiu um regime de responsabilização muito similar para os membros das carreiras jurídicas públicas. Quanto aos membros da Defensoria (art. 187), Ministério Público (art. 181) e Advocacia Pública (art. 184), o regime é idêntico, baseando-se em duas características: a) limitação às hipóteses de dolo ou fraude; b) caráter regressivo da responsabilidade. No tocante aos magistrados, há apenas uma diferença: a responsabilidade é igualmente regressiva, mas pode verificar-se também na hipótese de o juiz "recusar, omitir ou retardar, sem justo motivo, providência que deva ordenar de ofício ou a requerimento da parte" (art. 143, II), uma hipótese que independe de fraude ou dolo.

Estamos diante, assim, de um regime bastante favorável aos membros das carreiras jurídicas públicas, o que não causa surpresa. Em um país extremamente corporativista como o nosso, também as carreiras jurídicas sabem proteger-se, seja do ponto de vista legal, seja na seara pretoriana, tornando muito remoto o azar de uma responsabilização pessoal.

Nas duas seções seguintes, vale analisar esse regime um pouco mais detidamente.

5.1 Exclusão de qualquer modalidade de culpa: excesso de proteção

Como se viu, a responsabilização civil do defensor público só ocorre em casos de dolo ou fraude, excluindo qualquer modalidade de culpa. Se uma pessoa carente sofrer prejuízos irreversíveis em decorrência de grave negligência do defensor, este não responderá na esfera civil. Positivamente, essa limitação não é razoável no que diz respeito aos defensores, nem no que toca aos demais profissionais jurídicos da área pública. Por sinal, tais carreiras têm sido muito valorizadas no Brasil, a elas se adjudicando atribuições e poderes cada vez maiores. Isso deveria aguçar o regime de responsabilidade – quanto mais poderes, maior naturalmente a responsabilidade. Mas não é o que ocorre.

Há como superar a deficiência legislativa? Aparentemente não. Afinal, normas prevendo qualquer tipo de responsabilização não aceitam, em princípio, interpretação extensiva. Contudo, há dúvida se tal orientação deve ser vista como absoluta. Em casos de culpa gravíssima, a equiparação ao dolo não soa absurda. De certa forma, foi a trilha seguida pelo direito penal quando construiu a figura do dolo eventual. No tocante à multa para quem faz alegação falsa sobre o paradeiro do réu a fim de provocar a citação por edital, Fredic Didier Jr. sustenta a equiparação do erro grosseiro ao dolo[24]. O Supremo Tribunal Federal, no campo da responsabilidade civil do empregador por acidente de trabalho, já seguiu esse mesmo caminho da equiparação[25].

Seja como for, a limitação aos casos de dolo ou fraude concerne apenas à responsabilização pessoal do defensor. Experimentando o assistido da Defensoria Pública qualquer dano injusto, o Estado deve responder, nos termos do art. 37, § 6º, da Constituição. Não tem aplicação aqui, logicamente, a criticada jurisprudência do Supremo Tribunal Federal no sentido de que a responsabilidade civil do Estado por atos judiciais só se verifica nos casos expressamente contemplados no ordenamento jurídico.

5.2 Responsabilidade regressiva e denunciação da lide

Há bastante controvérsia, no direito brasileiro, acerca da legitimidade passiva nos casos de responsabilidade estatal. Quem deve

---

24 Fredie Didier Jr., *Curso de direito processual civil,* vol. 1, 15 ed., Salvador: Juspodivm, 2013, p. 535.

25 RE 107.774, 2ª Turma, rel. Min. Aldir Passarinho, julg. unânime em 30/05/86, publ. 27/06/86.

ocupar o polo passivo? O agente supostamente causador do dano? A entidade respectiva? Ambos? O autor da demanda é livre para escolher? A jurisprudência do Supremo Tribunal Federal inclinou-se para a tese de que o agente só pode ser acionado regressivamente[26], enquanto a jurisprudência do Superior Tribunal de Justiça tem admitido ação direta em face do agente[27].

Em relação especificamente aos membros das carreiras jurídicas públicas, entre eles os defensores, o CPC/2015 esvaziou a polêmica, deixando expresso que a responsabilidade é regressiva. Resta apenas saber se, nos casos de responsabilização pessoal do defensor – quando atuar com dolo ou fraude – pode haver denunciação da lide pelo ente público réu (União, Estados ou Distrito Federal).

O CPC/2015 não traz alterações de monta a respeito da denunciação da lide, sendo provável que continuem vivas as discussões a ele anteriores. No plano jurisprudencial, o Superior Tribunal de Justiça admite a denunciação, mas não a considera obrigatória, "cabendo ao magistrado avaliar se o ingresso do terceiro ocasionará prejuízo à economia e celeridade processuais"[28].

Penso que dificilmente o ingresso de terceiro, nas ações de responsabilização civil do Estado, deixará de trazer prejuízo à desejada celeridade processual, motivo pelo qual é de ser vedada a denunciação nas hipóteses de responsabilização regressiva de defensor público. Ainda mais porque, caso se configure a hipótese do art. 187, ora em análise – esperando-se que isso só aconteça muito excepcionalmente –, o autor da demanda já terá amargado dissabores suficientes diante do nosso sistema de justiça, não sendo razoável tornar-lhe ingrata também a via indenizatória, de ordinário já bastante escarpada quando o poder público ocupa o polo passivo.

Acrescente-se que, de forma pioneira, a legislação orgânica da Defensoria Pública previu um rol de direitos para os seus assistidos,

---

26 RE 327.904, 1ª Turma, rel. Min. Carlos Britto, julg. unânime em 15/08/06, publ. 08/09/06.

27 REsp 1.325.862, 4ª Turma, rel. Min. Luis Felipe Salomão, julg. unânime em 05/09/13, publ. 10/12/13.

28 AgRg no AREsp 139.358, 1ª Turma, rel. Min. Ari Pargendler, julg. unânime em 26/11/03, publ. 04/12/13.

entre os quais "a qualidade a e a eficiência do atendimento" (art. 4º-A, II, da LC 80/94, acrescentado pela LC 132/09). Portanto, tiveram essas pessoas a situação jurídica reforçada, mais um motivo, ainda que indireto, para se vedar a denunciação da lide em eventual ação de reparação de danos proposta em face do poder público.

6. FINAL

Pudemos constatar, ao longo do trabalho, que a Defensoria Pública restou prestigiada pelo legislador de 2015. Trata-se de opção não só coerente com o modelo constitucional brasileiro, mas também adequada aos anseios de efetividade da nascente ordem processual civil. Afinal, os potenciais assistidos da Defensoria representam a esmagadora maioria dos destinatários do CPC/2015. É preciso afastar do nosso processo, o quanto possível, sentença célebre que, embora lavrada em língua estrangeira, sempre se fez especialmente assídua nestas terras – "*Justice is open to all, like the Ritz Hotel*".

Mesmo sem crer em quaisquer poderes mágicos do novo estatuto – que vem ao mundo cercado de expectativas decerto exageradas –, é razoável esperar que a valorização da Defensoria possa contribuir, ainda que moderadamente, para que a Justiça civil brasileira se torne mais concreta e equânime.

10
RECLAMAÇÃO CONSTITUCIONAL FUNDADA EM PRECEDENTES OBRIGATÓRIOS NO CPC/2015

Lucas Buril de Macêdo

1. ALGUMAS PALAVRAS SOBRE A GRANDE NOVIDADE DO CPC/2015 E UM ALERTA IMPORTANTE: OS PRECEDENTES JUDICIAIS OBRIGATÓRIOS E O RISCO DE SIMPLIFICAÇÃO

O Código de Processo Civil, trazido a lume pela Lei 13.105 de 16 de março de 2015, inaugura uma tratativa específica dos precedentes judiciais, encartada em seus arts. 926 a 928, dando-lhes importante força obrigatória. Trata-se de importante projeto para garantir mais segurança jurídica e racionalidade ao direito, de maneira geral, e ao processo civil, em particular. A mudança é elogiável e configura um grande avanço para o direito brasileiro.

Com efeito, o CPC/2015 insere-se na particular realidade social brasileira, de desrespeito sistemático às decisões dos tribunais – inclusive por eles mesmos –, trazendo dispositivos normativos eficazes para tutelar a atual situação de insegurança e falta de igualdade entre os jurisdicionados, que criativa e apropriadamente resolveu-se chamar de *jurisprudência lotérica*.[1] Importante alertar, entretanto, que nada obstante se trate de aparato normativo potencialmente eficaz, a sua eficiência depende, como qualquer coisa em direito, do que os aplicadores fizerem do instrumento fornecido.

Na tratativa dos precedentes judiciais, que acabou por ficar no capítulo das "Disposições Gerais" referentes a ordem dos processos nos tribunais, elabora-se um *dever geral de segurança jurídica*, atribuído aos tribunais, com responsabilidade qualificada para o Superior Tribunal de Justiça e o Supremo Tribunal Federal. Consoante disciplina o novo CPC, constrói-se expressamente o *dever de uniformidade*, que exige que a mesma situação jurídica substancial seja tratada de forma equivalente pelos tribunais pátrios, eliminando entendimentos incompatíveis no mesmo tribunal; o *dever de estabilidade*, que impõe a razoável manutenção das *rationes decidendi*, que só podem ser superadas diante de mudanças contextuais ou erro, e apenas com a devida fundamentação, sem variações exageradas; há também o dever de que os órgãos judicantes dialoguem efetivamente com o que já foi posto anteriormente, inserindo sua atuação em um contexto maior da atuação do Judiciário, que é uno e deve portar-se assim por qualquer que seja o órgão decisório, expressão do *dever de integridade*; e, finalmente, há o *dever de coerência*, segundo o qual o Judiciário precisa considerar a eficácia externa de sua fundamentação, no sentido de que ela serve a toda a sociedade, mantendo-se em constante diálogo consigo mesmo. Tudo isso, ressalte-se, é construído a partir do singelo texto do *caput* do art. 926 do CPC/2015, que possui uma potencialidade louvável para a proteção da segurança jurídica.

O dispositivo, sozinho, poderia servir para a construção do *stare decisis* brasileiro, todavia o novo Código vai além e outorga expressamente força a diversos precedentes, sistematizando-os (art. 927).[2]

---

1 Ver: CAMBI, Eduardo. "Jurisprudência lotérica". *Revista dos Tribunais*. São Paulo: Revista dos Tribunais, 2001, vol. 78, p. 111. Ver também: ALVES E SILVA, Ticiano. "Jurisprudência banana boat". *Revista de Processo*. São Paulo: RT, 2012, ano 37, vol. 209, p. 289-292.

2 É certo que o regime normativo da versão que saiu da Câmara dos Deputados era muito mais completa e adequada, por várias razões. Para uma análise daquela versão, consultar: MACÊDO, Lucas Buril de. *Precedentes judiciais e o direito processual civil*. Salvador: Juspodivm, 2015.

Além disso, fornece diversas técnicas processuais, inclusive e especialmente sumarizantes de procedimento, de modo a aliar a segurança e racionalidade fornecida pela força dos precedentes à maior eficiência processual e ao estabelecimento de um procedimento mais expedito para as causas repetitivas, respeitando sua particular exigência de duração razoável.

É neste cenário que se insere a reclamação constitucional, que, no NCPC, passa a ser prevista como meio impugnativo específico contra decisões que deixem de aplicar ou apliquem equivocadamente algum precedente judicial obrigatório, previsão encartada no art. 988, incisos III e IV.

Como será oportunamente exposto, a previsão é merecedora de crítica.

No entanto, cabe antecipar, por ser uma lição de caráter bem geral e totalmente aplicável ao tema sob enfoque, que um Novo Código de Processo traz sempre o *risco de simplificação*. É natural a tentativa de *quebra de complexidade*, que pode repercutir em um literalismo exacerbado por parte dos intérpretes, que acabam por se esquecer, ou voluntariamente excluir, do caráter essencialmente retórico e argumentativo do direito e da ambiguidade dos termos legais.[3]

Todavia, cumpre o alerta: o que *a priori* parece simples pode – e normalmente é o que acontece –, mediante argumentações e reconstruções pontuais, chegar no mesmo ou semelhante patamar de complexidade que a nova regra tentou abolir. Isto é natural, seja pelas inegáveis e inevitáveis abertura da linguagem e criatividade da interpretação, ou ainda pela institucionalização da criação de normas jurídicas pelo Judiciário, mediante a operação com princípios.[4]

---

3 Sobre o tema: RENDLEMAN, Doug. "Simplification – A Civil Procedure Perspective". *Dickson Law Review*, vol. 105, 2001, p. 241-246.

4 "Legal language which ultimately expresses governmental power almost always requires interpretation. The meaning of important terms is open, porous, permeable, and changing. The language of a legal rule, a legal realist would say, has play in the joints. Lawyers learn in law school to accept, even exploit, process and uncertainty. Legal language on this plane is primarily a technique of analysis, rhetoric, and argument about how to use the political process, including a judge and a jury, to determine who gets what, where, when and how" (RENDLEMAN, Doug. *Simplification – A Civil Procedure Perspective, cit.*, p. 245).

2. O CONCEITO DE PRECEDENTE JUDICIAL E A DISTINÇÃO (*DISTINGUISHING*) COMO SUA FORMA APLICATIVA

A categoria precedente é pertencente à Teoria Geral do Direito, tratando-se de noção fundamental relativa ao próprio funcionamento dos sistemas jurídicos, relacionada também à teoria das fontes normativas.[5] Então, havendo direito os precedentes existirão.[6] Todo sistema jurídico possui precedentes, na medida em que a tomada de decisões para resolução de casos concretos é o momento fundamental da experiência jurídica.[7] Independentemente da adoção ou do reconhecimento da doutrina do *stare decisis*, os precedentes serão existentes e também utilizados, diferindo, entretanto, a forma e a importância que lhes é dada por cada sistema jurídico de direito positivo.[8]

A preocupação com o precedente põe-se no contexto da coerência e da consistência do debate e das ações,[9] e a argumentação por

---

5 Sobre os conceitos de teoria geral do direito: STERNBERG, Theodor. *Introducción a la ciencia del derecho*. 2. ed. Barcelona: Labor, 1940, p. 213. AFTALIÓN, Enrique R.; OLANO, Fernando García; VILANOVA, José. *Introducción al derecho*. Buenos Aires: El Ateneo, 1956, t. I, p. 107.

6 "Case law in some form and to some extent is found wherever there is law. A mere series of decisions of individual cases does not of course in itself constitute a system of law. But in any judicial system rules of law arise sooner or later out of the solution of practical problems, whether or not such formulations are desired, intended or consciously recognized. These generalizations contained in, or built upon, past decisions, when taken as normative for future disputes, create a legal system" (LLEWELLYN, Karl N.. "Case Law". *Encyclopedia of Social Sciences*. New York: Macmillan Co., 1930, v. 3, p. 249).

7 COSSIO, Carlos. *El derecho en el derecho judicial*. Buenos Aires: Editorial Guillermo Kraft, 1945, p. 65.

8 MACCORMICK, Neil; SUMMERS, Robert. *Interpreting precedents*. Aldershot: Ashgate/Dartmouth, 1997, p. 2-3. No mesmo sentido: TARUFFO, Michele. *Precedente e giurisprudenza*. Napoli: Editoriale Scientifica, 2007, p. 7. CUNHA, Leonardo José Carneiro da. "O processo civil no Estado constitucional e os fundamentos do Projeto do novo Código de Processo Civil brasileiro". *Revista de processo. São Paulo: RT, 2012, ano 37, n. 209, p. 355. Contrariamente, assumindo os precedentes como originários e característicos do common law: TAVARES, André Ramos. Paradigmas do judicialismo constitucional.* São Paulo: Saraiva, 2012, p. 90.

9 SCHAUER, Frederick. *Thinking like a lawyer*. Cambridge: Harvard University Press, 2012, p. 36.

precedentes está presente não só no direito, mas também em qualquer parcela da vida em que seja necessária a justificação de decisões de uma forma racional: trata-se de uma razão para a prática de atos.[10] Então, pode-se afirmar que, em uma definição bastante geral, "o precedente é um evento passado que serve como um guia para a ação presente".[11]

A argumentação a partir dos precedentes é representada, basicamente, da seguinte forma: o tratamento anterior do acontecimento *X* da forma *Y* constitui uma razão para que fatos similares a *X*, caso ocorram, sejam tratados também da forma *Y*.[12] Decidir que algo deve ser feito da mesma forma que fora feito anteriormente em uma situação semelhante tem fundamento em razões de igualdade, eficiência e imparcialidade.[13]

Para o direito, os precedentes, mais propriamente os judiciais,[14] são "resoluções em que a mesma questão jurídica, sobre a qual há que decidir novamente, já foi resolvida uma vez por um tribunal noutro

---

[10] "Applying lessons of the past to solve problems of the present and future is a basic part of human practical reason" (MACCORMICK, Neil; SUMMERS, Robert. *Interpreting precedents*, cit., p. 1. Igualmente, SCHAUER, Frederick. "Precedent". *Stanford Law Review*, v. 39. 1987, p. 572. BENDITT, Theodore M. "The rule of precedent". GOLDSTEIN, Laurence (ed.). *Precedent in law. Oxford: Claredon Press, 1987, p. 89. A ideia aqui adotada segue a linha exposta em: BUSTAMANTE, Thomas da Rosa de. Teoria do precedente judicial: A justificação e a aplicação de regras jurisprudenciais.* São Paulo: Noeses, 2012, p. 190-205. Assim também: ALEXY, Robert. *Teoria da argumentação jurídica*. 2. ed. São Paulo: Landy, 2005, p. 264). Chega-se a afirmar que a importância do precedente está atrelada à natureza humana, cf. GREY, John Chipman. "*Judicial precedents*". Harvard Law Review, n. 9. 1895-1896, p. 27.

[11] DUXBURY, Neil. *The nature and authority of precedent*. Cambridge: Cambridge University Press, 2008, p. 1.

[12] Cf. SCHAUER, Frederick. *Precedent*, cit., p. 571. Da mesma forma: DUXBURY, Neil. *The nature and authority of precedent*, cit., p. 1-2.

[13] Nesse sentido: MACCORMICK, Neil. *Rhetoric and the rule of law*. Oxford: Oxford University Press, 2005, p. 143. Na teoria da argumentação destaca-se o precedente judicial como corolário da universalidade, representada juridicamente especialmente pela igualdade, cf. ALEXY, Robert. *Teoria da argumentação jurídica, cit., p. 265.*

[14] Sobre a importância de precedentes não judiciais para o direito, nomeadamente aqueles advindos da atuação do Executivo, ver: FARBER, Daniel A. "The rule of law and the law of precedents". *Minnesota Law Review*, vol. 90, 2006, p. 1184-1186. GERHARDT, Michael. *The power of precedent*. Oxford: Oxford University Press, 2008, p. 111-146.

caso".[15] São, do ponto de vista prático, decisões anteriores que servem como ponto de partida ou modelo para as decisões subsequentes.[16] Nesse sentido o precedente judicial abarca toda a decisão – relatório, fundamentos e dispositivo. Precedente, aqui, é o mesmo que "decisão precedente" e tem um inegável aspecto relacional, na medida em que só detém utilidade prática quando casos análogos apresentam-se.[17]

Destarte, em um primeiro sentido, o amplo, aproximado ao significado de "caso" – abarcando todo o ato decisório –, precedente é *fonte do direito*;[18] ou seja, é fato jurídico continente de uma norma jurídica.[19] É dizer, a partir do precedente, através do trabalho dos juízes subsequentes, dar-se-á uma norma geral. Dessa forma, precedente é continente, é forma e não se confunde com a norma que dele exsurge. Com efeito, trata-se de instrumento para criação de normas mediante o exercício da jurisdição.[20]

---

15 LARENZ, Karl. *Metodologia da ciência do direito. 5. ed. Lisboa: Calouste Gulbenkian, 2009, p. 611.*

16 MACCORMICK, Neil; SUMMERS, Robert. *Interpreting precedents,* cit., p. 1.

17 BANKOWSKI, Zenon; MACCORMICK, Neil; MARSHALL, Geoffrey. "Precedent in the United Kingdom". MACCORMICK, Neil; SUMMERS, Robert S. (ed.). *Interpreting precedents.* Aldershot: Ashgate/Dartmouth, 1997, p. 323. Aproximadamente: TUCCI, José Rogério Cruz e. *Precedente judicial como fonte do direito.* São Paulo: RT, 2004, p. 11-12. TARUFFO, Michele; LA TORRE, Massimo. "Precedent in Italy". MACCORMICK, Neil; SUMMERS, Robert. *Interpreting precedents.* Aldershot: Ashgate/Dartmouth, 1997, p. 151. O fato de um precedente, entretanto, não possuir caso análogo não o exclui como fonte, apenas torna impossível sua aplicação. Nesse sentido: MUÑOZ, Martin Orozco. *La creación judicial del derecho y el precedente vinculante.* Navarra: Arazandi-Thomson Reuters, 2011, p. 32.

18 "As fontes do Direito põem normas jurídicas. A norma jurídica é, pois, conteúdo da fonte de Direito por ela enunciada, a fim de determinar seja obrigatória, proibida ou permitida alguma conduta ou serem especificados certos âmbitos de competência, em dada conjuntura histórica" (COSTA, Adriano Soares da. *Teoria da incidência da norma jurídica.* 2. ed. São Paulo: Malheiros, 2009, p. 29).

19 VILANOVA, Lourival. *Causalidade e relação no direito.* 4. ed. São Paulo: RT, 2000, p. 142-143. Vale destacar que a decisão judicial seria, tomando a divisão de Lourival, fato jurídico que tem por eficácia tanto a criação de norma como também a aplicação.

20 Assim: CROSS, Rupert; HARRIS, J. W. *Precedent in english law.* 4. ed. Oxford: Oxford University Press, p. 72. MUÑOZ, Martin Orozco. *La creación judicial*

Nesse sentido próprio, o precedente equivale à decisão judicial, não ao dispositivo da decisão, mas ao ato decisório como um todo. Apesar de ser possível designar todo precedente como decisão, nem toda decisão será seguida como precedente: é notável que o termo "precedente" tem um aspecto relacional, ou seja, significa que determinado objeto antecede outro, demonstrando alguma similaridade, e em direito refere-se a decisões judiciais, as quais servirão de modelo ou ponto de partida para outra decisão. Ora, nem toda decisão judicial tratará de situação que será novamente posta ao crivo do Poder Judiciário, não servindo, portanto, como precedente. Além disso, é de se perceber que algumas decisões judiciais não terão por eficácia a criação ou definição de norma, aspecto essencial para a utilização dos precedentes judiciais. A formação de precedentes está vinculada à criação de uma norma jurídica que poderá servir para a solução de outros casos, mas para esse ato criativo é necessário o preenchimento de alguns requisitos, que não estarão presentes em todas as decisões. Portanto, muito embora *toda decisão judicial gere um precedente, nem todo precedente poderá ser seguido*.[21]

É possível tratar de um sentido menos apropriado para precedente, em sinonímia ao termo *ratio decidendi* ou razões de decidir. Trata-se de redução do termo "norma do precedente" por, simplesmente, "precedente". Os precedentes serão inferidos, nesse segundo sentido, somente de parcela do ato decisório. A solução do caso concreto estabelecida pelo juiz no dispositivo não integra o precedente, apesar de poder servir de norte para seu esclarecimento.[22] O precedente judicial pode ser tido como a própria norma aplicada pela corte, compreendida especialmente a partir da fundamentação, que se afigura indispensável

---

del derecho y el precedente vinculante, cit., p. 28. TARANTO, Caio Márcio Gutterres. *Precedente judicial. Rio de Janeiro: Forense, 2010, p. 7-8. Aproximadamente: MELLO, Patrícia Perrone Campos. Precedentes. Rio de Janeiro: Renovar, 2008, p. 63. SANTOS, Evaristo Aragão. "Em torno do conceito e da formação do precedente judicial".* WAMBIER, Teresa Arruda Alvim (coord.). *Direito jurisprudencial.* São Paulo: RT, 2012, p. 143-145.

21 Trata-se da questão dos precedentes sem nenhuma *ratio decidendi*.

22 MARINONI, Luiz Guilherme. *Precedentes obrigatórios.* 2. ed. São Paulo: RT, 2011, p. 221.

para resolver o caso.[23] É importante perceber que há diferenças entre a decisão, e até mesmo sua fundamentação, e o precedente em sentido estrito, que constitui uma norma compreendida a partir de toda a decisão, por um processo construtivo próprio, e a ela não se limita. Esse seria o conceito estrito de precedente, que se confunde com o de *ratio decidendi* ou norma da decisão. É nesse sentido que se fala, por exemplo, em "aplicação do precedente": o que se está a aplicar, a rigor, é a norma que se constrói a partir do precedente.[24]

Esta segunda significação, importa notar, é imprópria. O termo mais adequado para definir a norma oriunda do precedente é *ratio decidendi* ou, simplesmente, razões de decidir ou norma do precedente.[25]

Pode-se falar, diante da distinção esposada, da existência de dois sentidos para precedente:[26] *a)* Precedente pode significar toda uma

---

[23] CROSS, Rupert; HARRIS, J. W. *Precedent in English Law*, cit., p. 39-41. Em outra passagem, o jurista inglês destaca: "When it is said that a court is bound to follow a case, or bound by a decision, what is meant is that the judge is under an obligation to apply a particular *ratio decidendi* to the facts before him in the absence of a reasonable legal distinction between those facts and the facts to which to which it was applied in the previous case" (p. 98).

[24] Noutro sentido, mas de forma aproximada, Evaristo Aragão Santos aponta como precedente em sentido estrito como aquela "específica decisão que, efetivamente, serve (ou deveria servir) de paradigma para orientar a decisão de casos posteriores" (SANTOS, Evaristo Aragão. *Em torno do conceito e da formação do precedente judicial, cit., p. 145-146).*

[25] Sobre o tema, ver: MACÊDO, Lucas Buril de. "Contributo para a definição de *ratio decidendi na teoria brasileira dos precedentes judiciais". Revista de Processo*, São Paulo, 2014, n. 234, p. 303-327.

[26] Assim: BANKOWSKI, Zenon; MACCORMICK, Neil; MARSHALL, Geoffrey. *Precedent in the United Kingdom*, cit., p. 323. CHIASSONI, Pierluigi. *La giurisprudenza civile* – Metodi d'interpretazione e tecniche argomentative. Milano: Giuffrè, 1999, p. 146. Em sentido contrário, dando três sentidos a precedente: "In the first place, it is sometimes applied without further thought or analysis to a body of allegedly relevant prior decisions (typically gathered together and cited by counsel on both sides in a common law case). Secondly, 'precedent' can be used as a description of the result or outcome of a particular decision that is thought to be of some significance. Thirdly, the term may be used to state a wider rule that the decision in a particular case is alleged to instantiate or illustrate" (MARSHALL, Geoffrey. "What is binding in a precedent". MACCORMICK, Neil; SUMMERS, Robert (ed.). *Interpreting precedents. Aldershot: Ashgate/ Dartmouth, 1997, p. 503). O primeiro e o terceiro significado coincidem com o*

decisão, sem discriminar qualquer parte dela, nesse primeiro uso quer significar algo próximo de "caso", e abrange todo o pronunciamento do juiz; daí, *e.g.*, é possível falar que, no Mandado de Segurança n.º 18.881-DF,[27] o Superior Tribunal de Justiça decidiu determinar a investidura da impetrante no cargo no qual fora aprovada, ainda que fora das vagas expressamente previstas no edital; ou que em tal precedente a impetrante foi aprovada na 81.ª posição, mas o edital previu originariamente 49 vagas, além das que vagarem no transcorrer do período de sua validade; é perceptível que se faz referência a conteúdos que extrapolam a fundamentação, destacando a importância de características encontradas no dispositivo ou no relatório do referido precedente; *b)* Precedente, em uma redução, pode também significar a própria norma jurídica aplicável, advinda de outro caso, a *ratio decidendi*; no citado precedente, o MS 18.881-DF, a regra aplicável foi uma extensão da já conhecida concretização do princípio da moralidade, no sentido de determinar que as regras do edital devam ser respeitadas e, inclusive, geram direitos subjetivos àqueles que se submetem ao certame, no caso, especificamente, reconheceu-se que a regra que determina o provimento dos cargos que vagarem gera direito subjetivo, tal qual a submissão da administração ao reconhecimento das vagas expressamente previstas no edital; assim, em caso símile subsequente, pode-se afirmar que se aplica o supracitado precedente, ou pode-se chegar à conclusão que tal precedente não merece prevalecer ante alguma diferença fática substancial. De toda forma, percebe-se que nesse sentido precedente significa norma jurídica.

Finalmente, é importante pôr em paralelo os sentidos que o termo precedente pode ser utilizado tecnicamente. Em sentido próprio, continente ou formal, é fato jurídico instrumento de criação normativa, em outras palavras: é fonte do Direito, tratando-se de uma designação relacional entre duas decisões. Já precedente em sentido impróprio é

---

uso por nós dado, enquanto o segundo não se justifica, pois está logicamente contido no primeiro.

[27] Brasil – Superior Tribunal de Justiça – Primeira Seção – Mandado de Segurança n. 18.881/DF, Rel. Min. Napoleão Nunes Maia Filho, julgado em 28.11.2012, DJe 05.12.2012.

norma, significado alcançado por redução do termo "norma do precedente", que é precisamente a *ratio decidendi*, esse sentido é também o substancial.[28]

Pois bem. Avaliado o conceito de precedente judicial, cabem, agora, algumas palavras sobre uma das mais importantes características da aplicação dos precedentes: a distinção (*distinguishing*).

As distinções são a principal forma de operar com precedentes judiciais, assim como na legislação os juristas utilizam-se da argumentação *a contrario sensu* ou da analogia, a fim de afastar ou atrair o reconhecimento da incidência normativa no caso concreto, a distinção é a forma de evitar ou trazer a aplicação de um precedente no caso subsequente.[29] As distinções, ou *distinguishing*, consistem na atividade dos juristas de fazer diferenciações entre um caso e outro.[30]

Importa perceber que, enquanto a superação dos precedentes (*overruling*) suscita uma questão de competência, não podendo ser realizada por todo e qualquer órgão julgador, a distinção pode ser realizada tanto pelo tribunal que prolatou o precedente como também pelos juízes inferiores, vinculados à norma do precedente. As distinções são o método aplicativo dos precedentes, não se justificando sua limitação a órgãos específicos – do mesmo modo que é impossível limitar a interpretação da lei a determinados tribunais ou juízes.

É correto afirmar, portanto, que o método de aplicação dos precedentes é marcado pelas distinções; conceito de suma importância, pois se trata do mecanismo mais relevante na concretização do direito jurisprudencial, justamente por ser o que é utilizado com maior frequência. Nas distinções o jurista opera através do raciocínio analógico entre os fatos do precedente e os do caso presente, identificando quais as diferenças e similitudes, demonstrando que são substanciais, ou seja, que são juridicamente relevantes. Essa característica dos precedentes

---

28 Para outra abordagem, a partir dos conceitos positivista, tradicional e convencionalista de precedente, ver: POSTEMA, Gerald J. "Some roots of our notion of precedent". GOLDSTEIN, Laurence (ed.). *Precedent in law*. Oxford: Claredon Press, 1987, p. 11-33.

29 AARNIO, Aulis. "Precedent in Finland". MACCORMICK, Neil; SUMMERS, Robert S. (ed.). *Interpreting precedents*. Aldershot: Dartmouth, 1997, p. 84-85.

30 DUXBURY, Neil. *The nature and authority of precedent*, cit., p. 113.

faz o processo de sua aplicação especialmente fundado em analogias, que moldam e remoldam as normas a partir de cada decisão.[31]

Ao se observar atentamente os dois casos – o precedente e a demanda subsequente – será perceptível que existam diferenças: nunca dois eventos são exatamente iguais. Todavia, para que uma decisão seja considerada precedente para outro caso, não se requer que os fatos da causa anterior sejam absolutamente idênticos aos dos posteriores. Caso isso fosse exigido, nenhuma decisão teria condições de ser precedente para os juízes futuros. É necessário que se elimine a ideia de igualdade absoluta para a operação com precedentes judiciais.[32]

O foco, então, para a operação dos precedentes, deve sair dos fatos da decisão, como um todo, para a *caracterização dos fatos relevantes para a tomada de decisão*. Ou seja, a fim de aplicar precedentes, mais propriamente de determinar se um precedente é aplicável a um caso subsequente, é preciso observar os fatos que foram decisivos para que a decisão anterior fosse efetivamente prolatada e, em seguida, analisar as similaridades com o caso subsequente, especificando se os fatos categorizados que foram considerados juridicamente importantes estão presentes e quais fatos não possuem relevância para o direito.[33]

---

31 "Case law is peculiarly revisable in a way that enacted law is not: the judge who carefully articulates a principles is not determining its formulation in future disputes over materially identical facts – the likelihood, rather, is that it will be moulded and remoulded in the hands of successive courts. We might even question whether is correct to speak of precedents being interpreted. Although judges interpret statutes – and will sometimes consider the entire meaning of a statute to depend on the interpretation of a single word within it – they customarily purport to follow or distinguish or overrule precedents. Since the recorded case is not a strict verbal formulation of a principle, only exceptionally will judges conceive their task to be one of interpreting specific words or phrases within a case rather as they might focus on the precise wording of a statute. Instead, they will consider if the case is factually similar to or different from the case to be decided. Case-law, we might say, unlike statute law, tends to me analogized rather than interpreted" (DUXBURY, Neil. *The nature and authority of precedent*, cit., p. 59)

32 SCHAUER, Frederick. "Precedents". *Stanford Law Review*. Stanford, 1987, v. 39, p. 577.

33 SCHAUER, Frederick. *Precedents*, cit., p. 577.

Assim, o processo de aplicação dos precedentes perpassa pela argumentação no derredor do que constitui fato juridicamente relevante, ou simplesmente hipótese fática, para a aplicação da norma do precedente (*ratio decidendi*). A distinção, portanto, é essencialmente argumentativa e tem uma importância fulcral para a melhor determinação, caso a caso, da norma jurisprudencial.

3. A RECLAMAÇÃO CONSTITUCIONAL

3.1 Aspectos relevantes

A reclamação constitucional é ação prevista na Constituição Federal,[34] com hipóteses de cabimento específicas, configurando remédio jurídico processual para algumas situações jurídicas bem peculiares. Sua criação foi inicialmente jurisprudencial e decorreria da teoria dos poderes implícitos.[35] Trata-se de uma demanda típica com fundamentação vinculada e competência originária dos tribunais superiores.[36]

---

[34] "A necessidade da reclamação constitucional nasceu no Regimento Interno do STF, em 1957; passou a lei com a Carta de 1967; contudo somente com a Constituição de 1988 é que se incorpora como uma ação constitucional" (GÓES, Gisele Santos Fernandes. "Reclamação constitucional". *Ações constitucionais.* 6. ed. Salvador: Juspodivm, 2013, p. 652).

[35] MENDES, Gilmar Ferreira. *Jurisdição constitucional.* 6. ed. São Paulo: Saraiva: 2014, p. 495. Sobre a história do instituto, conferir, por todos: DANTAS, Marcelo Navarro Ribeiro. *Reclamação constitucional no direito brasileiro.* Porto Alegre: Fabris, 2000, p. 45-266.

[36] CUNHA, Leonardo Carneiro da. *A fazenda pública em juízo.* 11. ed. São Paulo: Dialética, 2013, p. 662. A questão da natureza jurídica da reclamação constitucional, todavia, não é pacífica. O processualista pernambucano analisa o tema amplamente (p. 662-672). Sobre o tema, conferir: DANTAS, Marcelo Navarro Ribeiro. Reclamação constitucional no direito brasileiro, cit., p.431-461. Ver também, chegando na mesma conclusão, embora por argumentos distintos: DINAMARCO, Cândido Rangel. *Nova era do processo civil.* 2. ed. São Paulo: Malheiros, 2007, p. 204-209. O STF vinha entendendo se tratar de direito de petição, todavia, em recentes precedentes da Primeira Turma, acabou revendo sua posição, ao afirmar que "A reclamação é ação autônoma de impugnação dotada de perfil constitucional, prevista no texto original da Carta Política de 1988 para a preservação da competência e garantia da autoridade das decisões do Supremo Tribunal Federal (art. 102, "l", da Lei Maior), e, desde o advento

Com efeito, o sistema processual normalmente limita a processualização da pretensão voltada contra atos judiciais, que deve ser feita por *recursos*, que são estabelecidos taxativamente pelo direito processual e prolongam a mesma relação processual. A reclamação constitucional é uma exceção a essa previsão, como o são os meios específicos de impugnação às decisões judiciais, que possui eficácia preponderante constitutiva negativa ou mandamental, a depender da causa de pedir e do pedido, desfazendo o ato atacado ou determinando seja tomada certa providência pelo órgão judicial responsável pelo ato objeto da reclamação.[37] Inclusive, a procedência da reclamação gera a impossibilidade do órgão judicial inferior manifestar-se quanto ao ato que foi cassado, cabendo-lhe apenas condutas voltadas ao cumprimento do decidido na instância superior, em uma situação denominada por Dinamarco de "preclusão hierárquica".[38]

A sua previsão normativa, como medida de preservação da competência do tribunal e da autoridade de suas decisões, está nos arts. 102, I, *l*, quanto ao STF, e 105, I, *f*, quanto ao STJ, ambos dispositivos da Constituição Federal. Ao se falar em "autoridade da decisão", a referência é direcionada propriamente ao *decisum*, isto é, ao que foi efetivamente decidido, e naturalmente não abrange as razões de decidir.[39]

Há também disciplina constitucional do cabimento da reclamação para garantia da autoridade de súmula vinculante, que está contida

---

da Emenda Constitucional nº 45/2004, é instrumento de combate a ato administrativo ou decisão judicial que contrarie ou indevidamente aplique súmula vinculante" (Rcl 16487 AgR, Relator(a): Min. ROSA WEBER, Primeira Turma, julgado em 26/08/2014, PROCESSO ELETRÔNICO DJe-174 DIVULG 08-09-2014 PUBLIC 09-09-2014). No mesmo sentido, entendendo tratar-se de instituto com natureza de ação: DANTAS, Marcelo Navarro Ribeiro. Reclamação constitucional no direito brasileiro. Porto Alegre: Fabris, 2000, p. 470. ALVIM, Eduardo Arruda. "Reclamação e ação direta de inconstitucionalidade". NOGUEIRA, Pedro Henrique Pedrosa; COSTA, Eduardo José da Fonseca (Org.). *Reclamação constitucional*. Salvador: Juspodivm, 2013, p. 151. MORATO, Leonardo L. A reclamação e sua aplicação para o respeito da súmula vinculante. São Paulo: RT, 2007, p. 110.

37 NOGUEIRA, Pedro Henrique Pedrosa. "A eficácia da reclamação constitucional". ____; COSTA, Eduardo José da Fonseca (Org.). *Reclamação constitucional. Salvador: Juspodivm, 2013, p. 388-395.*

38 DINAMARCO, Cândido Rangel. *Nova era do processo civil, cit.*, p. 210-212

39 DINAMARCO, Cândido Rangel. *Nova era do processo civil, cit., p.* 212-214.

no art. 103-A da CF/88, que foi incluído pela Emenda Constitucional de n.º 45/2004. A Lei 11.417/2006, que regulamentou o art. 103-A da Constituição Federal, acabou por permitir expressamente o cabimento da reclamação constitucional tanto nos casos em que se deixa de aplicar como nos casos em que se aplica equivocadamente a súmula vinculante.[40]

Como fica evidente pelas hipóteses de cabimento constitucionalmente disciplinadas, a reclamação é remédio jurídico processual adequado à tratativa de atos que são desrespeitosos, de forma particularmente grave, a normas constitucionais atributivas de competência ou a decisões. Talvez por isso seja instituto concebido apenas no direito brasileiro.[41]

Há também previsão legal da reclamação constitucional nos regimentos internos do STF, arts. 156 a 162, e do STJ, arts. 187 a 192, bem como nos arts. 13 a 18 da Lei 8.038/90.

Similarmente, entende-se, atualmente, cabível reclamação para a "adequação do entendimento adotado em acórdãos de Turmas Recursais Estaduais à jurisprudência do Superior Tribunal de Justiça, enunciada em súmula ou em julgamento realizado na forma do art. 543-C do Código de Processo Civil".[42]

---

[40] O permissivo encontra-se no art. 7.º da Lei 11.417, de 2006, que estabelece: "Da decisão judicial ou do ato administrativo que contrariar enunciado de súmula vinculante, negar-lhe vigência ou aplicá-lo indevidamente caberá reclamação ao Supremo Tribunal Federal, sem prejuízo dos recursos ou outros meios admissíveis de impugnação.

"§1.º Contra omissão ou ato da administração pública, o uso da reclamação só será admitido após esgotamento das vias administrativas.

"§2.º Ao julgar procedente a reclamação, o Supremo Tribunal Federal anulará o ato administrativo ou cassará a decisão judicial impugnada, determinando que outra seja proferida com ou sem aplicação da súmula, conforme o caso".

[41] Ver a análise de direito comparado em: DANTAS, Marcelo Navarro Ribeiro. *Reclamação constitucional no direito brasileiro, cit., p. 385-429. O autor conclui nos seguintes termos: "Fora desse contexto específico – o do direito comunitário –, porém, nos ordenamentos nacionais internos pesquisados, o respeito e acatamento às decisões dos juízes e tribunais, mormente das cortes mais elevadas, fazem com que em geral se prescinda inteiramente de providências desse jaez, apesar de haver, aqui e acolá, como se viu, alguns problemas* (p. 429).

[42] BRASIL – STJ; 1.ª Seção; Reconsideração de Despacho na Reclamação Constitucional 11.585/SP, Relator Ministro Humberto Martins, julgado em 13/3/2013,

A reclamação não é instituto tradicionalmente ligado à afirmação da jurisprudência dos tribunais, que possuem meios mais apropriados para isso – sobretudo os recursos e os incidentes postos à disposição.[43] Essas hipóteses são expostas como relevantes manifestações da atribuição de importância aos precedentes judiciais e de sua progressiva valorização.[44]

Mais do que isso, seria possível afirmar que o cabimento de reclamação nesses casos é precursor de uma nova hipótese a ser estabelecida quando da institucionalização do *stare decisis* brasileiro: a reclamação constitucional para forçar o respeito aos precedentes dos tribunais superiores.[45] Nesse passo, ao se defender os precedentes

---

DJe 21/3/2013.

43 MARTINS, Ives Gandra da Silva; PAVAN, Cláudia Fonseca Morato. "Reclamação constitucional e ação declaratória de constitucionalidade". NOGUEIRA, Pedro Henrique Pedrosa; COSTA, Eduardo José da Fonseca (Org.). *Reclamação constitucional. Salvador: Juspodivm, 2013, p. 270-271.*

44 Assim: LEONEL, Ricardo de Barros. *Reclamação constitucional.* São Paulo: RT, 2011, 203-212. No mesmo sentido: MINGATI, Vinícius Secafen. *Reclamação (neo)constitucional.* Brasília: Gazeta Jurídica, 2013, p. 91-92. Relatando as modificações ampliativas no cabimento da reclamação constitucional: CORTÊS, Osmar Mendes Paixão. "Reclamação – A ampliação do cabimento no contexto da "objetivação" do processo nos Tribunais Superiores". Revista de Processo. São Paulo: RT, 2011, ano 36, vol. 197, p. 13-24.

45 Atualmente, entretanto, a tese é refutada no Supremo Tribunal Federal. Veja-se, por exemplo, a seguinte ementa, suficientemente analítica para representar o entendimento da Corte, esposado no precedente: AGRAVO REGIMENTAL. RECLAMAÇÃO. PARADIGMA SEM EFICÁCIA GERAL E EFEITO VINCULANTE. INVIABILIDADE. ALEGAÇÃO DE AFRONTA AO QUE DECIDIDO POR ESTA CORTE NO RE 591.874/MS, COM REPERCUSSÃO GERAL RECONHECIDA. APLICAÇÃO AOS CASOS CONCRETOS NOS TERMOS DA LEI 11.418/2006. DECISÃO RECLAMADA PROFERIDA EM PROCESSO AINDA EM CURSO NO PRIMEIRO GRAU DE JURISDIÇÃO. INADEQUAÇÃO DO INSTRUMENTO DA RECLAMAÇÃO. AGRAVO A QUE SE NEGA PROVIMENTO. I – A jurisprudência desta Corte é firme no sentido de que não cabe reclamação fundada em precedentes sem eficácia geral e vinculante, de cuja relação processual os reclamantes não tenham feito parte. Precedentes. II – Conquanto o decidido nos recursos extraordinários submetidos ao regime da repercussão geral vincule os outros órgãos do Poder Judiciário, sua aplicação aos demais casos concretos, em observância à nova sistemática instituída pela EC 45/2004, regulamentada pela Lei 11.418/2006, não poderá ser buscada, diretamente, nesta Suprema Corte, antes da apreciação da controvérsia

obrigatórios, far-se-ia indispensável o cabimento da reclamação para impor o respeito aos precedentes obrigatórios dos tribunais superiores ou às suas súmulas.[46]

Assim, prolatada decisão que constitui precedente obrigatório, seguida de posterior ato judicial ou administrativo que deixe de aplicar ou aplique equivocadamente esse precedente, seria possível propor reclamação constitucional diretamente para o tribunal superior, que, julgada procedente, cassaria a decisão ou ato e determinaria a sua correta aplicação, ou a não aplicação da *ratio decidendi*, conforme as peculiaridades do caso.[47]

---

pelas instâncias ordinárias. III – O instrumento da reclamação não pode ser utilizado a fim de que, *per saltum*, seja aplicado, a processo ainda em curso no primeiro grau de jurisdição, o entendimento firmado no julgamento de mérito do RE 591.874/MS, que trata de matéria que teve a repercussão geral reconhecida por esta Corte. Precedentes. IV – Agravo regimental a que se nega provimento. (Rcl 17914 AgR, Relator: Min. RICARDO LEWANDOWSKI, Segunda Turma, julgado em 26/08/2014, PROCESSO ELETRÔNICO DJe-171 DIVULG 03.09.2014 PUBLIC 04.09.2014)

46 Da mesma forma, o STF entende que "Não cabe reclamação para questionar violação a súmula do STF sem efeito vinculante e a dispositivos constitucionais, que, aliás, são estranhos à fundamentação da decisão agravada e à própria reclamação" (Rcl 10900 ED, Relator: Min. ROBERTO BARROSO, Primeira Turma, julgado em 26/08/2014, PROCESSO ELETRÔNICO DJe-185 DIVULG 23-09-2014 PUBLIC 24-09-2014).

47 Nesse sentido: "Se um órgão jurisdicional considerar como constitucional uma lei estadual análoga àquela que o STF considerou inconstitucional, caberá reclamação, em razão do desrespeito ao precedente nascido de uma decisão em controle concentrado. A reclamação, nesse caso, serve para fazer valer o precedente (fundamentação) construído pelo STF, em um processo de controle concentrado de constitucionalidade. O STF já admitiu reclamação em hipótese assim (Rcl 4.987, rel. Min. Gilmar Mendes, j. 7/3/2007, *Informativo* nº 458)" (CUNHA, Leonardo Carneiro da. *Fazenda Pública em Juízo*, cit., p. 681-682). Como ressalta em seguida o autor, o STF alterou sua orientação, "passando a entender pelo descabimento da reclamação quando houver violação ao precedente, e não à coisa julgada, ao dispositivo da decisão, rejeitando a tese acolhida na Reclamação 4.987" (p. 682). Vale destacar que Leonardo Carneiro da Cunha critica a superação do entendimento pelo STF, pelas seguintes razões: "(a) ignora a eficácia vinculante dos *precedentes*, concedida pelo próprio texto constitucional e (b) não realiza qualquer referência ao acórdão que adotou essa teoria, em clara violação de uma necessidade básica de um sistema que deseja adotar eficácia dos precedentes, que seria a autorreferência, não demonstrando as razões para a

Após esse quase consenso doutrinário, a hipótese passou a ser expressamente prevista no novo Código de Processo Civil, ainda que com ressalvas, como se passa a analisar.

3.2 A reclamação constitucional no CPC/2015 e sua funcionalização para forçar a aplicação de precedentes obrigatórios

No novo Código de Processo Civil a reclamação constitucional é regulada expressamente nos artigos 988 a 993, com ampliação das hipóteses de cabimento e detalhamento de algumas regras procedimentais.

A ação sob enfoque é permitida, pelo CPC/2015, em qualquer tribunal, competindo seu julgamento ao órgão jurisdicional cuja competência ou decisão busca-se afirmar (§ 1º do art. 988). A petição inicial deve ser guarnecida com os documentos referentes ao objeto da reclamação, como cópia de decisão cuja autoridade se busca preservar, e deve ser endereçada ao presidente do tribunal (art. 988, § 2º). Após autuada, a reclamação deve ser distribuída ao relator do processo principal, caso isso seja possível (art. 988, §3º). Não há uma fase instrutória apartada, toda a prova deve ser fornecida por meio

realização do *overruling*" (p. 682-683). Enquanto a crítica b é irretocável, não se concorda com a a, pelas razões constantes do texto. No mesmo sentido do texto criticado: DIDIER JR, Fredie; CUNHA, Leonardo José Carneiro da. *Curso de direito processual civil.* 10. ed. Salvador: Juspodivm, 2012, p. 365-366. Defendendo o cabimento de reclamação contra decisão judicial *per incuriam* ou que negue aplicação a precedente judicial, inclusive para o STJ: ATAÍDE JR, Jaldemiro Rodrigues de. *Precedentes vinculantes*, cit., p. 153. VEIGA, Daniel Brajal. "O caráter pedagógico da reclamação constitucional e a valorização do precedente". Revista de Processo. São Paulo: RT, ano 38, vol. 220, p. 65-66. YOSHIKAWA, Eduardo Henrique de Oliveira. "O incidente de resolução de demandas repetitivas no Novo Código de Processo Civil". *Revista de Processo.* São Paulo: RT, 2012, ano 37, vol. 206, p. 266-267. CORTÊS, Osmar Mendes Paixão. *Reclamação – A ampliação do cabimento no contexto da "objetivação" do processo nos Tribunais Superiores*, cit., p. 24-25. GÓES, Gisele Santos Fernandes. Reclamação constitucional, cit., p. 668. MINGATI, Vinícius Secafen. Reclamação (neo)constitucional. Brasília: Gazeta Jurídica, 2013, p. 94-96. LEONEL, Ricardo de Barros. *Reclamação constitucional*, cit., p. 97-98 e 212. MARINONI, Luiz Guilherme. O STJ enquanto Corte de precedentes. São Paulo: RT, 2013, p. 240-245.

de documentos. A reclamação não pode ser intentada contra decisão judicial que transitou em julgado, conforme disposição do § 5º do art. 988.[48] O enunciado legal consagra o entendimento fixado no verbete de número 734 da Súmula do STF. No entanto, o § 6º do art. 988 fixa que a inadmissibilidade ou o julgamento do recurso interposto contra a decisão reclamada não prejudica a reclamação.

A sua procedimentalização não recebeu mudanças significativas. O relator da reclamação deve requisitar informações à autoridade que se afirma ter praticado o ato ilegítimo, que terá o prazo de 10 dias para prestá-la, bem como determinará a citação do beneficiário do ato, para contestar em 15 dias (art. 989, I e III). Após isso, nos casos em que o Ministério Público não for autor, será intimado para manifestação, com vistas por 5 dias (art. 991). Além disso, qualquer pessoa que detenha interesse na solução da questão pode ingressar na demanda para impugnar o pedido do reclamante (art. 990). É possível que o relator, na mesma decisão em que recebe a reclamação e angulariza o processo, decrete a suspensão do processo ou do ato objeto da reclamação (art. 989, II). No mais, o procedimento da reclamação deve receber a aplicação subsidiária da Lei 12.016, que disciplina o mandado de segurança.[49]

Caso seja procedente a reclamação, o órgão julgador cassará a decisão ou ato que invadiu a competência do tribunal ou desrespeitou a autoridade de sua decisão, bem como o que desconsiderou decisão do Supremo Tribunal Federal em controle concentrado de constitucionalidade ou que não seguiu enunciado de súmula vinculante ou de precedente advindo de julgamento de casos repetitivo ou de incidente

---

48 O §5º do art. 988 foi alterado pela Lei n.13.256, de 04.02.2016, passando a ter a seguinte redação: " § 5º É inadmissível a reclamação:
I – proposta após o trânsito em julgado da decisão reclamada;
II – proposta para garantir a observância de acórdão de recurso extraordinário com repercussão geral reconhecida ou de acórdão proferido em julgamento de recursos extraordinário ou especial repetitivos, quando não esgotadas as instâncias ordinárias."

49 A tratativa normativa equivale à prevista na Lei 8.038/90, que rege questões processuais relativas a alguns procedimentos específicos no Superior Tribunal de Justiça e no Supremo Tribunal Federal, apenas com a inclusão expressa do prazo para contestação.

de assunção de competência. O novo CPC permite a determinação de outra medida que se revele adequada à solução da controvérsia (art. 992), em todo caso será indispensável a cassação do ato ilícito.

No CPC/2015, tem destaque as regras do art. 988, incisos III e IV, que viabilizam sua utilização contra decisão que não aplique ou apliquem erroneamente precedente proveniente de ações de controle de constitucionalidade[50] ou de julgamento de causas repetitivas ou de

[50] Há quem defenda, equivocadamente, essa possibilidade já no direito vigente. O termo "autoridade" faz alusão à ideia de coisa julgada, ou seja, quanto ao caso que efetivamente foi decidido, e não abarca suas razões. O Supremo Tribunal Federal, no entanto, em importante precedente, chegou a admitir, diante das peculiaridades do caso sob análise, o cabimento de reclamação para observância de sua *ratio decidendi*. Confira-se a sua ementa: RECLAMAÇÃO. CABIMENTO. AFRONTA À DECISÃO PROFERIDA NA ADI 1662-SP. SEQUESTRO DE VERBAS PÚBLICAS. PRECATÓRIO. VENCIMENTO DO PRAZO PARA PAGAMENTO. EMENDA CONSTITUCIONAL 30/00. PARÁGRAFO 2º DO ARTIGO 100 DA CONSTITUIÇÃO FEDERAL. 1. Preliminar. Cabimento. Admissibilidade da reclamação contra qualquer ato, administrativo ou judicial, que desafie a exegese constitucional consagrada pelo Supremo Tribunal Federal em sede de controle concentrado de constitucionalidade, ainda que a ofensa se dê de forma oblíqua. 2. Ordem de sequestro deferida em razão do vencimento do prazo para pagamento de precatório alimentar, com base nas modificações introduzidas pela Emenda Constitucional 30/2000. Decisão tida por violada - ADI 1662-SP, Maurício Corrêa, DJ de 19/09/2003: Prejudicialidade da ação rejeitada, tendo em vista que a superveniência da EC 30/00 não provocou alteração substancial na regra prevista no § 2º do artigo 100 da Constituição Federal. 3. Entendimento de que a única situação suficiente para motivar o sequestro de verbas públicas destinadas à satisfação de dívidas judiciais alimentares é a relacionada à ocorrência de preterição da ordem de precedência, a essa não se equiparando o vencimento do prazo de pagamento ou a não-inclusão orçamentária. 4. Ausente a existência de preterição, que autorize o sequestro, revela-se evidente a violação ao conteúdo essencial do acórdão proferido na mencionada ação direta, que possui eficácia erga omnes e efeito vinculante. A decisão do Tribunal, em substância, teve sua autoridade desrespeitada de forma a legitimar o uso do instituto da reclamação. Hipótese a justificar a transcendência sobre a parte dispositiva dos motivos que embasaram a decisão e dos princípios por ela consagrados, uma vez que os fundamentos resultantes da interpretação da Constituição devem ser observados por todos os tribunais e autoridades, contexto que contribui para a preservação e desenvolvimento da ordem constitucional. 5. Mérito. Vencimento do prazo para pagamento de precatório. Circunstância insuficiente para legitimar a determinação de sequestro. Contrariedade à autoridade

incidente de assunção de competência (art. 988, § 4º). Ao se mencionar julgamento de causas repetitivas, o precedente paradigmático pode tanto advir do incidente de resolução de demandas repetitivas – que chega ao STJ ou ao STF[51] mediante recurso excepcional (art. 987) –, como de decisão de recursos especiais ou extraordinários repetitivos, e pode tratar tanto de direito substancial como processual (art. 928).

É importante notar que, efetivamente, o CPC/2015 permite a veiculação da reclamação tanto nos casos de não aplicação como de aplicação indevida (§ 4º do art. 988).

O dispositivo acaba por integrar o regime jurídico dos precedentes judiciais, como dito antes, estabelecido nos artigos 926, 927 e 928. O Código de Processo Civil estabelece, de forma vanguardista e peremptória, um sistema de precedentes obrigatórios, como corolários dos princípios da segurança jurídica, igualdade e eficiência, e também com o intuito de outorgar uma tutela mais adequada à confiança legítima incutida no cidadão pelo Judiciário. Acredita-se que o sistema, como regulado, afigura um grande avanço e poderá conferir maior coerência à distribuição de justiça brasileira.

Todavia, uma das grandes pretensões do CPC/2015 é garantir uma prestação jurisdicional mais célere. De fato, um dos maiores reclames da sociedade, senão o maior, em matéria de direito processual, é relativo a duração exagerada das demandas, desde sua propositura até a satisfação do direito. Nesse ponto é que se insere a nova previsão de reclamação contra decisão judicial que desrespeite precedente, dentre outros institutos, como a tutela antecipada fundada em evidência, os poderes do relator e o incidente de resolução de demandas repetitivas.[52]

---

da decisão proferida na ADI 1662. Reclamação admitida e julgada procedente. (Rcl 1987, Relator: Min. MAURÍCIO CORRÊA, Tribunal Pleno, julgado em 01.10.2003, DJ 21.05.2004 PP-00033 EMENT VOL-02152-01 PP-00052)

51 Com a Lei n.13.256, de 04.02.2016, os incisos III e IV do art. 988 pasaaram a ter a seguinte redação: "III – garantir a observância de enunciado de súmula vinculante e de decisão do Supremo Tribunal Federal em controle concentrado de constitucionalidade; IV – garantir a observância de acórdão proferido em julgamento de incidente de resolução de demandas repetitivas ou de incidente de assunção de competência;"

52 Aliás, esse foi o objetivo primordial da previsão de reclamação contra súmula vinculante, consoante bem percebido em: ARAÚJO, José Henrique Mouta. "Duração

Assim, no CPC/2015, tem-se a possibilidade de reclamação direta para o tribunal prolator do precedente, sem prejuízo dos recursos cabíveis, ainda que a causa esteja, por exemplo, sob processamento do juízo de primeira instância. Não é difícil imaginar, *v.g.*, a reclamação contra uma decisão interlocutória proferida pelo juízo de primeiro grau.

Muito embora o texto do art. 988, IV, apenas mencione seu cabimento utilizando como paradigma a súmula vinculante, o julgamento de casos repetitivos e o incidente de assunção de competência, é bastante plausível construção doutrinária, nos moldes do já defendidos por alguns atualmente, e jurisprudencial do seu cabimento com base em precedente do plenário do STF ou do STJ, sobretudo diante da atribuição de força obrigatória a esses precedentes a partir do CPC (construção possível diante do art. 927, V)[53].

A previsão é completamente inadequada para o bom funcionamento do *stare decisis* brasileiro, não tem qualquer ligação com a obrigatoriedade dos precedentes e trará prejuízos ao sistema processual brasileiro. Passamos a expor as razões.

4. CRÍTICA À LIGAÇÃO ENTRE RECLAMAÇÃO E OBRIGATORIEDADE DOS PRECEDENTES

Inicialmente, é importante desmistificar a suposição de que, para que os precedentes sejam realmente obrigatórios, seria essencial a previsão de um meio específico para impugnar a decisão que deixa de aplicá-lo ou que o aplique em erro.

É de se notar, como já foi destacado, que o precedente judicial nada mais é do que *fonte do direito*. Por isso mesmo, deve-se fornecer às partes, como conteúdo do devido processo legal, a possibilidade de propor uma interpretação do texto do precedente que lhe seja favorável, ou, ainda, de argumentar no sentido de uma distinção fática

---

razoável do processo e a ampliação do cabimento da reclamação constitucional". NOGUEIRA, Pedro Henrique Pedrosa; COSTA, Eduardo José da Fonseca (Org.). *Reclamação constitucional*. Salvador: Juspodivm, 2013, p. 306-307.

53 O inciso IV do art. 988 teve sua redação alterada pela Lei n.13.256, de 04.02.2016, nos seguintes termos: "IV – garantir a observância de acórdão proferido em julgamento de incidente de resolução de demandas repetitivas ou de incidente de assunção de competência;".

relevante, ou até mesmo da existência de uma mudança contextual ou erro que ensejem a superação da sua *ratio decidendi*.

Outorgar ao STF ou ao STJ competência para decidir reclamações fundadas em seus precedentes obrigatórios é medida autoritária, baseada na ideia de que sua interpretação do precedente é absoluta e torna todas as demais desimportantes ou vazias.

Realmente, parece que faltou à previsão normativa do CPC/2015 um tanto de teoria dos precedentes. Como é observado no direito estadunidense e no direito inglês, a aplicação do precedente fixado não ganha qualquer meio diferenciado para forçar o seu respeito. O meio adequado para forçar sua observância, ou mesmo para adequar sua aplicação, é o recurso. Inclusive, é bastante comum, após a fixação do precedente obrigatório, a Corte deixar de receber casos idênticos. Isso nada mais é do que um reflexo da confiança depositada nos demais juízes e tribunais de que eles exercerão o seu mister de aplicar o ordenamento jurídico com a maior precisão possível.

Nesse ponto, uma analogia é bastante pertinente. Imagine-se que determinado juiz decida em claro desrespeito a enunciado legal, sem fazer sequer referência ao seu conteúdo, ainda que tenha sido levantado e reiterado por um dos sujeitos processuais. Por exemplo, juiz de direito pode sentenciar com base na compensação, embora as partes tenham acordado contratualmente que, naquela específica relação, ela não poderia se operar (o que é admitido expressamente pelo art. 375 do CC/02). Dessa decisão apenas caberá o recurso de apelação, inadmissível a proposição de reclamação constitucional, mesmo diante da clara infringência à norma legal. Outro exemplo: a partir da eficácia do CPC/2015, passa a ser devida a fixação de honorários advocatícios na execução provisória (§ 2º do art. 520), ocorrendo, por força do texto claro e expresso da lei, a direta revogação do entendimento fixado pelo STJ na vigência do CPC/73; imagine-se o caso em que, eficaz o novo CPC, um magistrado simplesmente recusa-se a fixar os honorários advocatícios em cumprimento provisório de sentença. Qual a medida cabível? Certamente não será a reclamação. A decisão deverá ser atacada pelo recurso cabível, mesmo que em inegável confronto direto, explícito e evidente com o texto da lei, não resta outra opção à parte senão a interposição do agravo por instrumento.

A ideia que se quer esposar pode ser repetida em muitas outras hipóteses. O que se quer dizer é bem simples: existem enunciados legais que estabelecem normas-regras com um nível alto de concretude, pelo que sua aplicação não revela, *a priori*, grandes dificuldades interpretativas e descarta muitas possibilidades argumentativas. Mesmo nesses casos, ainda que flagrante o erro judicial, a medida cabível para a sua correção é normalmente apenas uma: o recurso legalmente previsto.

Ora, *permitir o cabimento da reclamação constitucional com fundamento em violação de* ratio decidendi é análogo a permiti-la com base na infringência da lei. Não há qualquer *razoabilidade* em instituir o cabimento da reclamação por ofensa à lei, visto que isso nada mais é do que uma forma de eliminar o próprio processo judicial, fixando o tribunal como único órgão legítimo para a afirmação do direito. Realmente, seria um verdadeiro exercício de inutilidade a construção normativa de todo um procedimento para argumentação e decisão, que paulatinamente e excepcionalmente chegará aos tribunais superiores, se é permitido outro meio mais simples que já leva o caso ao seu destino final. Dessa afirmação não há discordância. Pois bem, ao se admitir o precedente judicial como fonte, o que justificaria essa diferenciação?

Nada.

O precedente judicial obrigatório é *fonte do direito*, assim como a lei. Estabelecer procedimento específico e direto para forçar seu acolhimento de forma específica, além de contrariar o meio desejável para sua formação e conformação, é expediente que desfaz o propósito da própria estruturação dos processos e do sistema recursal, o que é feito de forma *autoritária* e, em um sistema que adota também a lei como fonte, *desproporcional*.

Não há qualquer razão para garantir métodos tão distintos de implementação de normas por sua proveniência, sejam elas advindas da lei ou do precedente judicial. A reclamação é forma de preservar a competência dos tribunais superiores e de garantir a autoridade de suas decisões, não de aplicação de *quaisquer* normas jurídicas. Não há razão para diferenciar seu cabimento nesse particular, estabelecendo que quando a norma advém de precedente, é possível veiculá-la, quando da lei, incabível.

Na verdade, fica bem claro que a previsão normativa do NCPC está fundada em uma compreensão exegeta do precedente judicial. *Muito embora seja um truísmo afirmar, no direito contemporâneo, que a lei é texto e não tem apenas um significado possível, parece que o direito brasileiro efetivamente precisa que se afirme que o precedente judicial também é texto, ainda que com características diferentes, mas que igualmente necessita de interpretação!*

Aliás, uma análise mais adequada do direito jurisprudencial dos países típicos de *common law* demonstra a riqueza de possibilidades das construções normativas, ou de *rationes decidendi*, a partir do mesmo texto de um precedente judicial.[54] De fato, o precedente judicial, por ser mais concreto, garante *mais precisão na aplicação da norma*, mas é impossível equivaler isso a uma certeza absoluta, que é simplesmente inalcançável.

Não se deve permitir, sob pretexto algum, a construção de uma escola da exegese do precedente judicial, que descarte a lei e autorize a afirmação de que há apenas um único e verdadeiro significado no precedente. Parece, entretanto, que esse é o pretexto da reclamação constitucional voltada para forçar a aplicação dos precedentes.

Outro ponto precisa ser destacado.

Com efeito, é essencial que o processo se desenvolva regularmente, estabelecendo várias possibilidades argumentativas, o que é melhor realiz*ado através do trâmite recursal.* É necessário que se evite tratar o procedimento de participação e demais instâncias decisórias como despiciendos, como meras etapas formais para que se chegue à decisão do Supremo Tribunal Federal *ou do Superior Tribunal de Justiça. Descartar o procedimento para que o Supremo afirme o que significa o seu próprio precedente é medida autoritária e agressora das necessárias participação e flexibilidade ínsitas ao funcionamento do stare decisis e ao Estado Democrático, que tem a ampla participação no processo de formação de decisão como um relevante imperativo.*

---

54 Sobre o ponto, basta ver o caso Donogue v. Stevenson, de 1932, que acabou se transformado, inusitadamente, em um precedente paradigmático para a responsabilidade civil no direito inglês. Ver interessantes relatos em: EISENBERG, Melvin Aron. *The nature of the common law*, cit., p. 53-54. MARSHALL, Geoffrey. *What is binding in a precedent*, cit., 504-506. CROSS, Rupert; HARRIS, J. W. *Precedent in english law*, cit., p. 31-33.

A sumarização é possível, mas não permite a concentração das instâncias decisórias em um único tribunal, tal qual um novo – e exclusivo – oráculo do direito. Essa exigência é indissociável do devido processo legal estabelecido constitucionalmente (art. 5.º, LIV), sem o que não se tem um processo justo.

A formação dos precedentes precisa ser paulatina e ladeada pelas possibilidades argumentativas fornecidas pelas várias experiências processuais. Há de se preservar a participação, tanto dos advogados e das partes, maiores interessados em determinado resultado, como dos juízes e tribunais. Só assim é possível a formação *democrática* do precedente, legitimando a atuação dos tribunais superiores.

Ademais, "bloquear, de forma direta ou indireta, na produção dos órgãos situados na base da pirâmide judiciária, os eventuais desvios de teses firmadas em grau superior significa, em certos casos, *barrar precocemente um movimento, talvez salutar, de renovação da jurisprudência*"[55] – e é exatamente isso que se estará fazendo, caso admitida a reclamação para forçar a aplicação do precedente da forma como diz ser correta o órgão prolator, sem possibilitar sua interpretação pelos juízes e tribunais inferiores.

Há, enfim, um gritante empobrecimento do processo de construção das *rationes decidendi*, que não é concluído apenas com a prolação de uma decisão pela Corte Suprema, excluindo a participação de vários atores, que podem oxigenar o sistema jurídico com propostas de *standards* normativos, e elimina o tempo dado à sociedade para reflexão quanto à norma jurisprudencial, diminuindo a responsividade da Corte.[56]

---

55 BARBOSA MOREIRA, José Carlos. "Súmula, jurisprudência, precedente: uma escalada e seus riscos". *Temas de direito processual – nona série*. São Paulo: Saraiva, 2007, p. 311.

56 A questão, portanto, vai além da formação estática ou dinâmica; fala-se de uma única interpretação correta, o que não se limita apenas à *formação. Sobre as duas formas de formação do precedente: "Na formação estática interessa menos a fixação de entendimento que se legitime por si próprio e pela participação conjunta para o fim de se tornar paradigma a ser seguido em outras decisões, e mais o estabelecimento, então da maneira mais célere possível, de alguma decisão que, por vontade do Legislador, sirva de padrão formalmente obrigatório para solução de casos semelhantes. Em outras palavras, na prática*

Realmente, o melhor meio para fazer aplicar normas advindas dos precedentes, assim como aquelas provenientes de dispositivos legais, é o *recursal*. A garantia de vinculatoriedade dos precedentes precisa ser invocada como fundamento do recurso cabível. Obviamente, para que se dê a devida eficácia obrigatória aos precedentes, é essencial que os tribunais superiores reformem ou cassem as decisões que sejam prolatadas em contrariedade a eles. O processo judicial usual, em sua dinamicidade e abertura participativa, com todas as suas garantias, é o melhor lugar para realizar o precedente obrigatório.[57]

Tornar os precedentes obrigatórios não equivale à criação de procedimentos digníssimos para sua aplicação. Ora, o processo jurisdicional nada mais é do que meio de conseguir a aplicação coercitiva de normas jurídicas, que se alega estarem sendo violadas. Da decisão que aplica indevidamente normas jurídicas, cabe recurso, e não é razoável que isso mude ao se institucionalizar o *stare decisis*.

Cumpre deixar claro: não se deve admitir a antecipação do processo, levando-o ao tribunal prolator do precedente na primeira oportunidade, o que só impede a formação democrática das normas jurisprudenciais e, por outro lado, causará uma enxurrada de reclamações, impedindo a atuação adequada da Corte de precedentes.

Realmente, o argumento consequencialista de que o remédio jurídico processual outorgado para o respeito aos precedentes seria um meio eficiente de dar maior celeridade à distribuição de justiça não

---

a preocupação acaba sendo menos com a obtenção da melhor solução possível nos padrões e com a participação propiciada pela formação dinâmica, e mais com a formação de alguma solução, qualquer que seja ela, mas desde que formalmente legítima, para servir de padrão para decisão de casos posteriores" (SANTOS, Evaristo Aragão. "Em torno do conceito e da formação do precedente judicial". WAMBIER, Teresa Arruda Alvim (coord.). Direito jurisprudencial. São Paulo: RT, 2012, p. 174).

57 Nesse mesmo sentido: "Para garantizar la vinculatoriedad del precedente es necesario que su contravención pueda ser invocada y enjuiciada en el sistema de recursos que puedan deducirse frente a la sentencia y que, de concurrir tal contravención, la sentencia recurrida sea efectivamente anulada o dejada sin efecto, y, en su sustitución, se dicte una nueva sentencia que aplique la misma solución normativa contenida en el precedente o jurisprudencia vinculante infringidos" (MUÑOZ, Martin Orozco. *La creación judicial del derecho y el precedente vinculante*, cit., p. 202).

é sequer plausível.[58] Primeiramente, ele não elimina a possibilidade de recurso e nem o efeito suspensivo deste. Segundo, em uma visão macro, é fácil prever que a crise dos recursos excepcionais, que já são suficientemente numerosos para causar dano à duração razoável dos processos brasileiros, somar-se-á a crise da reclamação, que será proposta aos montes – com ou sem razão, destaque-se –, e sem obstar o problema dos numerosos recursos. Terceiro, já foi identificado que a crise de eficiência do sistema jurídico brasileiro não pode ser corretamente atribuída à deficiência das normas processuais, sua razão está intimamente ligada a questões culturais e estruturais.[59]

5. CONCLUSÃO

O CPC/2015 realiza grandes avanços na construção de um sistema de precedentes obrigatórios, todavia, por se tratar de um tema inserido recentemente no debate jurídico, não há uma teoria dos precedentes bem construída, o que ocasiona falhas na sua regulação. Isso é evidenciado, sobretudo, na tratativa do cabimento da reclamação constitucional por ofensa a precedente obrigatório.

O precedente, como texto que é, não pode fornecer respostas pré-moldadas e prontas. Por isso, a função dos juízes dos casos subsequentes não pode ser defendida como de simples declaração da

---

[58] Assim: ARAÚJO, José Henrique Mouta. "Duração razoável do processo e a ampliação do cabimento da reclamação constitucional". NOGUEIRA, Pedro Henrique Pedrosa; COSTA, Eduardo José da Fonseca (Org.). *Reclamação constitucional. Salvador: Juspodivm, 2013, p. 316. O jurista paraense compara o problema causado pela proposição massiva de agravos de instrumento para destrancamento de recurso extraordinário ao que pode acontecer com a reclamação para respeito à súmula vinculante, ressaltando acertadamente que a propositura do remédio jurídico processual em nada impedirá a interposição do respectivo recurso.*

[59] Essa questão foi ressaltada, antes mesmo da previsão de reclamação com súmula vinculante como paradigma, no excelente trabalho de Marcelo Navarro, que bem sublinhou: "Sem que mudem, melhorem, os homens, não mudará o Estado, não mudará o Direito, não mudará o processo, não se superará essa famosa *crise. Claro que uma série de alterações normativas podem ser feitas para aperfeiçoar os instrumentos de garantia da tutela processual"* (DANTAS, Marcelo Navarro Ribeiro. *Reclamação constitucional no direito brasileiro*, cit., p. 504).

jurisprudência ou como "boca que pronuncia as palavras dos tribunais superiores". Há de se perceber que a prática dos precedentes judiciais é essencialmente dinâmica, embora isso não signifique que não sejam possíveis filtros baseados em precedentes, sumarizando pontualmente o procedimento. No mais, em uma visão integral do sistema processual, a reclamação é ineficiente para impedir recursos e, por razões óbvias, certamente passará a ser um novo problema para os tribunais superiores como contingente de trabalho.

Enfim, a opção legislativa, sem dúvidas, passou ao largo do ideal e é de duvidosa constitucionalidade.

Impresso em maio de 2016